オーケストラの危機

ロバート J. フラナガン 著
大鐘亜樹 訳

芸術的成功と経済的課題

Robert J. Flanagan

The Perilous Life of Symphony Orchestras

Artistic Triumphs and Economic Challenges

美学出版

The Perilous Life of Symphony Orchestras
Artistic Triumphs and Economic Challenges
by Robert J. Flanagan

Originally published by Yale University Press
Japanese translation published by arrangement with
Yale Representation Limited through The English Agency (Japan) Ltd.

Printed in Japan. December 2023
ISBN:978-4-902078-80-0

オーケストラの危機　芸術的成功と経済的課題　目次

オーケストラの危機

芸術的成功と経済的課題

謝辞

本研究の準備にあたっては、すべての方のお名前を挙げるスペースがないのが惜しまれるが、アメリカおよびヨーロッパの、多くの見識あるオーケストラ演奏者、マネージャー、理事各位の協力をいただいた。ポール・ディマジオ、メル・リーダー、グレッグ・サンドウ、リー・ソダーストーム、そしてジェイムズ・ヴァン・ホルンを含む研究仲間たちからは、それぞれの専門分野における貴重な助言を得た。妻スーザン・メンデルゾーンおよびイェール大学出版局の匿名の査読者からも、最終稿を整えるにあたって貴重なコメントを提示された。特に、スタンフォード大学のブリ・ゴッドフレイおよびイェール大学出版局のスタッフには、書籍化に際し、特別の感謝を捧げたい。

本研究は、複数の出典からのデータを基にしている。全米オーケストラ連盟からは、アメリカのオーケストラの財務と運営に関しデータを提供いただいた上、特定の変数に関する定義や解釈について、倦むことなく質問に答えてくれた。オペラ・アメリカは、所属歌劇団についての情報を、惜しみなく供給してくれた。これらの情報については、個別団体の特定が可能な情報は公開しないという条件のもとで提供されたものである。筆者の関心は、これらのデータを統計的に分析することによって、業界全体の傾向や規則性を確定することにあったため、こうした条件を喜んで受諾した。

本書の中で、特定のオーケストラの財務的側面について言及した箇所はあるが、これらの言説において、全米オーケストラ連盟あるいはオペラ・アメリカから提供された情報を用いたものはない。こうした箇所は、公に入手可能な税務情報（たとえば、www.guidestar.org のようなオーケストラおよび非営利法人が入手することのできるもの）や、出版物の中で論じられた情報に基づいている。

最後に、1975年以降筆者の本拠地である、スタンフォード大学経営大学院、ヨーロッパのオーケストラの経済事情について2009年に多くの研究が行われたオランダ高等研究所に、財務面および研究環境の面で支援いただき、本書の完成に貢献いただいたことに対し、感謝する。言うまでもないことであるが、右に名前を挙げたいずれの個人および組織も、本書の内容については、全く責任を負うものではない。

第1章　オーケストラの黒字と赤字

2008年2月26日、アメリカでもっとも古いオーケストラであるニューヨーク・フィルハーモニー交響楽団は、北朝鮮の首都平壌で、両国間外交の雪解けを目的とした文化交流の一環として、記念演奏会を開いた。プログラムには、両国の国歌、リヒャルト・ワーグナーの『ローエングリン』第三幕への序曲、アントニン・ドヴォルザークの『新世界より』、ジョージ・ガーシュインの『パリのアメリカ人』が組まれた。アンコールには、ジョルジュ・ビゼーとレナード・バーンスタインの作品に加え、朝鮮民謡が演奏された。外交的な効果はさておき、コンサート自体は芸術面でも人気の点でも大成功だった。『エコノミスト』（2008年）は「オーケストラは熱狂的なスタンディング・オベーションを受けた。北朝鮮の最高位の側近、楊亨燮副委員長さえも立ち上がっていた」と書いている。

その6週間ほど前、10年前にカーネギーホールで絶賛されたオハイオのコロンバス交響楽団の理事会は、彼らが破産寸前であることを報告した。数年間に亘った赤字に対し、翌年の予算から250万ドルを削減するために、正規団員を53人から31人に減らすこと、コンサートシーズンを46週から34週に減らすことが提案された。減らした分は、必要に応じてオーケストラの水準に合う契約団員を雇うということである。演奏者組合は、収入への影響を理由に、一旦はこの提案を拒絶した。しかし結局9月の下旬には、サマー・コンサートと

２００７–8のコンサートシーズンがキャンセルされ、演奏者たちは１３０万ドルの減給、健康保険と年金基金の見送りを含む新たな協定を受け入れた。その後、２０１１年に結ばれた協定では、２００８年の給与の64％が基本給として提示された（Sheban 2011）。

これらの出来事はいずれも、長期的に見ると、アメリカのオーケストラにおいて「典型的」なものである。黒字のオーケストラもあるが、それ以上に赤字のオーケストラも多い。アメリカで最も裕福なオーケストラの一つ、ニューヨーク・フィルハーモニー交響楽団でも、上昇し続ける経費と、演奏収入のうち形態によっては減少しているものが相俟って、相当の経済的な困難に直面している（Lubow 2004）。１９８７年から２０００年の平均で、アメリカの大手オーケストラのうち63団体で収支は赤字であったが、それぞれのオーケストラによって状況はまちまちである。46のオーケストラは平均して赤字状況にあり、17のオーケストラは平均して黒字だった。しかし平均がどうあれ、全てのオーケストラが財務状況の浮き沈みを経験している。毎年、オーケストラによっては赤字になったり黒字になったりするが、63のオーケストラのうち、全期間を通して黒字を続けているところは一つもない。オーケストラが直面する経済的不安の根底にあるものについては、次章で述べる。

２０００年の米ドル換算では、１９８７年のオーケストラの収支の中央値は4万9千ドルの赤字であったのが、１９９０年代後半には、景気上昇に伴う個人寄付の増加によって、ほぼ収支が均衡するまでに改善した。多くのオーケストラが１９９７年から99年には、好景気によって最高益を更新した。21世紀初頭の景気後退および２００７年後半に始まった「大不況」により、再び財政は悪化した。このパターンは、オーケストラの財務の健全性に対する一般経済情勢の重要性を示しており、第３章において詳しく検証する。しかしながら、経済環境の良し悪しに関わらず、他にも多くの要素がオーケストラの財務の健全性に影響し、個々のオーケストラによって、その財務上の結果は大きく異なるものとなる。

過去20年間に消滅したいくつかのオーケストラの例は、この業界が財政的に逼迫していることを物語っている。破産したオーケストラには、フロリダ・フィルハーモニー交響楽団（2013年）、アラバマ州のバーミンガム（1993年）、オークランド（1993年）、カリフォルニア州サクラメント（1996年）、サン・ディエゴ（1996年）、カリフォルニア州サンノゼ（2002年）、タルサ（1994年の再編の後2002年）、ホノルル（2009年）、ケンタッキー州ルイスヴィル（2003年の危機の後2010年）、ニューヨーク州シラキュース（2011年）、そしてニューメキシコ州アルバカーキ（2011年）がある。これらのうちいくつかのオーケストラは、やがて再編の上再出発したが、多くの場合名前を変えたり財政基盤を縮小したりしている。他に2つのオーケストラ、デンヴァーとニューオーリンズは破産の後、協同組合として再編し、それぞれコロラド交響楽団、ルイジアナ交響楽団と名前を変えた。こうした難局は、地方のオーケストラに限ったことではなかった。2010年10月には、デトロイト交響楽団の演奏者が、深刻な財政危機に対する経営方針に反対してストライキを行った。2012年2月、まだストライキが解決されないまま、経営側は2010－11年のコンサートシーズンの残りの公演を中止した。その後の交渉を経て、演奏者と経営は合意に達し、2011年4月中旬から短縮したコンサートシーズンを始めることとなった。フィラデルフィア管弦楽団は、二つの財団から支援を得られたにもかかわらず、深刻な財政危機を緩和することが出来ず、2011年4月に破産を申請し、アメリカの主要オーケストラとしては初めての事例となった。

これらの悲惨な経験は何を物語るのだろうか。なぜ、多くのオーケストラが、他に比べてぎりぎりの状態にあるのだろうか。これらの質問に答えるためには、オーケストラが置かれている経済的環境、そしてその環境を作り出している主な構造を理解する必要がある。環境を理解するということは、オーケストラが受け取る収入と発生する経費が、通常のビジネスにおけるそれと、なぜこんなにも違うのかを理解することでもある。第４章においては、この収入と経費について考察する。それは単に会計原則が違うということだけではない。その根にあるものを理解することが、なぜ多くのオーケストラが非営利法人として運営されなくてはならないのか、その特典をもってしても、なぜ財務の健全性が担保されないのかを明らかにする。

会計以外の要因も重要である。オーケストラの収入と経費は、個人や法人の意思決定を反映するものであることから、その動機を探ることが、オーケストラの経済的環境を理解するためには必要である。演奏収入は、来場の意思決定にかかってくる――なぜある人々は、他のレジャーではなく、オーケストラを聴きに行くことを選択するのだろうか。第５章は演奏収入の増強への展望について考察する。人件費は、オーケストラの経営陣と、アーティスト及び事務局員を代表する組合との団体交渉の結果を反映する。第６章では、アメリカのオーケストラにおける、給与の増加とその構造を分析する。

後に明らかにする理由により、オーケストラ、そして他のほとんどの舞台芸術団体、大学、多くの非営利法人は、通常業務以外からの収入に頼る必要がある。そのような非演奏収入の流れは、様々な当事者の複合的な意思決定によって左右される。たとえば政府による支援は、どのように、また、なぜ政府が芸術を支援するのかという決定を反映する。アメリカにおける公的支援の実態については第７章で論じるが、これは世界各国における政府支援へのアプローチと、際立って対照的である（第10章）。民間支援は、個人や企業や助成財団の、公益支援を行う財政的余裕や動機に依拠する（第8章）。理事会は、財務的な成果を含め、オーケストラのガバナンスに責任を負う。オーケストラの寄付財産〔訳注1〕についての投資及び管理は、オーケストラの投資収益とともに、寄付財産が将来の活動を支える可能性を決定する（第9章）。本書は、オーケストラの収支の根底にある動機や行動に伴う、経済的事実を統合することを試みる。

表面的に見ると、諸外国のオーケストラはアメリカに比べて、財政的な困難を免れているように見える。他国では、オーケストラの破産という話は聞いたことがない。それでも、世界中のオーケストラで、必要経費に十分なほど稼いでいるオーケストラはなく、自立できているところはない。世界のオーケストラは、そうした共通の財務の課題に、異なる非演奏収入によって対応している。海外のオーケストラで破産がないのは、オーケストラや舞台芸術に対する補助金という、大きな政府の役割を反映している。第10章では、海外の政府支援の範囲を精査し、政府補助金の仕組みが、オーケストラの演奏収入や経費に、どのような影響を与えるのかについて論じる。

業界を代表する組織を選定するには、注意が必要である。オーケストラの研究においては、多様性を反映するとともに、業界全体の行動を説明できるような組織を、対象としなくてはならない。もし研究対象期間の最初（この場合1987年）における最大規模のオーケストラを選定すれば、その後音楽面や経済面で重要性を持つに至った、後発のオーケストラについての情報を失うことになる。また研究対象期間の最後（この場合2005年）の最大規模のオーケストラを選べば、この研究期間に衰退あるいは消滅した楽団の情報を失うことになる。このようなサンプル選定の偏りは致命的なものになりかねない。成長する、あるいは衰退するオーケストラは、この業界の経済的な課題について、重要な情報を提供しうるからである。
そうした情報を保持するため、本書で分析したサンプルは、１９８７−88年から２００５−6年の間に、少なくとも2年間、アメリカの50位までの予算規模に入ったすべてのオーケストラを対象にした。この基準を満たすオーケストラは、その他の年におけるランキングに関わらず、サンプルの対象としている。このうち多数のオーケストラが、安定して成長しており、対象期間中の18年から19年間におけるデータを出している。しかし、この選定方式によって、後半にトップ50に成長したオーケストラに加え、研究対象期間中に財務状況が悪化して、終盤には50位に入らなかったところも含むことが出来た。これによって63のオーケストラがサンプルとなり（リストは本章の補遺に掲載）、アメリカのオーケストラ全体の収入および経費の、70％以上を反映することになった。この方式によって除外されたオーケストラは、ごく小規模のところである。そうしたオーケストラの提供するデータは、えてして不完全かつ不定期なものになりがちであるため、分析においては限定的に扱わざるをえない。さらに分析は、人口や一人当たりの平均収入等の、地域の市場特性に関するアメリカ政府のデータや、競合する舞台芸術団体の運営や財務状況に関するデータにも依拠している。

訳注［1］　非営利法人に対する寄付によって構築される財産で、その投資収益および払い出しを非営利法人の運営に充てることが想定されているもの。原著において使用されているendowmentという言葉に対し、日本語では「寄付財産」の他、「基金」「基本財産」「エンダウメント」等、未だ訳語が統一されていないものの、本書においては内容を端的に示していると思われる「寄付財産」を訳語として使用した。

第2章　なぜ黒字を維持することが難しいのか

全国の常設オーケストラの定期公演シーズンは、いつものことながら財政的には不芳であった。4月の下旬には請求書が到来する。常に赤字となっては、公徳心の高い篤志家が毎年毎年呼び集められる。常設のオーケストラは、アメリカにおいて高い地位にあるが、現在のところ支払いが可能な団体ではないし、今後もすぐにはそのようになりそうもない。それにも関わらず、アメリカのオーケストラ支援者たちは希望的観測に満ちている。きっとよくなる、大衆が教育され、オーケストラが自立可能になるまで、支援者の数は増えていくだろうと。

このニューヨーク・タイムズの記事からの引用は、21世紀の初頭に書かれたと言っても通用するであろう。実際にはその1世紀前、1902-3年のコンサートシーズンの決算に対するレビューとして書かれたものである（Aldrich 1903）。この中には、今日においてもなお重要な論点が、いくつも含まれている。第一に、いかなるオーケストラも、演奏にかかる経費を賄えるだけの演奏収入を得られていないということである。次に、このことは当面変化するきざしがないこと。三番目は、オーケストラが存続できるかどうかは、その「支援者」が提供する原資に依拠すること。そして最後に、聴衆を育てることによって、オーケストラを自立可能にするという希望が捨てられていないということである。

1世紀後の現在、オーケストラが直面する経済的な困難のしぶとさは、悲観論者を悩ませている一方、著名なオーケストラのほとんどが引き続き存続できていることは、慢性的な赤字も結局は解決されるものだという、楽観論を後押ししている面もある。実際には、1903年のニューヨーク・タイムズの記事の結語にある楽観的な予測は、間違っていたことが証明された。オーケストラの演奏会や録音・放送による収入の伸びは、経費の増加に追いついていないのだ。そしてオーケストラは、その赤字を支援者の資金によって補うことに、時折成功しているというだけのことである。

オーケストラが直面している経済的選択肢を理解するためには、なぜオーケストラが自立可能な組織に進化できないのか、理解することが必要である。この章では最初に、アメリカのオーケストラが、自立した組織から恒久的な赤字体質に、急速に移行した歴史を概観する。続いて、なぜ自立体制がかくも困難なのかを考察したい。

交響楽団の進化

初期のアメリカのオーケストラは、多くは音楽家の協同組合として始まった。オーケストラの一員として迎えられると、演奏者は入会金と年会費を支払い、指揮者を選定し、リハーサルや演奏会の場所を押さえ、手取り収益を報酬として分配した。しかしながら、残余金額請求方式においては、彼らは初期の音楽事業に伴う経済リスクを負い、また芸術と運営の両方に時間を割く必要があった。演奏者によっては、こうしたリスクを軽減するために、オーケストラのリハーサルよりも、外部の収益を得られる演奏を優先することもあった。また初期オーケストラの協同組合体制は、演奏者の地位が既得権となり、オーケストラの質を高めるための人員交代を困難にしていた（Caves 2000）。演奏の質を高めるためには、別の組織体制が必要となったのである。19世紀の後半には、ほとんどのオーケストラは、演奏者でもある所有者に分配する黒字を生み出せなくなっていた。ニューヨーク・タイムズの記事にあるように、経常赤字が当たり前になったのである。

いくつかの主要なオーケストラは、やがて個人の「エンジェル」[訳注2]や、あらゆる経費を賄う資金を保証してくれる支援者のグループを獲得するようになった。1842年に設立されたニューヨーク・フィルハーモニー交響楽団は、当初このような支援を得られず、常設の楽団としての活動が出来ずにいた。1881年に設立されたボストン交響楽団は、一人の裕福な個人の支援を享受していた。シカゴ交響楽団はその10年後に設立され、オーケストラ後援会に資金を拠出してくれる会員を頼った。これらの支援によって、主要なオーケストラは規模を拡大し、シーズンを長期化し、演奏者にシーズン中の給与を保証することが出来たのである。資金提供者が、楽団の運営も引き受けたり、あるいは参画したりすることで、演奏者たちは音楽に集中することが出来るようになった[1]。支援者たちは彼らの貢献に対する金銭的見返りは期待していなかったものの、その赤字の拡大に驚いていたという（Hart 1973）。

協同組合方式から専業の経営への転換は、明らかにオーケストラの芸術的価値を高めることになったものの、ニューヨーク・タイムズの記事に書かれた希望とは裏腹に、演奏収入は演奏経費に足りない状況が続き、赤字はやがて富裕な個人支援者の資産をも凌駕するようになった。個人の「エンジェル」支援者は、富裕な個人支援者の小グループにとって代わられ、彼らが赤字を補填するようになった。赤字が拡大するにつれ、オーケストラの経営陣の役割は、自ら寄付するだけでなく、生き残りのための資金調達も担うようになっていった。それでも1940年までには、この業界に関する先行研究によると「楽団数の増加と活気、来場者のボリュームにも関わらず、すべてのオーケストラが深刻な財政難に直面しており、その将来に向けた基盤は不安定だった。チケット収入ではとうてい経費を賄えない。すべての団が、赤字を補填するべく、あらゆる手段に救いを求めていた。寄付財産を構築するのはいよいよ困難になり、そこからの収益も、最も必要とされた恐慌の際には当てには出来なかった。毎年の維持募金活動でも、大口の支援者は減り、より多くの小口の支援者へ働きかけるものとなった。この国では補助金はほとんど用いられず、かつ多くの問題をはらんでいた」(Grant and Hettinger 1940)。同じ研究の中で、1930年には最も成功している3つのオーケストラが「平均して予算の85%(業界全体では60%)しか」稼げなかったとしている(Grant and Hettinger 1940, p. 21)が、21世紀初頭の多くのオーケストラはこの数字を、羨望をもって見ることだろう。

26年後、舞台芸術に関し金字塔とされる研究が、本書の冒頭の章とよく似た以下の文によって始められた。

舞台芸術においては、危機は日常的なこととなってしまっている。期待外れのシーズン、経費の高騰、緊

訳注［2］「エンジェル」とは、創業間もない企業に対する個人投資家のこと。アメリカにおいては、エンジェル投資家の存在が大きく、2021年には1千社以上に対し約9億5千万ドルのエンジェル投資家による投資が行われたとされている(Angel Funders Report 2022, Angel Capital Association)。

急支援募集、助成財団への訴えなどについて目にすることはしょっちゅうだ。ある舞台芸術団体の財政が改善したら、また別のところが危機に陥るといった具合だ。（Baumol and Bowen 1966）

オーケストラの赤字が珍しいことでないのならば、その理由は何であろうか。オーケストラや舞台芸術が、黒字を生み出すことが常に難しい訳を、どのように説明できるのだろうか。

コスト病理論とその批評

ウィリアム・ボウモルとウィリアム・ボウエンは、１９６６年の有名な研究の中で「コスト病」を、舞台芸術団体または同じように生産性の低い組織の、恒常的な赤字の根にあるものとして明らかにした。こうした業界における賃金が、他の生産性の高い産業セクターの賃金と同様に上昇していくとすると、収益性の低い活動においても、製品またはサービス１単位当たりのコストが上昇することになる。こうしたコスト病のメカニズムに留意が必要である。

労働生産性は、単純に生産高を投入労働で割ったものである。労働者一人当たり生産高あるいは労働時間1時間当たりの生産高といったものである。ボウモルとボウエンの時代には、製造業や鉱業といった「商品を創り出す」セクターにおける生産性が急速に向上しており、舞台芸術を含むサービス部門ではそれが最も緩やかであった。もし労働者一人当たり生産高と賃金の両方が年間３％上昇するのであれば、労働生産性の水準は変わらない。しかし、一人当たり生産高が全く上昇しないにもかかわらず賃金が３％上昇すれば、生産高

1単位当たりの労働コストは3％上昇し、コスト増をカバーするための価格の値上げが必要となる。または、間を取って、生産性の低い業態で生産高が年間1％しか増加しないとして、3％の賃金上昇は2％のコスト増となり、前述の例よりは少ないもののやはり値上げが必要である。この算数が、悪名高い「コスト病」の真髄である。コスト病というものは存在しない、あるいはすでに無効になっているという主張を聞くことがあるが、実際のところ、算数のルールが無効になったのでない限り、コスト病は有効なのである。

コスト病と舞台芸術の関係は明白である。労働によるインプットとアウトプットの関係を技術の進化によって変えられない活動は、コスト病の可能性が高くなる。オーケストラやその他の舞台芸術はその最たるものである。クラシック音楽の作曲者や演劇の作者が、その作品に必要な演奏家や役者の人数を決め、その人数は時を経てもめったに変更されることはない。実際のところ、舞台芸術においては多くの場合、演者の出演そのものが生産物であり、労働のインプットを（上演の）アウトプットと分離することは出来ない。舞台（アウトプット）と演者（インプット）は不可分のものである。つまり、舞台芸術の生産性が向上しにくいことは誰の責任でもなく、舞台というものの性質に内包されているものなのだ。

この生産性の低さの結果は明白である。舞台芸術における雇用者を維持するために、経済全体の賃金コストと同様に、演奏費用は容赦なく上昇する。毎年、オーケストラ（およびオペラや演劇）の公演にかかるコストは、生産性の高い経済セクターのそれと同様に上昇する。これは実際に起こっていることである。図2-1は、32の主要なオーケストラの公演にかかるコストの中央値の伸び率と、製造業のコスト――完成品の出荷価格を比較したものである。1987年から2005年にかけて、1公演当たりのコストは300％以上増加したが、

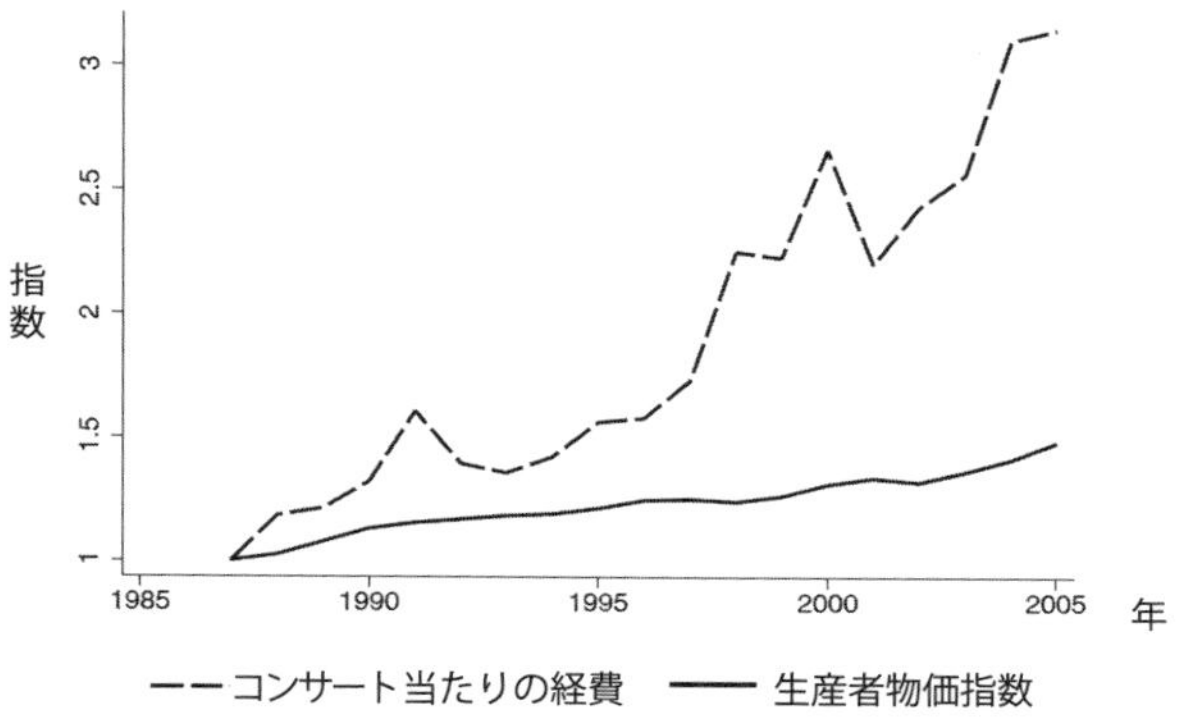

図2-1　オーケストラの費用と生産者価格　1987-2005年

出典：全米オーケストラ連盟、米国労働統計局

完成品の価格の増加率は148%とそれよりずっと少ない。公演収入がそれを上回って増加しない限りは、オーケストラの営業赤字――公演に伴う収入と支出の乖離は広がるばかりなのである。

このコスト病の不快な現実から逃れるためには、2つしか方法がない。コスト病の算数の元となっている前提事実が、病を治癒する方向に変化すること、あるいは病が治癒しないとすれば、それによって導かれる結果をその他の要素で埋め合わせることである。

病を治癒するためには、次の2つの要素のいずれかが変化することが必要である。それは、舞台芸術とその他の産業の成長率の乖離がなくなること、または舞台芸術に従事する働き手が、他の産業と比べてはるかに低い賃金上昇率を甘受することである。このいずれも実現していないし、21世紀に入ってからの10年間においても実現の気配もなかった。ボウモルとボウエンの言葉を借りれば、「産業革命以降、一般的な工業製品の生産に必要な労働力は減少し続けているのに対し、グローブ座でリチャード二世が王者たちの悲劇を語るのに必要な時間は全く変わらない。人類の発明と工夫は自動車の生産に必要な労働力を減らしたが、シューベルトの45分の弦楽四重奏曲を演奏するのに必要な3人時間を減らすことに成功した者はいないのだ」。

表面だけ見る人はしばしば、近年のサービス業における生産性向上と、舞台芸術におけるそれを混同することがある。1995年以降、多くのサービス業で製造業と同様に生産性の向上が見られ、このことから「コスト病が克服された」と主張する論者も表れた（Triplett and Bosworth 2003）。この急速なサービスの生産性向上の源は、一部のサービス業における新たな情報技術への重点的な投資にある。しかし、舞台芸術はこのような生産性向上の例外であり、他で生産性向上をもたらした新たなテクノロジーを適用できる機会は限られている。実際のところ、コスト病の終焉を謳った研究においても、サービス業の分析の中に、舞台芸術のデータは含まれていない。その代わりに、金融、交通、情報通信、公共事業、個人サービスといった、新たなテクノロジーが生産性向上に重要な役割を果たした、舞台芸術とは全く異なるサービス業について検証しているのである。しかし、オーケストラやその他の舞台芸術の生産性の伸び率は、それよりも遅いままである。

オーケストラの給与増加の抑制によって、コスト病を治癒することも出来てはいない。むしろオーケストラにおける給与は、その他の産業と少なくとも同等の増加を見せている（第6章において詳述）。つまり新技術の適用は、他のサービス業においては生産性を上げ、コスト病を克服させたのかもしれないが、その効用はオーケストラやその他の舞台芸術にまでは及ばなかったのである。

演奏収入の増加はコスト病を克服するか？

コスト病が治癒できないものであるとしても、他の要因が公演の収入を増加させ、コスト病がもたらす影響を中和することができるかもしれない。上演にあたっての費用が経済成長に先行して増加するのであれば、オーケストラがコスト増をチケット代に転嫁することによって、収入を増やすことができるという期待もあるだろう。ある意味で、チケット代の値上げはコンサート収入を増加させるが、一部の観客を遠ざけるリスクもある（第5章にて詳述）。そのうえ、チケットが値上がりすることは、客層の構成も変えてしまいかねない。中低所得層のクラシック音楽愛好家を、締め出してしまうことになるのである。客層の縮小は芸術的な影響もありうる。多くの芸術家は、より多くの聴衆に聴いてもらう刺激が、公演の芸術性を高めうると確信しているのである。

チケットの値上げによる収入増加は、その負の影響を打ち消すのであろうか。結局のところ、あらゆる経済活動からの収入は、平均生産性と連動して上昇する。一般的な生産性の向上は購買力を向上させ、それによって社会に、他のモノやサービスを購入するのと同様、コンサートに行く経済的余裕をもたらすのである。実質家計収入（インフレ影響を勘案後の）が増加すれば、その家計がより高価なチケットを買うことが出来るようになり、芸術に対する経済的な寄与が増えるということになる。より高所得のチケット購入者が加わることにより、チケットの値上げに伴う聴衆の減少という損失を相殺することができるかもしれない。しかしこの議論には限界がある。ライブの公演を鑑賞するには、お金と時間の両方が必要である。このうち、収入の増加によって余裕ができるのは、お金のみなのである。時間の制約は硬直的であり、収入の増加によってもなお存在する。さらに、収入の向上は、時間の価値が向上することも意味する。公演を鑑賞することによって失う時間の収益機会が、増収によって増えるのだとすれば、鑑賞頻度はむしろ下がってしまうのである。

それではより大きな会場でコンサートを行うことによって、コスト病を克服することはできるのであろうか。大きな会場は、それに見合ったより多くの観客がチケットを購入してくれることによって初めて、より大きな収益をもたらす。第5章で詳しく述べるが、アメリカのオーケストラは、会場の座席数のおよそ70%しか販売できていない。より多くの席を埋めてくれるパトロンがいたとしても、会場規模の拡大には限度がある。こうしてコスト病はオーケストラの財務諸表に、継続的かつ累積的な影響を与え続けている。病を治癒するためには、座席数が継続的に伸び、またそれが埋まっていくことが必要なのである。

テレビやCD、その他のマス・メディアは、公演当たりの聴衆をより広げることによって、コスト病を治癒することはできるのだろうか。残念なことに、マス・メディアの一部は、やはりコスト病から逃れられない。マス・メディアは、演奏と配信の2種類の費用を発生させる。演奏コストはコスト病の影響を受ける。交響曲をテレビで演奏するのと、コンサート・ホールで演奏するのとでは、同じコストがかかるのである。どちらの場においても、演奏にかかる労働力が、時間の経過とともに減少することはない。反対に、配信に係るコストは、技術的な進歩によって下げることが可能である。しかし配信コストが低減するにつれ、それがトータルのコストに占める割合は小さくなる。コスト病に支配される演奏コストが、総コストの大半を占めることになるのである。技術的な要素は、常に進歩し続けるものであるため、総コストに占める割合が減っていくことになる。

理論的には、例外もありうる。ＣＤやビデオやその他のメディアは、「演奏コストの追加発生なしに、聴きたいときに何度でも繰り返し聴くことができるので、当初の録音の際に発生した演奏コスト当たりの、聴衆の規模を累積的に増大させることにより、コスト病のもたらす結果を相殺できる」(Baumol and Baumol 1984)。しかし実際には、録音メディアの売上は激減している。アメリカ録音産業連合は、２００８年の録音出荷数は１９９９年のそれの58％であったと報告している。２００８年の数値が「大不況」を反映しているとしても、９年の間に２００４年に一度上昇したのを除いて、下降し続けてきたのである。クラシック音楽に関して言えば、もっと状況は悪く、録音全体に占めるシェアは３・５％から１・９％に下落している。２００８年の売上は、１９９９年のたった32％である(アメリカ録音産業連合)。

当初の希望とは裏腹に、放送・録音収入がオーケストラの非情な赤字の解消に果たしてきた役割はごくわずかなものである。今日多くのオーケストラには、放送・録音収入が全くない。１９８７年に、本書で研究対象とした63のオーケストラのうち、放送・録音収入を得ていたのは、たった半分である。さらに10年後にはそうした収入を計上したのは28団体のみである。これらの楽団は１９８７年以降、少なくとも2年間アメリカのトップ50に入っていたオーケストラであったことを想起されたい。これより小さいオーケストラが、放送・録音収入を得ている可能性はさらに低いことを想定すると、全オーケストラのうち、このような収入を得ていない楽団の割合はさらに大きくなるのである(最近の米国オーケストラ連盟は、放送・録音収入のデータを個別には公開していないが、状況が明確に変化していることを裏づける理由はない)。

1987年にマス・メディアとの接点のあるオーケストラにおいて、放送・録音収入の割合の中央値は、たったの0・9%であった（演奏収入に対する割合は2%）。10年後にはこの割合は、総収入の0・4%、演奏収入の1・2%となった。演奏収入に占める割合においては、ほとんど0%から6%までのばらつきがある。オーケストラの収入における放送・録音の割合が少なく、かつ減少傾向にあるということは、1960年代から1970年代のオーケストラに関するフォード財団の調査による発見とも符合している（フォード財団報告書1974年）。

これらの数字でさえも、放送・録音に伴う経費を考慮すれば、オーケストラに対する影響を過大評価していると言える。年度単位で見れば、一部のオーケストラでは放送・録音収入は経費に対して赤字になっており、演奏収入ギャップをさらに悪化させている。1987年には、放送・録音収入のある31のオーケストラのうち、たったの12団体しか、経費を上回る収入を計上していない。10年度には状況がさらに悪化し、27団体のうち放送・録音収入で黒字を計上したのは、たったの5団体である。もちろん録音によっては、年度をまたいで収益を挙げるものもあるので、単年度の録音に伴う収支を比較することは正確ではない（実際、いくつかのオーケストラには放送・録音に伴う経費を計上していながら収入は数年にわたって計上していないところもある——おそらく該当の録音がまだ公開されていないということだと思われる）。しかし、およそ1ダースものオーケストラが、1987年から97年にかけて費やした放送・録音経費を、収入によって回収できていない。一方で、同期間に、放送・録音による純益を計上することができたのは、たった15のオーケストラである。

構造的赤字

結局のところ、オーケストラの演奏費用の増加を補えるに足りるほど、演奏収入が増加することはなさそうである。演奏収入が完全雇用下での演奏経費に足りないとき、オーケストラは構造的赤字と言われるものに直面する。コスト病の算数が示す不吉な示唆は、オーケストラは永遠に拡大し続ける構造的赤字を背負い込むということである。構造的赤字の拡大は、一つの経験的な問いに行きつく。演奏収入が、拡大し続ける演奏赤字をいくらかでもカバーする割合は、増えるのか減るのかということである。治癒しがたいコスト病が解消されるなら、演奏収入が演奏経費を補う割合が増えていくにつれ、構造的赤字は縮小するということになる。しかし、もしコスト病が中和されないのであれば、演奏収入が経費を補う割合は減少していき、構造的赤字は増大する。この問いを解決することは、オーケストラの経営における重大な課題である。コスト病が解消されなければ、オーケストラは増大し続ける構造的赤字と直面することになるからである。

残念なことに、コスト病が20世紀を通して存在し、21世紀初頭においてもなお現実であることは、事実が示している。オーケストラの財務を、歴史的な観点から紐解いてみよう。先に述べたように、19世紀後半の比較的短い期間、いくつかのオーケストラは協同組合として生き残ることができた。これらのオーケストラの演奏収入は経費を十分に補うことができ、オーケストラの主である演奏者たちは適切な収入を得ることができたのである。しかしながら、コスト病の進行は、あっという間に演奏による純利益を、演奏者をつなぎとめるには低すぎる水準に落としてしまった。生き残りのためにオーケストラは、他の経済セクターにおけるのと同じだけ演奏者の昇給ができるように、演奏収入以外の収入で補填しなくてはならなくなった。当初は個人の寄付者が、オーケストラが生き残るのに必要な経済支援を行っていたが、演奏収入がコストを補う割合が減るにつれ、篤志家やその友人だけではなく、より広く資金調達が行われるようになった。またオーケストラの財務に関する継続的な研究は、演奏収入がコストを補う割合の着実な減少を裏づけている。1940年の研究では、演奏収入が予算の60%「しか」補填していないと、悲観的な調子で記載しているが（Grant and Hettinger 1940）、1990年から91年にかけての同じ研究では平均46%となり、さらに2005-6年には41%にまで落ちている。次章では、コスト病の存在を示す、より強力な統計的根拠を紹介する。

まとめると、コンサートのチケット売上、放送、録音による演奏収益は、1世紀以上にわたって、演奏コストを下回ってきた。もし事実がこの逆ならば、オーケストラは音楽に興味のない投資家をも惹きつける、営利目的の私企業となっていただろう。金融収益だけで投資の動機となるからだ。実際には、アメリカのオーケストラは非営利団体として、様々な形態の演奏以外の収益によって、演奏収益の補填を行って、経済的に脆弱な実態を支えている。これこそがコスト病を示すものである。舞台芸術や教育、その他の苦境にある分野は、増加し続ける構造的赤字を解消するため、その他の資金調達源を模索しなくてはならないのである。

非演奏収入の必要性

オーケストラはどのように、増加し続ける構造的赤字という環境下で、生き残るのに必要な財務収支を実現できるのだろうか。端的に言えば、非演奏収入によって、演奏収入と経費のギャップを埋めることでしか、採算を確保することはできない。民間支援、政府の補助金、そして投資収益（主に寄付財産からのもの）の3つが、アメリカのオーケストラの主要な非演奏収入源である。非営利法人であるオーケストラは、すべての政府レベルからの助成金のほか、優遇税制の対象となる個人・企業・財団からの寄付を受け取ることができる。非営利法人という立場は、その中心的使命を達成するための資金を寄付しようとする、将来の支援者に信頼を提供する（Hansmann 1996）。しかしこうした資金を得るためには、オーケストラは資金調達のための経費を支出しなくてはならず、それは演奏収入がコストをカバーすることができていれば、本来必要なかったものなのである。

オーケストラやその他の非営利団体にとって、非演奏収入は経済的な救世主となりうる一方、そこには落とし穴もある。非演奏収入をもってしても、それが民間支援であれ政府補助金であれ投資収益であれ、毎年の構造的赤字を完全に補填するだけの収入を得られる保証は全くないことから、多くのオーケストラは、第1章で描いたような不安定な状況を続けざるをえないのである。非演奏収入の伸びが、コスト病のもたらす赤字の増大の速さに追いつける保証もない。この点は非常に重要である。コスト病の算数が示すものと、1世紀にわたる赤字増大の証跡は、寄付者や政府や投資からの非演奏収入が、際限なく増え続けなくてはならないということを意味する。ある年の赤字を補填した非演奏収入の金額は、翌年の赤字をカバーするには不十分ということが起こるのである。ある年の危機を救うために寄付した寄付者に対し、翌年さらに寄付を求められても、驚くにはあたらない。真面目なオーケストラは、演奏収入を上げ、または経費を削減するために、方針と戦略を講じて赤字を縮小しようとするが、継続した毎年の工夫なくしては、非演奏収入の必要性は際限なく増えていくのである。

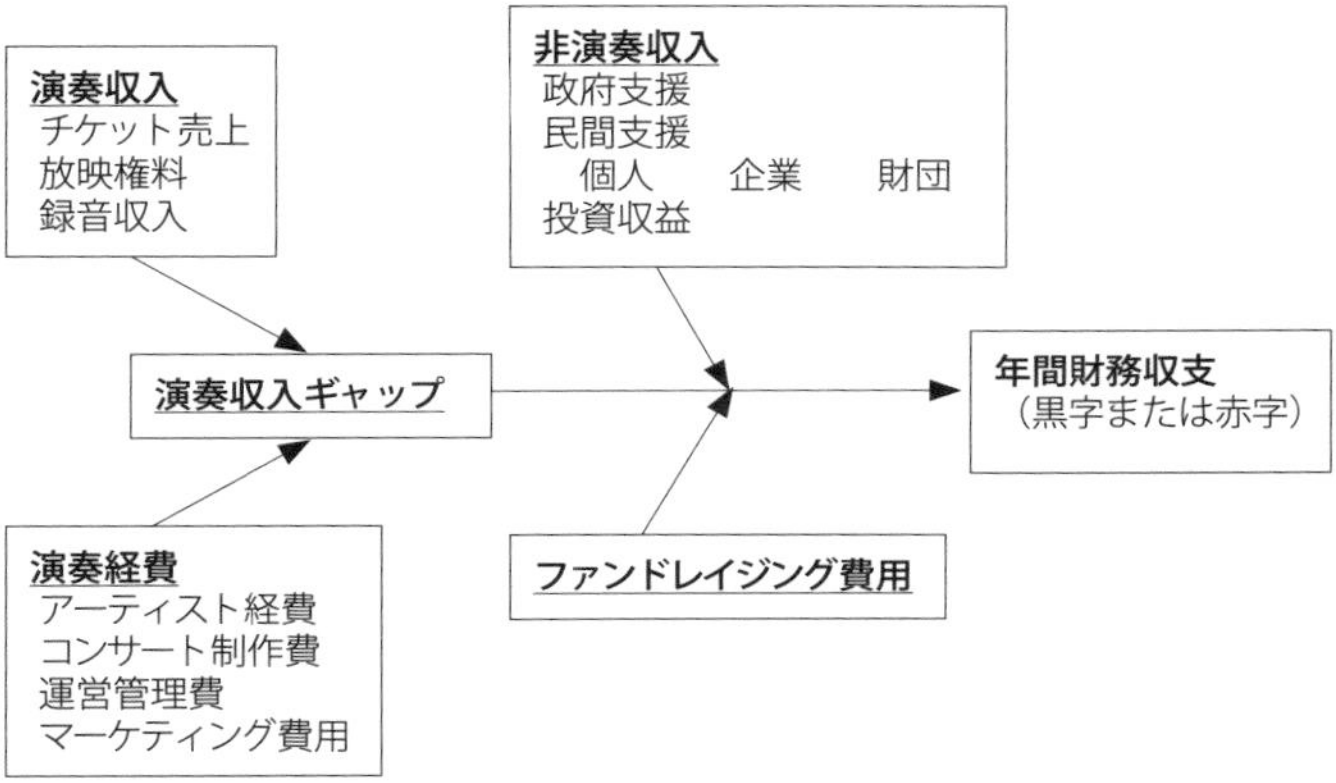

図2-2　オーケストラの財務構造

オーケストラの財務モデル

本章で論じたことは、図2-2のようなシンプルなオーケストラの財務モデルに集約される。左から右へと読むと、オーケストラは、コンサートのチケット代、放送、録音に伴う権利料による演奏収入を挙げる（詳細は第4、5章で述べる）。これらの収入は、演奏者の人件費、コンサート制作費、運営管理費、マーケティングなどの経費に対しては不足している（第6章）。このコスト病のシンプルな算数が、運営赤字が時間とともに拡大していく理由を説明している。

演奏収入ギャップは、3種類の非演奏収入により全部あるいは部分的に補填される。政府による補助金（第7章に詳述）、民間支援（第8章）、（寄付財産の）投資収益（第9章）である。政府の補助金や、個人、企業、財団からの支援を得るためには、オーケストラが演奏収入で経費を賄えるなら必要なかったはずの、ファンドレイジング費用をかける必要がある。支援や補助金、投資収益などが、演奏収入ギャップを超える収入を挙げることができれば、オーケストラは年度を黒字にすることができ、非演奏収入が足りなければ、全体として赤字に陥る。

図2-2に示した資金の流れは、演奏収入ギャップや年度の赤字または黒字がどのような要因で変化するのかについての、一つの説明となりうる。これは変化が起こる理由までは説明していないが、どのように変化が起こるかを体系立てた情報を提供しうるものである。行動学的に、なぜこれらの収入や支出が、オーケストラの財務を強くも弱くもする変化をもたらすのかについては、本書の後半部分で論じたい主要なテーマである。次章における最初の課題は、コスト病がもたらすものと、一般経済状況の変化を峻別することである。

第3章　コスト病か景気循環か

ボルティモアからデトロイト、パサデナに至るまで、至高の芸術団体が演奏者を解雇し、プログラムをカットし、シーズンをキャンセルし、新たな演奏機会を生み出せないでいる。完全に閉鎖してしまったところもある。これらの危機に瀕した楽団は忠実な支援者に資金援助を依頼するしかないが、その人たちもまた、破産や失業の危機に直面しているのである。（Flaccus 2009）

この「不況がアメリカの芸術団体の10％を閉鎖に追い込む」と題した記事の一部は、不況がどのように、オーケストラやその他芸術団体の経済的安全を侵食するかを示している。レイオフ等により個人や企業の収入が減り、失業率が上がり、労働時間が削減され、売上が減少すると、オーケストラは演奏収入と非演奏収入の両方に打撃を受ける。コンサートのチケットや録音の売上は、個人所得の状況によって増減する。そしてオーケストラが、その請求書の支払いをするために非演奏収入を必要とするとき、支援者たちはその財源を失っているのだ。当然のことながら、景気拡大期に実質収入が改善すれば、オーケストラの収支も改善する。

こうした「サイクル」の、特に景気循環を反映した影響は、前章で論じた構造的な影響とはまた異なるものである。サイクルの影響は表裏一体の関係にあり、景気が下降局面にあるときの損失は、景気回復に伴って取り戻すことが可能である。第2章で論じた構造的な要因には、通常そうした表裏が存在しない。むしろ、それらは累積され、非演奏収入の必要性は際限なく増大する。景気が安定しており、完全雇用が実現されているような場合においても存在するのが、構造的赤字であると言ってよい。

オーケストラの財務に対する、サイクルの影響と構造的な要因を的確に区別することによって、長期的なオーケストラの健全性とその戦略を診断することができる。本章の前半では、アメリカのオーケストラの財務に、サイクルとトレンドがもたらすそれぞれの影響を明らかにする。後半では、なぜ不況が、オーケストラの財務に破壊的な影響を与えるのかを考察する。鍵となる問いは、景気悪化の際に、オーケストラの収入が、経費が縮小するより速く縮小するのはなぜかということである。我々は、経済情勢が変化する際の、収入と経費それぞれの感応度を比較できる。最後に、景気循環と構造的赤字の両方の課題を持つ、オーケストラの戦略についての議論で本章を締めくくりたい。赤字が景気循環によるものであるならば、政府の機動的な金融財政政策があれば、オーケストラは自らの財務課題を一時的なものとすることができる。経済的課題が構造的なものであるなら、すなわち、景気が回復して完全雇用状態になったとしても、赤字が残るだけでなく拡大するようなら、より根源的な変革がオーケストラの運営に必要になるのである。

サイクルと構造による影響の峻別

経済環境の変動は、収支構造の根源的な傾向を見えにくくし、長期的なオーケストラの財務健全性を見誤る方向に作用することがある。２００１年９月11日の悲劇に続いた景気減速、あるいは２００７年初頭のアメリカ金融危機などは、オーケストラの財務について過剰に楽観的あるいは過剰に悲観的な評価をもたらした。楽観論者は、財務の困窮は不況に伴うサイクルによるものであり、一時的かつ挽回しうるものと捉えた。コスト病は既に存在せず、オーケストラは景気循環に伴う課題に対処すればよいとする見方も広められた。悲観論者は、景気循環に伴う影響を過小評価するあまり、不況による影響についても、オーケストラの財務にとっての長期的な逆風と捉えた。

本章における分析は、サイクル、構造いずれの要因もオーケストラの赤字に影響することを確認した。オーケストラの経済的困難は、不況によって増悪し、景気拡大によって減少する。それと同時に、経済環境が好転しても、それによってオーケストラの苦境が過ぎ去ったことにはならない。不況によって生じた困窮が消滅したとしても、コスト病に起因する長期的な課題は残るのである。

1年や2年のデータを見ても、これらの結論は明らかにならない。何年間ものデータを統計的に分析することによって、両者がそれぞれどのように、演奏赤字のサイクルとトレンドに影響してきたかをあらわにすることができる。本書における発見の多くは、単独の要因の影響度を調べるために一般的に統計学で用いられる重回帰分析［訳注3］、たとえばトレンドという一つの影響が、その他の要素（たとえば一般的な経済環境）を制御した場合に、どのような役割を果たしたかという分析から導かれている。

訳注［3］　複数の変量を持つ資料から有益な情報を得るための多変量解析の手段として、回帰分析・重回帰分析は最もポピュラーなものであり、本書においても重点的に用いられている。特定の1変量について、他の変量で説明する手法が回帰分析であり、2つの変量からなる資料を分析対象とする単回帰分析と、3変量以上からなる資料を分析対象にする重回帰分析に分けられる。

表3-1　オーケストラの赤字のサイクルとトレンド

従属変数	効果 失業率1パーセントの増加	年間
演奏収入比率（PIR）*	- 0.7	- 0.2
演奏収入	- 3.8%	1.9%
演奏経費	- 1.2%	2.7%

出典：第3章補遺
注：演奏収入と演奏経費は2000年のドルベース
　＊演奏収入によってカバーされる演奏経費の割合

１９８７年から２００５年にかけて63のオーケストラのデータを回帰分析したところ、サイクルとトレンド両方の財務への影響が明らかになった[1]。まず、景気循環に伴うオーケストラの財務収支への影響は重要である（オーケストラの本拠地における失業率との関連によって検証）。平均で、対象地域の失業率が１％上昇すると、演奏収入の演奏経費における割合――オーケストラの演奏赤字を示す指標としてＰＩＲ（演奏収入比率）と呼ぶ――が０・７％下落する。このことは、表３－１に示すように、景気変動による演奏収入と演奏支出への影響がそれぞれ異なることを示す重要な発見である。演奏経費は、演奏収入に比べ、景気変動に対する感度はずっと低いのである。１９８７年から２００５年の間の失業率の上昇に伴い、インフレ影響勘案後の実質演奏収入は４％下落したが、演奏経費は１・２％しか減少しなかった。

この分析は、ＰＩＲの悪化傾向についても統計的に明らかにした（表３－１、１行目）。景気循環の影響を除外すると、演奏収入比率は毎年０・２％ずつ下がっているのである。つまり、10年ごとに総経費に占める演奏収入の比率が、２％ずつ下がるということである。これは景気循環影響の勘案後も、構造的赤字は存在するのみならず、時間とともに悪化するという、認めたくないが重要な発見である。オーケストラが、コンサートの種類を増やしたり（ポップス、サマー・コンサート、ファミリー・コンサート）、国内外に演奏旅行をしたり、録音・放送活動を広げたり、学校教育に努めたりといった、演奏収入増加のための努力を行っているにもかかわらず、演奏収入によって演奏コストを回収できる割合は減少していくのである。言い換えれば、第2章で論じた、オーケストラは非演奏収入を増強し続けることによってのみ、採算を確保することができるという議論は、オーケストラへの一般的な経済環境の影響を勘案した後も残るのである。10年前には60％であった演奏収入比率が、直近の平均では45％に下落しているのは、驚くに当たらない。

つまり、景気が「回復」しても、オーケストラの財務状況は景気減速前よりも悪化した状況にとどまり、演奏収入が経費をカバーできる割合は小さくなっているのである。オーケストラは景気循環という「天気」に適切に対応できたとしても、第2章で論じたような長期的な「気候」は赤字を増やし続ける。景気の悪条件を訴えたところで、オーケストラが直面する長期的な課題を、隠すことも否定することも釈明することもできないのである。

景気後退、収入、支出

景気後退局面では、演奏収入の方が支出よりも影響を大きく受け、オーケストラの演奏収入比率は悪化する（もし経費の方が収入よりも速く減少するのであれば、オーケストラは景気後退局面に赤字を減らすことができるはずである）。表3-1に示した統計的発見は、この不均衡を証拠立てている。結果としてオーケストラは、営利企業と同じく、景気悪化に伴って厳しい赤字増大に直面するのである。

表3-1においては、一般的な経済環境影響の勘案後、1987年から2005年にかけての実質演奏収入は年間1・9%と、インフレ率を上回っていたことがわかる。しかし同じ期間の、演奏経費の増加率は、それよりさらに上回る年間約2・7%であった。この期間にすべてのオーケストラで演奏経費が収入を上回った比率を、ドルベースで見た結果はさらに劇的なものとなる。実質経費は実質収入の約3倍となったのである。

個別のオーケストラでは、表3-1に示す平均値を中心に、より大きなばらつきがある。サンプルとした63のオーケストラの多くにおいて、演奏経費の増加傾向は、演奏収入のそれを上回った。結果として、オーケストラの大部分が、音楽業界に限らない一般的な経済環境のもたらす混乱を制御できたとしても、長期的に演奏収入比率の悪化を経験したのである。

経済環境と経費

オーケストラの経費は、景気後退局面においても、運営上の都合やその他の制約により、収入よりも遅く減少する。なぜ全体的な経費の感応度がこのように低いかを考えるにあたって、個別の費目の感応度を調べることは有効であろう。本項では、景気循環の影響を一定にした場合、様々なオーケストラの経費がどのように経済条件や長期的なトレンドの影響を受けるかを検証する。

個別の経費に対するサイクルとトレンドの分析は、表3-2に示した。たとえばこの表の3行目によると、オーケストラ経費の平均50%を占める、主として演奏者、指揮者、ゲスト・アーティストへの支払いを含むアー

表3-2　オーケストラの経費のサイクルとトレンド

経費の種別	総経費中の割合	効果 失業率1パーセントの増加	年間
総経費	100	-1.1%	2.7%
演奏経費	95	-1.2%	2.7%
アーティスト経費	50	無効果	2.1%
コンサート制作費	16	-1.3%	5.5%
運営管理費	10	-1.8%	2.4%
マーケティング費用	11	-2.8%	4.2%
ファンドレイジング費用	5	無効果	4.1%

出典：第3章補遺
注：演奏収入と演奏経費は2000年のドルベース
「無効果」＝統計的に有意な効果が見られなかった

ティスト経費と、地域の失業率が1％増加したこととの関連性は明確ではないことがわかる。言い換えるとこれらの数値は、一般的な経済環境の影響を受けにくいのである。統計的にはこうした経費の上昇傾向も見られる（3列目）。経済条件を調整しても、アーティスト経費はオーケストラの平均で年間2・1％上昇する。表3－2の残りの項目についても同様である。

アーティスト経費とファンドレイジング費用（総経費の5％を占める）が、経費全体の経済環境変動への感応度の、演奏収入に比べて低い要因と言える。経費の中でこれらには、景気変動との関連が見いだせないのである。分析に用いたデータは、オーケストラによる抑制努力を反映するものではあったが、これらの経費は、景気悪化局面においても、制作費、運営管理費、マーケティング費と比べて、減らすことが難しいことが窺える。

この表は、オーケストラ経費の増加傾向の主な要因を明らかにしている。1987年から2005年にかけては、すべての費目において、インフレ率を凌駕して上昇した（右側の列が年間の上昇率を示している）。一般的な経済環境の影響を一定とすると、制作費、マーケティング費、ファンドレイジング費が最も上昇している。アーティスト経費と運営管理費は、それぞれ2・1％、2・4％と相対的に低い水準である。

経済環境と収入

ここまでの分析は、アメリカのオーケストラが増大する構造的赤字に直面し、かつ不況の折にはそれがさらに悪化することを示した。オーケストラは採算を維持するために、非演奏収入の獲得に努めているが、それが赤字を補填するのに十分な金額となる保証はない。明らかに、不況の際には、経費の減少よりも先に収入が減るため、オーケストラは補助的な資金を最も必要とすることになる。残念ながら、本章の冒頭に引用した記事が示すように、非演奏収入は、それをオーケストラが最も必要とするときに得られるとは限らない。

個別の収入源についてのサイクルとトレンドに関する回帰分析は、地域の失業率が1％減少すると、非演奏収入が1・5％減少することを示した（表3-3、3行目）。こうした結果は、政府支援、民間支援、投資収益にも見られる。非演奏収入のうち最も小さい割合を占める政府支援は、民間支援の3倍もの景気感応度を持つ。民間支援を構成するそれぞれの支援は、1987年から2005年にかけて、必ずしもすべてが景気に連動するとは言えないものの、総合的には経済環境の影響を受けていた。投資収益もまた、景気と高い関連性を持つ。景気後退期における演奏収入と非演奏収入双方の減少は、オーケストラが寄付財産の取り崩し以外に選択肢がない状況に追い込む。

表3-3　オーケストラ収入のサイクルとトレンド

		効果		
収入の種別	総収入中の割合	失業率1パーセントの増加	年間	2000年以降
総収入	100	-1.5%	3.5%	0.1%
演奏収入	30	-3.8%	1.9%	無効果
非演奏収入	70	-1.5%	3.5%	0.2%
政府支援	5	-4.2%	-4.4%	0.1%
民間支援	42	-1.1%	4.4%	無効果
個人	22	無効果	4.8%	0.1%
企業	6	無効果	1.7%	-0.01%
財団	9	無効果	8.7%	-0.2%
投資収益	13	-8.6%	5.5%	0.5%

出典：第3章補遺
注：演奏収入と演奏経費は2000年のドルベース
「無効果」＝統計的に有意な効果が見られなかった

しかしながら寄付による支援は、長期的な財務課題に対応するのに、より建設的な役割を果たす。オーケストラへの収入に対する景気循環影響を一定とすると、すべての演奏収入および非演奏収入が示すトレンドは、政府支援にのみあてはまらないことが明らかになった（表3－3、3列）。毎年、アメリカのオーケストラの演奏収入は、インフレ率を平均1・9％上回って上昇する。この傾向は実質非演奏収入においてはより大きく、インフレ率を3・5％上回る。民間支援と政府支援におけるこの傾向は、よりばらつきが大きい。サンプルとしたオーケストラの平均で、政府支援はインフレ率に追いつかず、景気影響勘案後で年4・4％も下落している。これを埋め合わせる以上の動きを見せているのが、民間支援である。景気影響勘案後、民間支援のすべての資金源が、インフレ率を上回る速度で上昇している（年間で約8・7％）。民間支援の最大シェアを占める（50％）個人寄付の伸びはその中でも最も大きい。

2000年以降効果？

景気循環の中で、どのようにオーケストラの収入が変動し、進展するのかを見積もることは、その時々の経済的事象がどのようにオーケストラに影響するのかを理解する助けとなる。21世紀の冒頭に始まり、そして2001年9月11日の悲劇によって悪化した景気後退を考察してみよう。失業の拡大とそれに伴う経済の減速は、前述の分析通り、オーケストラの収入が落ち込み、景気回復によっても改善しないことを予測させたはずである。またこの分析は、景気回復段階になっても、演奏収入比率の減少により、オーケストラには大きな赤字が残されていることを予測した。実際のところ、その通りになった。

オーケストラ運営の現状維持を望む人々によって、時折示される別の見方は、21世紀初頭の異例な収入の落ち込みは、失業率の上昇によって起こったものということである。この見方によれば、景気回復に伴って収入も回復するため、採算を維持するためにオーケストラの運営を根本から見直す必要などないということになる。

こうした研究に使用されているデータは、慎重に検証する必要がある。「2000年以降」効果がオーケストラの収入にもたらした影響を見定めるために、統計的な実証を行った。これらの実証により、オーケストラの収入における21世紀初頭のサイクル的な変動がもたらした影響は、それ以前の景気後退期のそれとの差異はなかったのである。さらに、様々なオーケストラの収入の傾向が2000年以降変化したかどうかについても分析を行った。表3‐3の右側の列はその結果を表わしている。2000年以降の、演奏収入や民間支援の減少を示す証跡は、この分析からは示されなかった。平均で、表の3列目に示す比率での上昇が続いていたのである。別の見方とは反対に、政府支援や投資収益についても、小さいが統計的に有意な増加が見られた。

このことは我々を、アメリカのオーケストラの財務収支の動向における、サイクルとトレンドの役割についての最終結論に導く。演奏赤字と寄付金収入はいずれも、景気の影響を受けることから、景気後退は平均的オーケストラの黒字／赤字状況を悪化させ、景気拡大は改善させる。景気後退がオーケストラに負わせる財務上の負荷は、演奏収入、非演奏収入、経費に対する影響を反映している。景気後退は、民間支援や投資収益を、オーケストラが赤字を解消するために最も必要とするときに減少させることにより、収支を悪化させるのである。1987年から2005年の間の各年度に、演奏収入と非演奏収入の合計値の増加傾向は、経費のそれを若干上回った。その結果、サンプルにしたオーケストラの財務諸表には、小さいが確かな改善傾向が見られた。この黒字に向けた緩やかな傾向を解釈するには、以下の要素を加味する必要がある。（1）黒字に向けたトレンドは、黒字とは異なるということ。63のオーケストラのほとんどが調査期間の終わりに引き続き赤字を負っていた。（2）黒字が寄付財産の運用からの過剰な取り崩しによる場合、深刻な長期的課題を見過ごすことがある（第9章）。（3）景気循環の小規模な逆戻りが前向きなトレンドを損なうことがある。統計は、失業率が半パーセント上昇しただけで、黒字傾向を完全に消してしまうことがあることを示している。オーケストラの財務にとってきわめて重要なこれらのポイントは、21世紀初頭の大不況期に明らかになったのである。

天気に合わせるのか気候に合わせるのか

本章は、オーケストラの運営に際し、景気循環に根を発する財務上の課題への対応と、長期的構造的な課題への対応が大きく異なることを指摘した。前者はオーケストラの現状に根本的な影響は与えず、景気の潮の満ち引きに対応する通常のビジネスモデルを当てはめればよいのである。これに対し、構造的な課題に対しては、コスト病の進行に伴う影響や、聴衆の好みの変化等に対峙するため、オーケストラのビジネスモデルの抜本的な変更をも必要とする。このように運営上の対応が異なる以上、オーケストラの現状の課題が、どちらに根を持つものであるのかを理解することが不可欠である。

アメリカのオーケストラが、サイクルに伴う課題と構造的な課題両方に直面していることは、彼らが公開しているデータに表れている。現状の課題は景気循環によるものでいずれ解決するとして、長期的な課題の存在を否定することはできない。これらの証拠は厳然と存在するのである。むしろオーケストラは、景気循環に伴う短期的な「天気」と、コスト病によってもたらされる長期的な「気候」の両方に対応した運営方針を策定しなくてはならないのである。以下にいくつかの例を挙げる。

天気への対応

天気予報：オーケストラが自ら景気を逆行させることはできないが、十分な予測に基づいて、財務上あるいは運営上のすばやい対応によって、景気変動の影響を中和させることができるかもしれない。経済活動の中には、このようなビジネス環境の変化を予測する様々な指標が存在する。50年以上にわたって、主要経済指標委員会（ＬＥＩ）は、平均して景気後退の11カ月前には予測を出し、景気回復については7カ月前に予測している。ＬＥＩは、オーケストラが前倒しで、経済変動に伴う演奏収入ギャップの調整や支援の要請などの対応策を策定するのに、有用な情報を提供しうる。

雨の日に備えること：オーケストラは経済環境が良いときの黒字を積み上げて、景況悪化時に採算を助けるための内部留保を構築することができる。寄付財産の構築と運用については第9章において詳述する。

財務収支における景気循環への感応度を下げること。景気循環に伴う演奏赤字は、変わりやすい収入と変わりにくい経費に起因する。オーケストラを経済環境の影響から断ち切るためには、より収入を変わりにくく、または経費を変わりやすく、あるいはその両方が必要である。経費の感応度が上がり、収入の感応度が下がるなら、財務バランスが景気の影響を受ける度合いは小さくなる。後援者や寄付者の意向など、オーケストラができることがほとんどない分野もあるが、異なった経費がそれぞれどのように経済環境の影響を受けるかを見極めることはできる。

気候への対応

構造的な赤字に関する議論は、組織の根幹をなすビジネスモデルの再考を促す。これは景気循環への対応よりもさらに困難なものとなりがちである。構造的赤字と戦うためには、経費の実態と構成、経費と収入の関係、財務手法と組織の維持発展に向けた戦略との関連性を、厳しく観察する必要があるからである。

歴史的にオーケストラは、構造的赤字を解消するために様々なビジネスモデルの変更を行ってきた。多くのオーケストラは協同組合的な組織から始まって、富裕層のエンジェル支援者を獲得し、理事会の規模を拡張し、定期会員層を広げ、公的資金を導入し、寄付財産を構築し、国内外に演奏旅行を行い、放送・録音の機会を捉え、様々な嗜好に対応できるようにコンサートの種類を増やし（定期演奏会、ポップス、サマー・コンサートなど）、学校教育の機会を広げてきた。これらの活動の一部は、ただちにオーケストラに収益をもたらした。そうでないもの、たとえば教育などは、より長期的な聴衆育成を目指したものである。

しかしながら、これらの活動の財務上の成果については、すでに本章で分析したデータに表れている通りである。本章で述べた長期的なトレンドは、オーケストラが今日までに実行してきた様々な形での聴衆育成にもかかわらず、発生したものなのだ。オーケストラが抱えている構造的な問題は、これらの施策なしではもっと悪化していたかもしれない。様々な演奏収入や非演奏収入を増加させ、経費を削減するための継続的な改革戦略は、増大し続ける構造的赤字に対峙するために必要である。

本書の後半では、オーケストラの収入と支出の動きを、いかに芸術的な目標を満たしつつ構造改革が可能となるかという観点から説明したい。とりわけ、様々な収入や経費が、オーケストラの運営方針、地域の経済特性、他の舞台芸術との競合の3点の、考えうる影響とどのように関連づけられるのかを探っていく。

オーケストラの施策とその巧拙の影響は、おそらく最もわかりやすい。わかりにくいのは、地域の市場特性である。アメリカのオーケストラが活動する地域の市場は、人口、経済力、コンサート収入や非演奏収入に影響するその他の要素、結果としてその収入の状況において、地域ごとに大きな差がある。さらに地域経済自体も時間の経過とともに変化する。オーケストラは自治体の経済基盤が供給しうる環境の中で活動し、その基盤に変化があればそれに適応しなくてはならない。おそらく最もわかりにくいのは、他の舞台芸術との競合状況である。経済状態にかかわらず、人が直面する時間的制約は一定である。オペラやバレエの公演を見に行く時間に、オーケストラを鑑賞することはできない。消費者は、芸術を支援するか否かの選択のほか、どの芸術を支援するかを決めなくてはならないのである。ある意味で、舞台芸術団体の経済力は、他の（競合する）芸術団体の施策に左右される面があるのである。

第4章　オーケストラ財務の諸相

なぜオーケストラが営利企業として存続することができないのか、ここまでに明らかになったが、そうすると、非営利のオーケストラの経済的成功とはどういうことなのか、その資金がどこから来てどのように使われたかを知ることなしに理解することはできない。本章では、アメリカのオーケストラの、収入と支出の流れを描き出すことにより、そうした経済的な流れが他国とどのように異なるのかを知る手掛かりを提示したい。また、採算を確保するための3つの基本戦略を明らかにする。

オーケストラの収入

オーケストラは、その存続に必要な資金のうち、半分以下しか自ら稼ぎ出せないことが明らかになっている。1987年から2005年の間には、演奏収入が総収入に占める割合は、48％からたったの37％にまで下落した。この間、民間支援と投資収益の伸びが、拡大する運営赤字と縮小される政府支援を補った。個人、企業、財団からの寄付は、2005年までに非演奏収入の70％（総収入の45％）を占めるようになり、オーケストラの外部資金源の主力となったのである（図4-1）。

オーケストラはその演奏収入の多くを、地域で開かれる様々なコンサートや、放送や、録音の売上によって

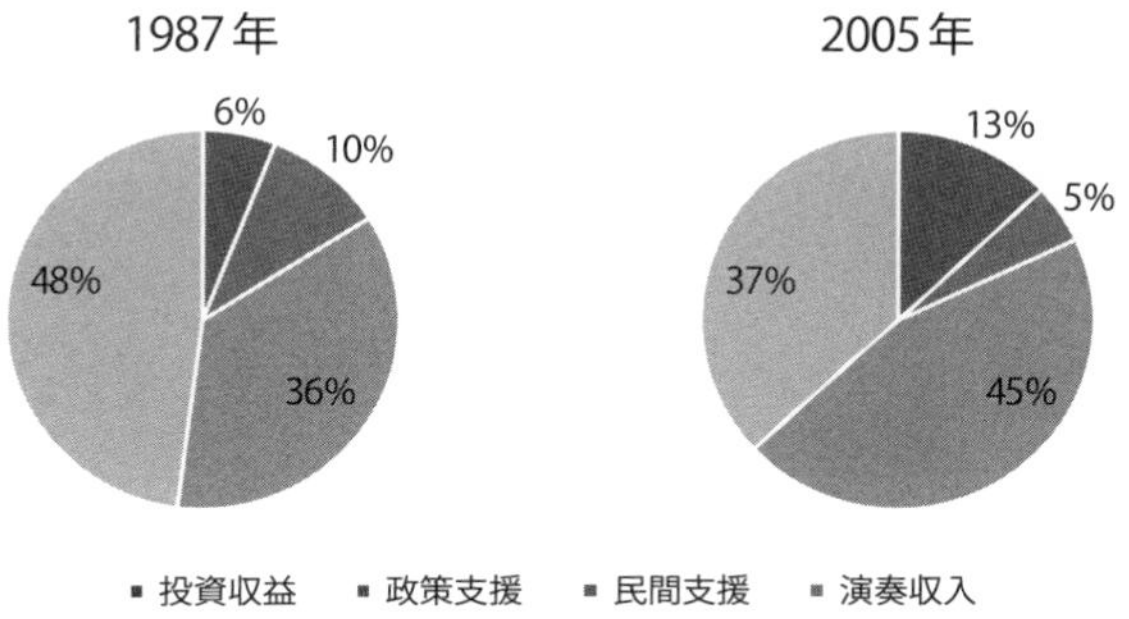

図4-1　1987年と2005年の演奏収入構成

出典：全米オーケストラ連盟

得ている。実質的にすべてのオーケストラは定期演奏会を行い、そのチケットは通し券あるいは単独券として販売される。こうした定期演奏会は、演奏収入の最も大きな要素であり、21世紀初頭においては平均36%を占めていた。多くのオーケストラはそれ以外にも、特定の聴衆や好みに合わせた異なるタイプのコンサートも開いている。よくあるものとして、ポップス・コンサートやサマー・コンサートであり、それぞれ年間の演奏収入のうち、24%と8%を占めている。地域の学校で開かれる教育コンサートは、学生をオーケストラに親しませ、将来の聴衆を育成するのに役立つかもしれない。現代のコンサート聴衆は、若い日に何らかの形で音楽公演に接した人々に偏って構成されているのである。オーケストラはまた、室内楽の演奏会、合唱、バレエ、オペラの伴奏なども行う。

一部のオーケストラは、地元のコンサートから挙がる収入を補うため、国内外への演奏旅行も行う。1987年から2005年の間、サンプルとした63のオーケストラのうち、15団体が自州内の本拠地以外の場所で、18団体が他の州で、そして11団体が海外ツアーによって収入を得ている。国内での演奏旅行が多いオーケストラは海外にもよく行くが、州内でのコンサートの開催状況との関連性は少ない。有名オーケストラほど、継続的に国内外での演奏旅行の機会があるように思われる。こうした演奏旅行はオーケストラに威信をもたらすものの、得られる収入は、おそらく1％にも満たないほどで、演奏収入全体のごく一部である。国内外への演奏旅行による収益（インフレ率勘案後）は、時間とともに微増しているが、それが演奏収入全体に占める割合は微減している。また演奏旅行にかかる費用はますます増加していることも付け加えるべきだろう。これらのコストが、チケットの売り上げや特別協賛などでカバーされないのであれば、オーケストラは、演奏旅行を行うという威信に対して対価を支払っていることになる。

さらに有名なオーケストラは、放送や録音によって、コンサート収入を補っている。しかし、第2章で述べたように、63のオーケストラのうち、そのような収入を得ているのは半分以下であり、21世紀初頭において、演奏収入に占める割合は1％強であった。そこからさらに、アメリカのオーケストラの収入に占める録音と放送の割合は減少している。録音による収入を増やせる可能性は限定的であり、より多くのクラシック音楽の録音はヨーロッパにシフトしていっている。

少数のオーケストラは、自分たちが演奏するホールを所有している。しかしながら、経済学者たちは、彼らがそれによって賃料を節約しているとは考えていない。公演のたびごとに、自分たちでそれを使うよりも、他に貸すことによって得られたはずの機会収益が発生するからである。実際にオーケストラがホールを貸すことによる収入も発生している。これらの賃料収入を計上している少数のオーケストラにおいて、それらの

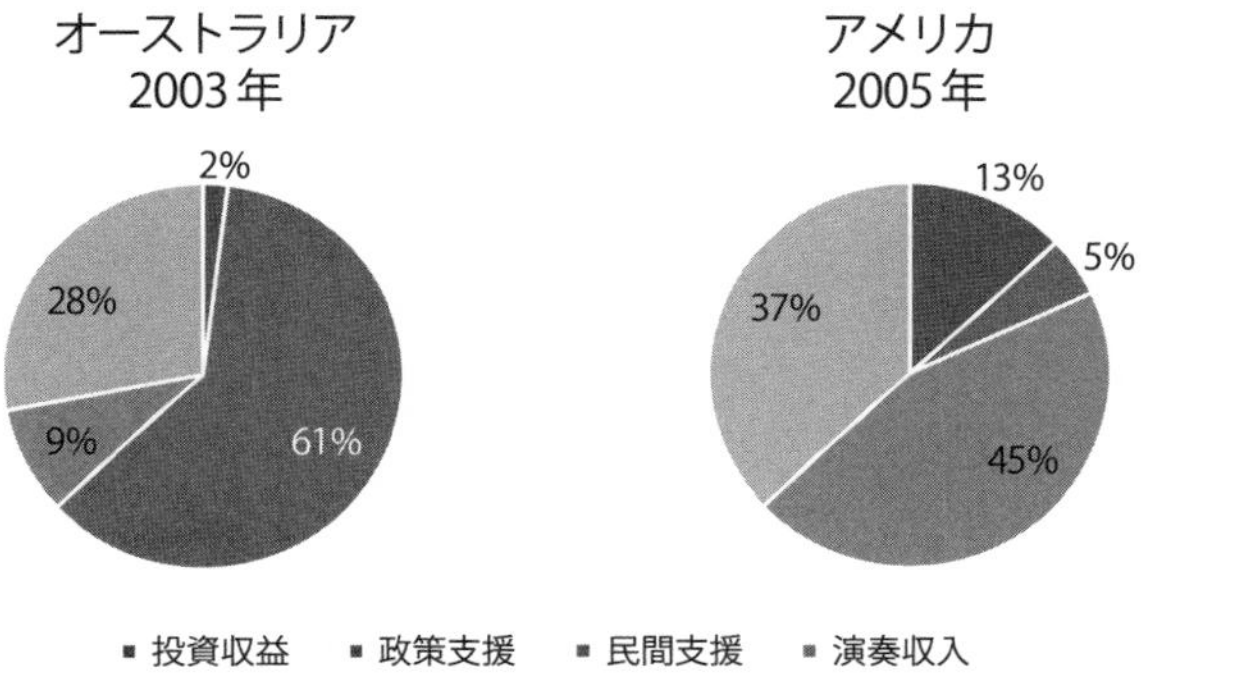

図4-2　アメリカとオーストラリアのオーケストラ収入

出典：オーストラリア オーケストラ・レビュー（2005）、全米オーケストラ連盟

収入の割合は小数点以下である。

アメリカ以外の国では、オーケストラの資金調達における、公的および民間セクターのそれぞれの役割は全く異なっている。たとえば表4-2に示す、オーストラリアとアメリカのオーケストラの収入源を参照されたい。アメリカでは小さく、縮小傾向にある政府の支援は、オーストラリアの主要なオーケストラでは60％を超えている。印象的なのは、オーストラリアのオーケストラが受け取る民間支援額はそれに比較すると小さく、投資収益に至っては、ほとんど存在しないのである。さらに、オーストラリアのオーケストラの演奏収入（主として民間の支援者が購入してくれるチケット代）は、全体の収入の4分の1強である。明らかに、アメリカとオーストラリアは、オーケストラの資金調達について全く異なったアプローチをとっているのである（図4-2は第10章におけるより幅広い議論の先触れにすぎないが、オーストラリアのアプローチは、その他の国々におけるオーケストラへの支援方針により近いと思われる）。直接支援は、もちろん政府がなしうる支援のすべてではない。このことに

表4-1　アメリカのオーケストラの収入割合　2005年

収入源	平均値	最低値	最大値
演奏収入	37%	18%	74%
民間支援	45%	18%	66%
政府支援	5%	0.2%	28%
投資収益	13%	-2%	36%

出典：全米オーケストラ連盟、オーケストラ統計報告（OSR）

ついての読者の判断は、第7章までお待ちいただきたい。

個々のアメリカのオーケストラが、一定の財務モデルに従っているというわけではない。演奏収入の総収入に占める割合は、18％から74％までの幅があり、政府の支援については、0・2％から28％までのばらつきがあり、民間支援については低いところは18％だが、66％という高い数字を得ているところもある（表4－1）。第10章では、アメリカのオーケストラのうち民間支援への依存度が最も低いところでさえも、その他の国における寄付金の割合を大きく超えていることを示すことになるだろう。

オーケストラの経費

素晴らしいコンサートを楽しむ聴衆は、舞台の上の演奏者、指揮者、ソリストに対する支払いが、コンサートのコストの半分以下であることに驚くだろう。アーティスト経費は、オーケストラの支出の最大のものであることは変わらないが、全体の年間予算に占める割合は年々減少している（図4－3）。演奏者への支払いはアーティスト経費の大宗を占める。指揮者やソリストへの報酬が高くなりすぎて、オーケストラのコストを圧迫しているという主張があるが、これらは誇張されているようである。指揮者への

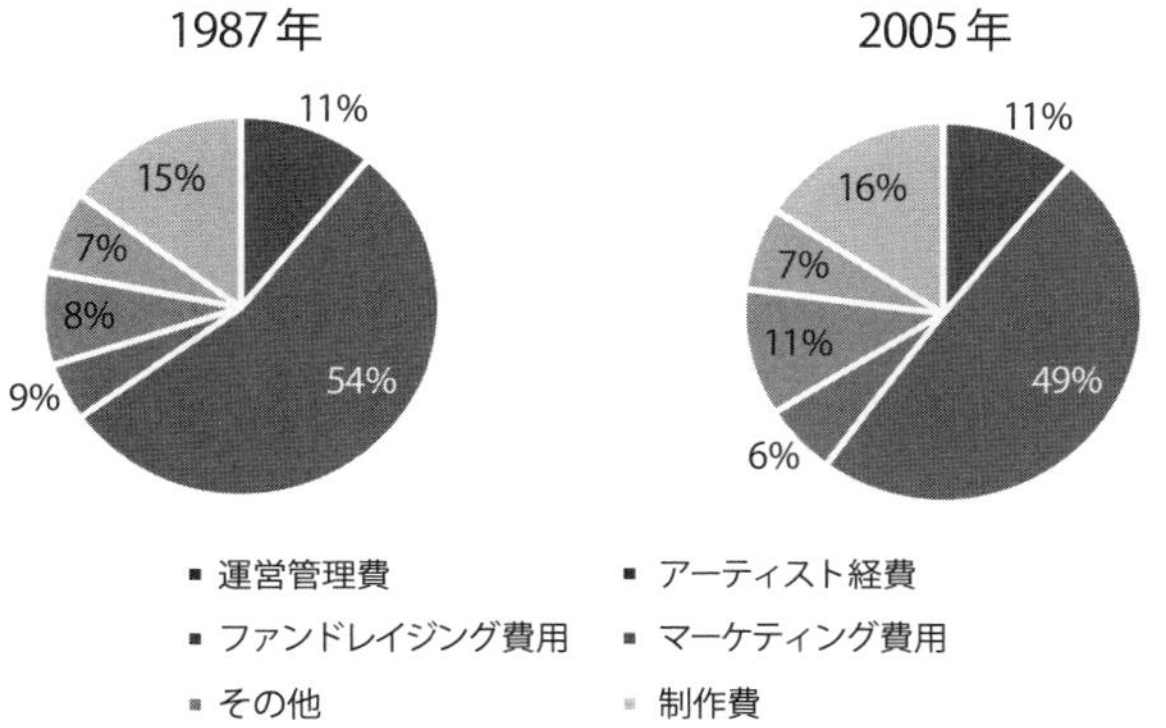

図4-3　1987年と2005年の演奏経費構成

出典：全米オーケストラ連盟

報酬は、データを得られる１９９２年から２００１年の間の、アーティストへの人件費のうち平均６%であった。１９８７年から２００５年の間の客演ソリストや客演指揮者に対する報酬は、平均で、アーティスト人件費の14%から16%（オーケストラの総コストのおおよそ7%から8%）であり、特に上昇は見られない。つまり、時折突出した才能のアーティストに高額の報酬が支払われることについて、悪意をもって報道されることはあるが、ほとんどはオーケストラで発生するアーティスト経費のごく一部を恒常的に占めているにすぎない。

コンサートの制作費は、コンサートホールの賃料、舞台係、チケットオフィスの運営、楽譜の購入、レンタル、権利料、楽器のメンテナンスと調整や運搬（演奏旅行の場合）、運営にかかる人件費などによって構成される。これらの経費が、１９８７年から２００５年のオーケストラ経費の中に占める割合は、きわめて安定している。このほかに、運営管理費として、法律顧問、会計事務所への費用、事務所の賃料、

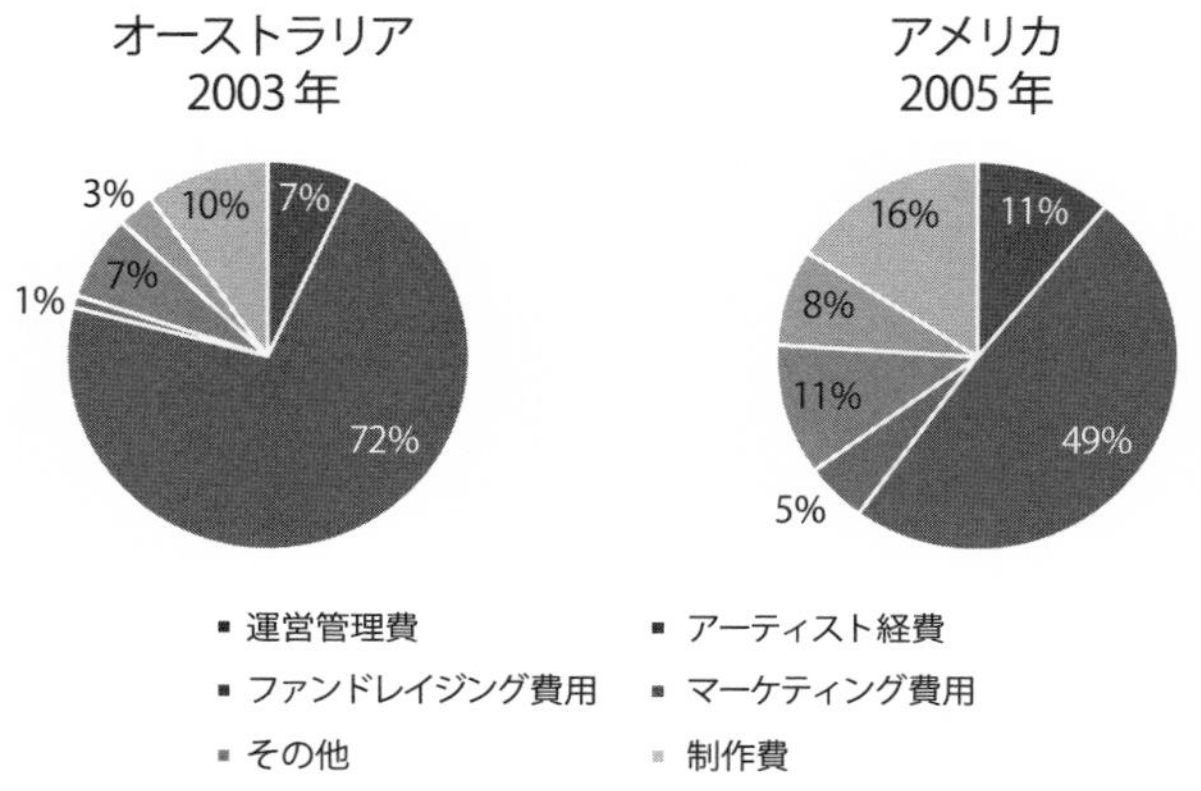

図4–4　アメリカとオーストラリアのオーケストラ収入

出典：オーストラリア オーケストラ・レビュー（2005）、全米オーケストラ連盟

備品代、保険料、事務局人員の人件費が発生する。これらの経費も一定の割合を保ってきた。

さらに、チケットを販売し、聴衆を構築し維持するための、マーケティング費用も発生する。これらの費用は、ダイレクトメール、印刷物、放送による広報、クラシック音楽への嗜好に関する調査に基づいた聴衆セグメント分析、新たなコンサートや価格構成の企画など、ますます多岐にわたるようになっている。オーケストラは聴衆の減少と闘っていることから（次章で詳述）、マーケティング費用の割合は全体の演奏経費の中で少しずつ増加してきている。非演奏収入を増加させるためのファンドレイジング活動にかかる経費も、オーケストラ予算の中では小規模ながらやはり増加している。

こうしたオーケストラ経費の構成も、他国においては異なる場合がある。政府補助金に依拠することが可能なオーケストラでは、ファンドレイジングの宣伝に費用をかける必要はなく、聴衆の興味を引くことにもそれほど

表4-2　アメリカのオーケストラの経費割合　2005年

経費	平均値	最低値	最大値
アーティスト経費	49%	25%	67%
制作費	16%	6%	26%
運営管理費	11%	5%	53%
マーケティング費用	11%	4%	21%
ファンドレイジング費用	6%	1%	12%

出典：全米オーケストラ連盟、オーケストラ統計報告（OSR）

心配する必要がない。オーストラリアでは、アメリカよりもファンドレイジングやマーケティングの経費率が低いのは驚くにあたらない。同時に、アーティスト経費の比率にも大きな違いがあり、これはおそらく公的支援が安定しているため、演奏者たちからの賃上げ要求に対しそれほど抵抗していないからだと思われる。

アメリカのオーケストラに適用される一般的な財務モデルがないということは、個々のオーケストラの経費構造がきわめて多様であることにも表れている（表4－2）。アーティスト経費が年間経費に占める割合は、4分の1から3分の2まで、運営管理費については5％から半分までという広いばらつきがある。この差の大きさは、オーケストラにとっての最適な運営とは何なのかという問いを導く。コンサートの種類や構成は様々ながら、活動内容としては同じことを行っているからである。もし彼らが直接的な競合関係にあるのなら、よりよい運営が模倣され、より均一化された収支構造が広がるはずである。実存する大きな差異は、構造的赤字を縮小するための最適な運営を見つけて適用することよりも、新たな非演奏収入源を見つけることによって経済的困難を解決する方に、議論が偏りがちな傾向を象徴しているとも言える。

経済的課題への3つの対応戦略

ここまでに、オーケストラの資金がどこから入り、どのように使われるのかということを簡単にまとめてきたが、それによって、その経済的課題に対する3つの主要な戦略が見えてくる。オーケストラは、演奏収入を増加させ、演奏経費を削減し、それに加えて、またはその代わりに、非演奏収入を伸ばそうとするのである。これらの主要戦略は個別の施策を必要とする。次章以下で、それぞれの戦略に伴う効果と弱点を明らかにし、なぜオーケストラによって戦略の組み合わせが異なるのかを考察する。

演奏収入の増加は、聴衆構築と大きく関わり、これについては次章で論ずる。経費削減は、すべての組織にとっての課題であるが、最も大きな要素であるアーティスト経費（第6章）と、増大しつつあるマーケティング費用（第5章）およびファンドレイジング費用（第8章）に焦点を当てる。非演奏収入の増強には、政府補助金の可能性（第7章）、個人、企業、財団からの民間支援（第8章）、寄付財産の運用改善による投資収益の増強（第9章）など、最も多様な可能性が必要なのである。

第5章　聴衆を求めて

演奏収入の増強は、聴衆の構築と維持、収入を増やせるチケット価格設定に大きく関わっており、それがこの章の論題である。これらの目標が、言うは易く行うは難しであることは、第3章でも記した通り、これまでの間、演奏収入が演奏経費をどんどん下回ってきたことを見ても明らかである。本章では、オーケストラの施策や、地域の経済的特性、他の舞台芸術との競合が、どのように聴衆拡大に影響するのかを示していく。

誰がオーケストラのコンサートを聴きに行くのか

アメリカの舞台芸術の聴衆については、全米芸術基金（ＮＥＡ）が1982年以来発表している、国民の「芸術参加」に関する調査によって、多くの情報が得られる。この調査によれば、成年人口のうち少なくとも年に1回以上、何らかの舞台芸術を鑑賞した人の割合は、教育や所得が高くなるほどに上昇する。2008年の調査で、クラシック音楽（交響曲、室内楽、合唱等）の聴衆の約60％が大卒以上であったが、国全体の人口における大卒以上の比率は27％である。同様に、クラシック音楽の聴衆の72％が、年収5万ドル以上であったが、この年収は全人口比では52％である。コンサートへ通う頻度も、教育と所得水準に連動して上昇する（ＮＥＡ調査、2009年）。

表5-1　クラシック音楽コンサートへの来場数　1982-2008年

	1982	1992	2002	2008
成人の割合*	13.0%	12.5%	11.6%	9.3%
成人の人数（百万人）	21.3	23.2	23.8	20.9
来場者数	不明	60.3	72.8	60.4
一人当たり来場回数	不明	2.6	3.1	2.9

出典：NEA（2009、図3-7、3-8）
*「前年に少なくとも1回クラシック音楽コンサートに来場した成人の数と割合」

白人は他の民族グループよりもクラシック音楽コンサートに行き、女性も男性より行く人が多い（ただし頻度は男性の方が高い）。教育、所得およびその他の社会経済学的性質は、民族的背景による鑑賞頻度の違いをある程度説明する（DiMaggio and Ostrower 1992）。説明しきれない差異は、クラシック音楽への興味や機会に関する、民族特有の違いに起因すると考えられる。

大卒以上の学歴を持つ人の割合が増え、実質所得が上昇している中、こうしたパターンは、オーケストラにとっては良いニュースのように見える。それにより、クラシック音楽のコンサートの鑑賞人口が増えるはずであるからだ。しかし調査の結果はそうなっていない。実際には、NEAの調査は、クラシック音楽への人々の参加が明らかに下降していることを記録している。少なくとも年に一度はクラシック音楽を鑑賞したとする成人の割合は、1982年の最初の調査から20年間ゆっくりと下がり続けた後、2002年から2008年にかけて急激に減少した（表5-1の1行目）。この期間、もちろんアメリカの人口は増加しているのであり、コンサート鑑賞者の数は増えていたのかもしれない。しかし表5-1の2行目は、コンサートに年1回は行く人の数が、2002年と2008年の間で290万人も減ったことを示している。年に何回もコンサートに通う人もいるが、聴衆の数そして一人当たりの鑑賞回数も、２００２年以降減っているのがわかる（表5－1の3、4行目）。

２００２年から２００８年の減少を、景気悪化のせいにすることはできない。国の失業率はこの２つの年で全く同じであったのだ。アメリカ国民の所得と教育状況の変化にもかかわらず、またより洗練されたマーケティング戦略がオーケストラによって活用されるようになったにもかかわらず、聴衆の規模は、20世紀後半から21世紀初頭の人口増加と歩調を合わせることはできなかったのである。

教育と所得水準の向上にもかかわらずオーケストラの聴衆が減少したのに加え、大学を卒業した層のコンサート鑑賞率も低くなっている。ＮＥＡの調査結果を分析すると、１９８２年から２００８年の間で、大学卒業者の中でクラシック音楽を鑑賞する割合は相当に減少している（DiMaggio and Mukhtar 2004、全米オーケストラ連盟 ２００９年）。新卒者の中のコンサート鑑賞者が毎年減ることは、社会の高齢化を上回るペースの聴衆の高齢化という、よく言及される現象を生み出している。１９８２年以降、クラシック音楽鑑賞者のうち45歳以上の割合は、40％から59％にまで上昇した。アメリカの人口全体では、同一の年齢層は42％から51％の増加である（Peterson, Hull, and Kern 1998、全米オーケストラ連盟 ２００９年）。

こうした傾向はアメリカのオーケストラ特有のものではない。多くの外国のオーケストラでも同様の傾向を示しており、その内容は第10章で明らかになる。アメリカ国内でも、オーケストラだけが顧客を失っている芸術というわけではなく、ＮＥＡの調査は他の舞台芸術においても同じ傾向があることを示している。２００８年までに、オペラ、バレエ、ジャズの成人の鑑賞者は１９９２年より減少している（NEA 2009）。オーケストラにおいて起こったことが、より広い社会的な現象の一部であると認識することは、問題の理解を深めるとともに、オーケストラ単独の取組によってこの望ましくない状況を好転させることができるという見方に警告を発するであろう。舞台芸術全体に影響する問題に対しては、より広い視野に立った解決策が必要である。我々は本章の最後にそこに立ち返る。

コンサートと聴衆

聴衆を構築するために、より多くのコンサートを提供することは、いささか短絡的ではあるものの当たり前の施策のように思われる。1987年以降のアメリカのオーケストラの経験は、こうしたアプローチの限界をあらわにした。オーケストラの活動は20世紀後半に増大している。1987年には、サンプルとしたオーケストラのシーズン中の公演数の中央値は、175回であった。その後、多くのオーケストラは、さらに多くのコンサートをスケジュールに追加し、コンサートスケジュールを充実させるため大曲を加えた。1987年から2003年の間には、あらゆる種類の公演数は11%増の年間197回まで増大し、2005-6年のシーズンに179回と再度減少するまで続いた。アメリカのオーケストラの公演の構成は、総数が増えるに従って少しずつ変化し、定期演奏会、サマー・コンサート、演奏旅行などが減る一方、ポップス・コンサートや教育コンサートは増えていった。

コンサートの回数が増えたにもかかわらず、観客数は減少した。1987年にはアメリカのオーケストラのコンサートへの来場数は約21万8千人であった。1990年代前半の落ち込みの後、2000年には21万5千人に回復したが、新世紀初頭の景気後退の中で、2005年には19万2千人に落ち込んだ[1]。この年のコンサート来場数は、1987年レベルのたった88%である。

コンサート鑑賞率の変動をどう解釈するかということについては、短期的なサイクルの影響と長期的なトレンドがしばしば混同される。一般的には、コンサート愛好者の所得や雇用の変化と合わせ、好景気にはコンサート鑑賞が増え、不景気には減少する。こうした変動サイクルは、第3章で論じたような景気循環に伴う演奏収入の感応度の大きな要因となっている。しかし、コンサート鑑賞に関する変化サイクルは、長期的なトレンドとはまた別のものから影響を受ける。したがって、変動する鑑賞者数と対峙するためには、サイクルとトレンドの両方の役割について、正確な知識が必要である。コンサート鑑賞へのサイクルとトレンドの影響は、同時に機能することから、これらの影響を分別するためには統計分析が不可欠である。

我々が63のオーケストラを対象に実施した統計分析は、コンサート鑑賞のサイクルとトレンド両方による変動の重要性を示した。地域の失業率が1%上昇すると、オーケストラは平均で4%、年間の鑑賞者数が減少した（好況時には逆の現象が起こる）。こうしたサイクルの影響を一定とした分析によると、年間鑑賞者数は1年ごとに2%ずつ減少するというトレンドが認められた[2]。1987年から2005年にかけてのコンサート鑑賞者数の減少には、経済環境以外の要因があったことは明白である。第3章で確認した演奏赤字の増加トレンドの一部は、コンサート鑑賞者の減少を反映したものだったのだ。オーケストラが演奏収入を高めるには、このトレンドを反転させなければならない。

鑑賞者減少に伴うチケット販売の構造変化も、事態を悪化させている。18世紀以来のオーケストラ収入の柱である定期演奏会チケットの販売は、単独チケットのそれと比較して落ち込んでいる。1991年には、定期チケットの売り上げは、通常のコンサートとポップス・コンサート両方を含めた単独チケットの売り上げの5倍であった。1997年にはそれが3倍になった。ポップス・コンサートに限定すると、この割合は5倍から3・5倍となっている。

オーケストラ愛好者との長期的な関係が、危機に瀕しているという以上のことが起きている。単独チケットは通常、定期チケットよりも高額であるが、2つの要素がその演奏収入への効果を打ち消している。単独チケットのマーケティングと販売のコストもまた高額になること、そして定期チケットの購入者は単独チケットの購入者よりも、個人寄付を期待できる人々だということである。

コンサート1回当たりの聴衆

20世紀の終盤において、コンサートの回数増加と聴衆全体の減少は、コンサート1回当たりの鑑賞者数の激減をもたらした（図5-1）。この減少は、かつては最も献身的な愛好家を惹きつけていた定期演奏会から、将来的な聴衆を育成するための教育コンサートまでの、幅広い範囲に及ぶ。

景気循環の影響を調整すると、コンサート1回当たりの鑑賞者数は、トータルで年2・8％の割合で減少している。定期演奏会とポップス・コンサートでは年間1・5％減少しており、合唱のコンサートではこの半分となっている。増加傾向を示しているコンサートの種類というものは存在しない。

コンサートの回数を増やすことによって聴衆を獲得し収入を増やそうとする方法が、結果的にうまくいかなかったことは明らかである。オーケストラは聴衆と演奏収入を増やすため、より多くのコンサートを開く努

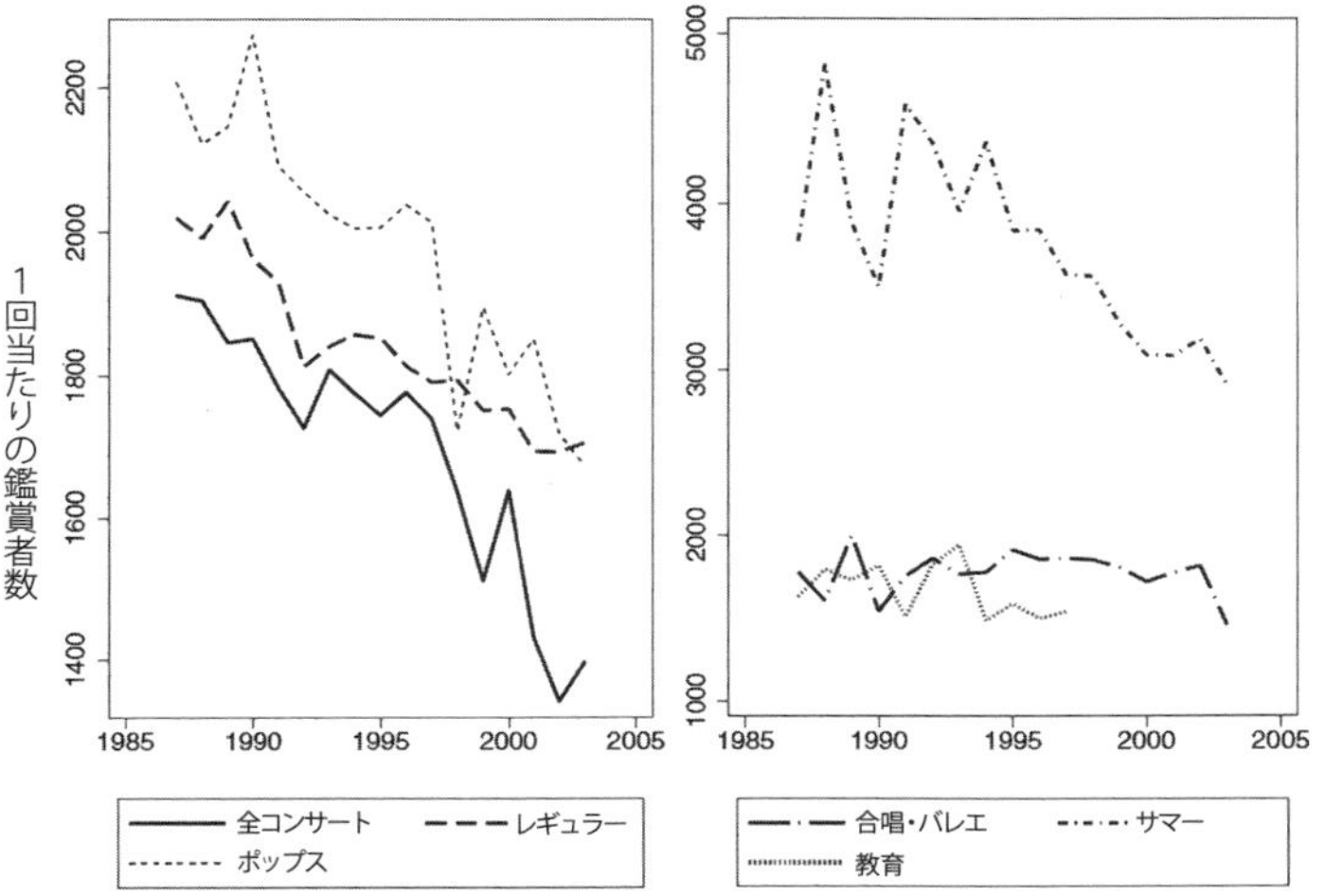

図5-1　コンサート１回当たりの鑑賞者　1987-2003年

出典：全米オーケストラ連盟

力を行ってきた。コンサート回数が増えたことによって、鑑賞者数の合計は確かに増加したものの、追加されたコンサート１回当たりに得られる聴衆と収入の額は、少なくなっていくのである。さらなる問題もある。オーケストラに発生する年間の固定費に加え、コンサートを追加することによる経費の増加は無視しえないものである。結果としてコンサートを追加することによって獲得できる聴衆の数は減少していき、ごくわずかな増収しかもたらさず、演奏赤字を拡大することになるのである。

分析によって別の事実も見えてきた。毎年、トレンド要因によって２％ずつ聴衆が減っているのである。コンサートの追加は、その損失のごく一部しか回復させることができない。オーケストラが年間の聴衆減少に防戦するためには、平均13回のコンサートをそのスケジュールに追加する必要がある。コンサート追加の効果が減っていくことから、規模の大きいオーケストラであれば、さらにコンサートを追加する必要が生じるかもしれない。ある時点ではもはや、減少した効果はコンサートを増やすコストを賄えなくなる。

コンサート鑑賞者数に影響するもの

なぜ演奏収入が演奏経費に追いつかないのかを理解するためには、なぜコンサート毎の鑑賞者数が、20世紀後半に減少したのかを測定しなくてはならない。単純な需要供給モデルが理解の助けになる。オーケストラはコンサートによる公演を供給する。ホールの規模は公演当たりの客席数を決定するが、ほとんどのアメリカのオーケストラは満席にはできない。公演への需要は、実際に埋まった席数によって表される。

コンサート毎の鑑賞者数の変化を説明するためには、公演への需要に何が影響するのかということが問われる。前提として、コンサートを鑑賞するには一定の金銭と時間が必要である。一般的に、実質所得は時間とともに上昇し、潜在的愛好者の金銭的な負担を和らげたとしても、時間予算は一定であり、明らかな制約となりうる。人々がどのように時間を使うかについての1997年の調査によると、「美術館やコンサートなどの文化的活動に費やす時間は、平均すると一人当たり1週間に5分、または1年に4時間」という結果が報告されている（Robinson and Godbey 1997, p. 174）。もちろん、この平均の算出には、コンサートに全く行かない人々も含まれているのであるが、時間の制約は、消費者に文化活動全般の中から、あるいは他に時間を使うこととの比較の中から、選択を余儀なくさせるということが明らかである。

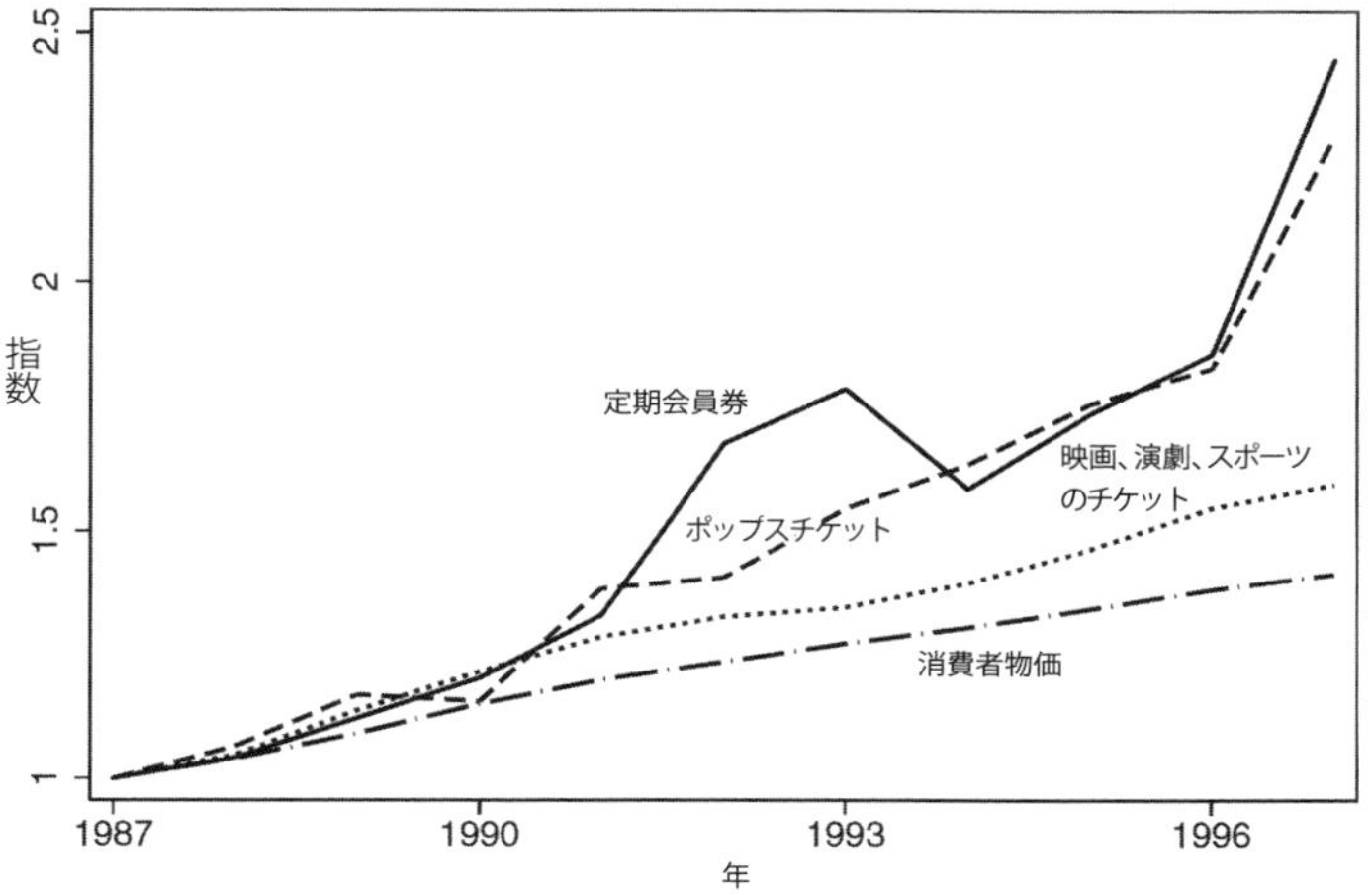

図5–2　コンサートのチケット代と消費者物価　1987–97年

出典：全米オーケストラ連盟、合衆国労働統計局

オーケストラの方策 ——チケット価格

コンサートのチケット価格構成は、鑑賞者数と演奏収入に大きな影響を持ちうる。チケット価格設定と演奏収入との関連性は、以下の2つの問いへの答えに表れる。コンサートの鑑賞者数のチケット価格への感応度はどのくらいのものなのだろうか。演奏収入を最大にする、座席の種類別チケット価格の構成とはどのようなものだろうか。

1987年から1997年の間、定期演奏会やポップス・コンサートの定期チケットの価格は、消費者物価指数、映画、演劇、スポーツイベントのそれよりも上昇した（図5－2）[3]。実質的にすべての製品やサービスにおいて、価格と売上の間にトレードオフの関係がある。値上げは常に、売上を減らすのである。

それにもかかわらず、チケットの値上げ分が売上減少分を上回れば、演奏収入は増加する。鍵となる問いは、チケット代の値上げに対し、売上がどれだけ影響を受けずにいられるかどうかである。一般的には、消費者が値上げに対抗してシフトすることのできる、代替製品やサービスが少ない場合、値上げが売上に影響する度合いは少ない。オーケストラの場合は、完全な代替物は、他のオーケストラによって演奏される、同じ品質、同じ日時、近隣の会場における全く同じプログラムということになるが、これはありえない。しかしながら、他の文化体験は代替に近いものとなりうる。比較的多くの文化体験が可能な都市においては、そのような他の文化活動が少ない地域に比べ、チケット売上はよりチケット価格に影響を受けやすいであろう。高額なチケット代は、潜在的愛好者が芸術以外の分野で余暇を使うことを誘発しうる。

コンサートの愛好家、とりわけ定期会員は、非演奏収入の最も頼りになる担い手でもあることから、チケット代の価格決定は、より複雑である。実際、オーケストラやその他の文化団体は、しばしばその定期会員に対し、彼らの席の価値を高めるために「自発的な」毎年相当な金額の寄付を要請する。チケットの値上げによって定期会員を失うことは、そうした寄付金も失うことを意味するのである。言い換えれば、チケットの価格設定においては、オーケストラは、前章で論じた演奏収入にとどまらない、総収入に及ぼす影響を考慮しなくてはならない。コンサートの愛好家が、頼りになる寄付者でもあるという事実は、チケット価格が演奏収入を最大化する水準より下に据え置くということにもなる（Rosen and Rosenfield 1997; Caves 2000）。

１９８７年から２００５年の、コンサート当たりの鑑賞者数の変化についての統計分析は、オーケストラのチケット価格設定の重要性を確信させるものであった[4]。定期演奏会とポップス・コンサートの鑑賞者数は、チケット価格と逆相関の関係にあった。チケット代が高いと聴衆は少なくなり、逆もまたしかりである。オーケストラの愛好家は、チケット代が値上がりすると、他のことに余暇を使うようになるという事実が、鑑賞者数の減少の説明になる。図5-2にはっきりと見てとれる、オーケストラのコンサートの価格上昇が、鑑賞者数を減らしているのである。

それでもなお、チケット価格と鑑賞者数の関係には硬直性があることから、チケット代の値上げは演奏収入を増加させた。鑑賞者の減少に伴う演奏収入の損失は、それでも来てくれる客のチケット代を値上げすることによって得られた利益を、完全に打ち消すことはなかった。たとえば定期演奏会では、平均チケット価格の10％の上昇は、1コンサート当たりの鑑賞者数を5％減少させた。ポップス・コンサートではより感応度が低く、平均価格10％の上昇に対し、客数の減少は2・5％から3％である。これらの結果は、コンサートの鑑賞者数の価格感応度に関する先行研究における予測と一致している（Seaman 2005）。

オーケストラの方策 ――チケット価格構成

注意深く設計されたチケット価格構成もまた、オーケストラの演奏収入を増加させうる。チケット価格は、たとえばコンサートの種類によって異なる。定期演奏会は最も高額で、ポップス・コンサート、サマー・コンサート、ファミリー・コンサート、室内楽やアンサンブルのコンサートが、それに続く。どの種類のコンサートであっても、コンサートホールにおける座席への需要は、その視界や聴こえ方の良し悪しによって異なる。わかりにくいのは、どの差異にならいくら払ってもよいという、愛好家の嗜好である。伝統的な座席の価格の決め方は、オーケストラに近いほど高く、離れるほど安いというものである。すなわち、ステージに近い席が最も高く、ステージからの距離に応じて下がっていくのである（曜日や開演時間によっても価格は変化する）。しかし、需要パターンの調査の手間を惜しまないオーケストラは、また別の決定をする。近年、シカゴ交響楽団は定期会員の最も強い需要は1階席の中央であり、そこからどの方向であっても、離れるほど需要が減るということを発見した。この情報に基づき、オーケストラ事務局は、チケット価格構成を13種類から20種類に増やし、最高価格を引き上げ、最低価格を引き下げることにより、演奏収入を増加させた。

経済学者は、異なる階層に異なる価格を適用する取組を、「価格の差別化」戦略と名付けている。こうした方針の背後にあるのは、愛好家の「ここまで払ってもよい」という意思に応じた価格を設定することにより、収入を最大化しようとする考えである[5]。20世紀の初頭に、ボストン交響楽団は、ホールの最上の席について、究極の「価格差別化」を実施した。毎秋、オーケストラはこれらの席をオークションにかけて、最高値をつけた人に売ったのである。裕福な愛好家に、そのお気に入りの席を得るべくお互いに競い合わせることにより、このオーケストラは演奏収入を大幅に増加させ、その時点で唯一、演奏収入が経費をカバーしたオーケストラと伝えられた。オークションによって、愛好家の支払う意思といった私的な情報が、公開の入札に転じたことにも留意が必要である。さらに、「ボストンのシンフォニー・ホールには、25セントから50セントといった金額を支払うのにやっと、という愛好家のための席も大量に確保されていた」（Aldrich 1903）。初期のオーケストラの価格戦略は、幅広い階層の人々を聴衆となしえたのである。

愛好家の意思に基づく価格設定によって、通常は価格の種類は増加し、その種類の在り方が価格差別化戦略の指標とも捉えられる。1992年から2005年の間のアメリカのポピュラー音楽コンサートのチケット価格に関する研究は、チケット価格の種類が多いほど、演奏会収入の最高で5％まで、増加に寄与するとしている（Courty and Pagliero 2009）。チケット価格の多様化という手法を用いることで、多くのアメリカのオーケストラはチケット価格構成の変更によって演奏収入を増やす、未開拓の機会を有しているように見受けられる。2004-2005年のコンサートシーズンに、アメリカの23の主要オーケストラが設定したチケット価格を見てみよう。定期演奏会の場合、個別のオーケストラの最高額のチケットは、最安値のチケットの3倍から16倍の開きがあった。ポップス・コンサートについては、最も高いチケットは最も安いチケットの2・2倍から14・4倍まで、オーケストラによって様々である。チケット価格の差をあまりつけていないオーケストラは、その価格構成を見直すことで、収入を上げることができる可能性がある。

オーケストラの施策 ―― マーケティング

チケット価格が決まれば、オーケストラのマーケティング活動が、それぞれの価格のチケットの販売枚数を増やすことができるかもしれない。コンサートの鑑賞者数を増やすために発展してきた様々なマーケティング活動については、前章でも言及した。しかし、マーケティング活動は、本当にオーケストラの聴衆を構築するのだろうか。単純な経験主義的には、オーケストラによるマーケティングの経費支出は、非生産的であったと言えるかもしれない。1980年代後半以降、オーケストラの予算に占めるマーケティング費用の割合は増加しているにもかかわらず、コンサート毎の鑑賞客数は減っているのだから。このことは、マーケティング活動の効果についてよりも、単純な経験主義の危うさについて、物語っている。コンサートに通うかどうかの選択には多くの要素が関わっているので、それらの要素を一定にした上でなければ、マーケティング活動の効果については測定が不可能である。もし、より包括的な分析によって、マーケティング活動と聴衆者数の間に逆相関の関係が明らかになったとしても、聴衆の乏しいオーケストラがマーケティングにより費用をかけようとするのに対して、非生産的であるということはできないのである。単純比較は、因果関係を明らかにしない。

もしマーケティングとコンサートの鑑賞者数が相関していたとして、マーケティング活動の効果が、マーケティング費用の水準を変えるのかを知ることは有益であろう。マーケティングの機会を最大に利用しても、増大するマーケティングの費用は、収入の減少や聴衆増加度合いの縮小がもたらしているかもしれないのである。一方で、マーケティングに規模の経済がはたらく場合、費用の追加がより多くの聴衆獲得をもたらすかもしれない。いずれの場合でも、マーケティング費用の増加が鑑賞者数に与える影響を測る上で、過去の経験はあまり役に立たない。

単純な経験主義とは逆に、他の条件を一定とした場合、定期演奏会の鑑賞者数は、マーケティング活動によって上昇する。それでもマーケティング活動にもかかわらず、収入が減少することはありうる。マーケティング費用が増えていくほどに、コンサート1回当たりの鑑賞者数増加の度合いは小さくなっていく。この現象は、単独チケットの売り上げと比べて、定期購入の割合が減っていることと関係があるかもしれない。定期会員の更新を促す電話やメールのコストは、単独チケット購入者を対象としたメディア広告の費用よりも低いからである。過去のマーケティングの結果は、マーケティング費用の追加による効果について、過剰に楽観的な予測をもたらしかねない。

マーケティング費用がもたらす収入が減っていく現象をどのように解釈すればよいのだろうか。もっとも強力な鍵は、なぜコンサートに行かないのかという調査から得られる。多くの調査への回答者は、コンサート鑑賞を制約する要因として時間がないということを挙げている。マーケティング活動を増加しても、オーケストラの音楽に魅力を感じている層に対してさえも、時間の制約から解放することはできない。代わりに、マーケティングによって新たな聴衆を開拓しようとしても、ここでも他の舞台芸術との競合も含め、潜在的愛好者の限られた余暇時間を費やす、様々な活動との競争が生じるのである。

オーケストラの品質

他の条件を一定とすると、質の高いオーケストラは、低いところに比べ、より多くの聴衆を惹きつけるはずである。オーケストラの芸術性に関する信頼できる測定法があれば、鑑賞者数と品質の関連についての調査も可能であろう。しかし、どのように誰もが納得するような方法で、オーケストラの品質を測定できるのだろうか。

専門家の意見を参考にするのも一つの方法である。しかし、どんな専門家だろうか。高名な音楽評論家、音楽学者、音楽史学者などが候補に挙がるであろうが、いずれもそれぞれ別の観点に重きを置くことから、オーケストラの優劣の評価は異なるものになるかもしれない。さらに、すべてのオーケストラに、演奏者や指揮者などの変更により、良くなったり悪くなったりする時期が存在する。優劣順位がずっと一定ということはないのである。どのような専門家によるランキングも、評定者の個人的な特性に影響され、論争を免れない。クラシック音楽の録音に特化したイギリスの雑誌『グラモフォン』は、２００８年12月に、世界中の音楽評論家に対する調査に基づき、20のオーケストラを世界最高として発表した。アムステルダムのコンセルトヘボウ管弦楽団がトップとされ、ベルリン・フィルハーモニー管弦楽団、ウィーン・フィルハーモニー管弦楽団、ロンドン交響楽団がそれに続く。シカゴ交響楽団はこの調査により5位に位置づけられ、参画した評論家の基準において、アメリカ最高のオーケストラということになる。『グラモフォン』による20の最高のオーケストラには、以下のアメリカのオーケストラが含まれる。クリーブランド（7位）、ロサンゼルス（8位）、ボストン（11位）、ニューヨーク・フィルハーモニー（12位）、サンフランシスコ（13位）、そしてメトロポリタン歌劇場管弦楽団（18位）である。多くの熱狂的なクラシック愛好家がアメリカのオーケストラの順位に異を唱えたが、賛否はあれど、『グラモフォン』のリストには、我々のサンプルとしたオーケストラのうち7団体しか入らなかったのである。

放送や録音の機会もまた、オーケストラの品質の一つの指標となる。レコーディング会社や放送局は利益を追求するため、こうした機会は消費者の判断するオーケストラの品質と深い関係があるからである（もちろん、消費者の意見もまた、音楽評論家をはじめとする専門家の意見に影響される）。残念なことに、放送・録音による収益を計上しているのは、本研究のサンプルとしたオーケストラの半数以下であり、大半のオーケストラにはこの基準で順位づけることができない。録音・放送を行っているオーケストラでさえも、その活動からの収入は、年度ごとに大きく変動している。

オーケストラ演奏者の異動も、品質の3つ目の指標となりうるが、この場合は評論家や聴衆ではなく、そこで働く演奏者の観点からの品質ということになる。演奏者のキャリアの中での転職パターンは、どのオーケストラが目標として好まれるのか、またどのオーケストラからの離職が多いかといったことを明らかにする。これを調査するためには、演奏者の履歴書や米国音楽家連盟が保有する年金記録などを用いた大規模な調査が必要である。こうした調査ができれば、演奏者のキャリアに関する他の事象、たとえばオーケストラ以外への転職などについても明らかにできるだろう。

このようにざっと概観しただけでも、オーケストラの品質を定めようとする試みの難しさを示している。評論家、一般聴衆、演奏者によるそれぞれ異なった観点によって、優劣順位は異なる。趣味嗜好や、音楽上の品質の何に重きを置くかは、それぞれのグループの中でも多様である。最大の困難は、こうした指標のいずれについても、大部分のオーケストラにすぐに活用できる情報がなく、オーケストラの品質についてさらに踏み込んだ分析の障壁となっていることである。

地域の経済規模

オーケストラの潜在的聴衆は、その活動している地域の経済的・人口統計学的なマーケット特性によって異なる。一部のオーケストラは、その国の最大かつ最も裕福な都市にある一方、その他は規模も資力もあまり大きくない町に拠点を置く。本研究における、コンサートの聴衆が、オーケストラにより、あるいは同じオーケストラでも時期により変動するのかについての統計調査は、人口、一人当たり実質所得、地域の失業率などの変数を対象にした。人口は潜在的聴衆の規模を把握させ、実質所得と失業率は、コンサートに通い、オーケストラを支援することのできる経済的な余力を示唆する。

統計分析により、地域の特性としては人口規模が、鍵となることが明らかになった。人口の多い地域のオーケストラは、コンサート当たりの鑑賞者数が多く、同一地域内で人口が増加すれば鑑賞者は増え、転出者が増えると減少する。デトロイト、フィラデルフィア、その他の都市は、中心部の人口が減少するにつれ、困難な状況に直面するようになった。反対に、実質所得や失業率には、鑑賞者数の増減に対する有意な相関は見られなかった。

オペラとの競合

潜在的愛好者の、時間と金銭の制約は、舞台芸術団体を互いに競合関係に置くことになる。こうした制約を持つ聴衆をめぐって舞台芸術団体がどのように競い合うのか、またその競争がそれらの団体の財務内容にどのように影響するのかについては、過去ほとんど研究されてこなかった。

チケット価格設定やマーケティング活動によって、オペラや舞踊、または演劇が新たな観客を得た場合、その分地域のオーケストラの聴衆が減ることがありうる。逆に、オーケストラによる価格戦略やマーケティング活動が、その他の舞台芸術から客を奪うこともありうる。この種の競争は、すべての舞台芸術団体の財務内容に影響を与えうる。マーケティング費用の増額によって観客を増やそうとする芸術団体の試みは、自分たちの観客を防衛する他の芸術団体によって対抗される。もしオペラがホールを満席にするためにマーケティングにより注力するならば、近隣のオーケストラは聴衆の流出を防ぐため、広告やマーケティングの費用を増やすかもしれない。この結果最悪の場合、聴衆を失うことを防ぐためだけに、マーケティング費用戦争がエスカレートすることになるのである。この費用拡大は、防戦のためのものであり、どちらの団体にも本当の意味での鑑賞者の獲得にはつながらない。

しかしながら、もう一つの有効な仮説を無視することはできない。自らの活動を対象とした価格戦略やマーケティング活動は、すべての舞台芸術への興味と鑑賞を誘うことになる。究極的には、異なる舞台芸術間の競争の本質とその結果は、実際に経験することによって解決される。本書の研究のために構築したデータベースは、クラシック音楽の愛好家をめぐる、オーケストラと地元の歌劇団との競合を分析することを可能にした。

統計分析は、オペラのチケット価格とオーケストラの定期演奏会の鑑賞者数（またはその逆）の間に、量的には少ないものの相関が存在する証跡を明らかにした。ある地域の歌劇団がチケット価格を高額に設定すると、オーケストラの鑑賞者数は増える。この効果は対称性を持つ。歌劇団の定期チケット価格が、オーケストラのそれよりも相対的に安ければ、オーケストラのコンサートの鑑賞者数は減少する。この相対的に安いという意味は、オペラが値下げするのでも、オーケストラが値上げするのでも同じである（オペラの単体チケット価格とオーケストラの定期演奏会の鑑賞者数、定期・単体いずれかのオペラのチケット価格とポップス・コンサートの鑑賞者数の間には、有意な相関は見られなかった）。

いくつかの分析に表れた、オペラのチケット価格とオーケストラの定期演奏会の鑑賞者数との直接的な関係は、これらの舞台芸術が互いに補完的な関係にあるのではないかという直感を裏づけるものだった。オペラのチケット価格が相対的に上昇すると、一部のオペラ愛好家はオペラに行く回数を減らして、オーケストラの鑑賞を増やすのである（逆もまたしかり）。しかしながら、この効果は、数値的には少ないものであり、常にそうであるとは限らない。もしオペラのチケット価格が2倍（オーケストラとの相対において）となったとしても、オーケストラのコンサート当たりの鑑賞者数は、最大でも3％しか増加しないのである。

統計分析は、同一市場における歌劇団のオーケストラの定期演奏会鑑賞者に対する、これ以外の有意な影響を明らかにはしなかった。調査対象とした期間において、同一市場に歌劇団が存在することや、そのマーケティング費用の水準のいずれも、コンサート鑑賞への影響は特にうかがえなかった。チケット価格設定を含む歌劇団の運営が、ポップス・コンサートの鑑賞者に与えた影響もない。

公演日程も舞台芸術間の競争に影響を与える。地域によっては、交響楽団と歌劇団の公演は年間の別の時期に行うことにより、愛好家をめぐる競合を避けるとともに、演奏者が両方のオーケストラで演奏できるようにしているのである。

放送と録音

芸術の競合に関しては、一部のオーケストラがコンサートを放送し、また録音を販売することによって、競争を自己生産していることにはならないのかという興味深い問いを避けて通ることはできない。こうした活動には、舞台芸術団体の競合がもたらす論点がすべて当てはまる。オーケストラのレパートリーの生放送や録音は、実演にとってかわるのか、それとも需要を高めるのだろうか。

アメリカにおけるクラシック音楽の歴史の中で、オーケストラは、放送や録音は実演への需要を刺激するという立場をとってきた。20世紀初期に、グラントとヘッティンガーは、「これらのメディアが交響楽への関心を引き起こし、オーケストラとその聴衆の規模拡大に貢献したことを示す、少なからぬ証拠が認められる」(Grant and Hettiinger 1940, p. 21)と述べた。今日の基準からすると初期の再生音源は質が悪く、かえってそのためにラジオ、やがてテレビで放映された交響楽が、生演奏の優れた品質への需要を高めたのかもしれない。

それから何十年も経ち、録音技術は飛躍的に向上し、相対的価格は下落したことにより、録音が生演奏への需要を高めることはもはやなく、コンサートの代替とさえなりうるものとなった。ＮＥＡの調査は、20世紀後半には録音が実演の代替として機能した証拠を、いくつか示している。より多くの人々がコンサートに行くよりも放送や録音を聴くようになると、こうした手段の利用は１９９２年以降減っていった(表５-２)。元々の調査では意図していなかった結果であるが、この減少は、新たな音源としてのインターネットの勃興とも一致する。１９８０年代以降の放送と録音の音質の劇的な改善にもかかわらず、調査結果は、人々が放送や録音を聴くためにより多くの時間を使えるようになることで、舞台芸術の鑑賞者数が安定するという仮説を裏づけるものではなかった。

表5-2　舞台芸術の放送と録音の視聴（アメリカの成人における割合%）

	1982	1992	2002
テレビ、ビデオまたはDVD			
クラシック音楽	25	26	18
オペラ	12	12	6
ジャズ	18	22	16
ミュージカル	21	17	12
演劇	26	18	9
舞踊	-	20	13
博物館	23	34	25
ラジオ			
クラシック音楽	20	31	24
オペラ	7	9	6
ジャズ	18	28	24
ミュージカル	4	4	2
演劇	4	3	2
録音媒体			
クラシック音楽	22	24	19
オペラ	8	7	6
ジャズ	20	21	17
ミュージカル	9	6	4

出典：NEA（2004、55–58頁）

クラシック音楽に対する嗜好の変化

ここまでの項では、経済的制約の変化がどのようにクラシック音楽コンサートの聴衆者数に影響したかを、社会におけるクラシック音楽に対する嗜好は一定のものとして、考察してきた。ここでは、アメリカ社会におけるクラシック音楽への関心の低下が、鑑賞者数の減少に一部反映されているのではないかという可能性について考察する。

ＮＥＡの調査は、成人に対して様々な種類の音楽のうち、どれを好むかについて質問している。調査結果によれば、実際にクラシック音楽コンサートに行く人々の2倍の人々が、クラシック音楽を好んでいる。つまり、録音や放送は回答者の一部を、クラシック音楽に触れさせる機能を果たしているということである。この嗜好についての質問に関してより重要なことは、クラシック音楽を好むと回答した成人の数が、１９９２年以降少しずつ減少し、２００８年には１９８２年を下回る水準となっていることである。このことは、景気循環の嗜好への影響は考えにくいため、トレンドとしての減少を理解するのに役立つと考えられる。クラシック音楽だけの問題ではない。ある音楽（ロック、カントリー、ウェスタン）は、その他の音楽（オペラ、ブルーグラス）よりも人気があるなどの事象はあるにせよ、実質的にはすべての種類の音楽への好みが、１９９２年以降減少しているのである（NEA 2009）。

こうしたトレンドというものは、報告するのは簡単だが説明は難しい。このトレンドが、アメリカ社会、特にオーケストラを保有するような都市部における、人口統計的な不均質化の進展と符合することは確かである。ある観察者の言葉によれば、「ヨーロッパに起源を持たない民族グループが、ますます国の文化的価値観に影響を与えるようになっている。クラシック音楽と関わりの深い伝統的な価値観は普遍的なものではなく、ヨーロッパの文化遺産から発しているものである。コンサートによる実演方式は、民族グループの関心を引かないこともある」（Kolb 2001, p. 20）。マイノリティ民族の中で、クラシック音楽を鑑賞する層は明らかに少ないことが、この見方を裏づけている。早い世代の移民たちが、19世紀のアメリカのオーケストラ形成の契機となったことからすると、皮肉な結果である。

初期のオーケストラは、その時期のヨーロッパからの移民がなじんでいた、音楽と合奏の様式を取り入れた。新たな移民の出身国の音楽を、もっとプログラムに入れることにより、今日のオーケストラのコンサートに聴衆を集めることはできるのだろうか。この構想は、これらの国の多くが交響的な作品の伝統を持っていないため、効果は限られると思われる。いくつかの例を考えてみよう。2008年にベトナム国立交響楽団は、100の楽曲を29のプログラム（一部は混成コンサート）で披露した。ベトナム人コミュニティのあるアメリカの都市において、これらの楽曲のオーケストラによる演奏記録を調査した人は、落胆するかもしれない。ベトナム人作曲家の作品はたった2曲であり、そのうち1曲は新曲委嘱であった。残りのプログラムは、スタンダードなヨーロッパのクラシック音楽によって、構成されていた。

19世紀から20世紀初頭までの中国には、キリスト教宣教師たちが西洋の楽器を持ち込み、その演奏をレッスンし、彼らの教会で西洋の音楽を演奏して聴かせた。その結果、交響楽団が結成され西洋音楽が演奏されるようになったが、伝統的な中国の音楽は、西洋音楽の和声や楽器法にはうまく適用されなかった（Melvin and

Cai 2004)。同様に、日本の作曲家も１９１２年以前には、不慣れな様式の交響楽作品は作曲せず、１９２７年に最初の常設オーケストラが結成された時点でも、ほとんど日本人作曲家の作品はなかった。日本人によるオーケストラ作品は、ほとんどが１９４５年以降に作曲されたものである（倉林義正・松田芳郎 １９８８年）。

つまり、非ヨーロッパ諸国が、必ずしもオーケストラとはなじまない音楽伝統を持つということは、新たな移民グループがホールを満席にする可能性も、また限られることを意味する。西洋音楽に触れる機会が増えることで、いずれ非西洋人による作曲に繋がるかもしれないが、その進捗は遅く、非西洋文化の中から生まれるオーケストラ作品群の存在は、薄いままである。逆説的なことに、西洋音楽の演奏において成功することが、多くの非西洋諸国出身の意欲的な音楽家にとっての最大の目標となっているものの、一般大衆の西洋音楽への関心は低いままなのである。

クラシック音楽に関するその他の研究者たちも、様々な仮説を提示している。クラシック音楽は他の芸術と異なり、20世紀後半から21世紀初頭にかけての、文化の変化に追いつけなかったために、支持者を失うこととなったというものである。この観点によれば、聴衆の減少はコンサートの内容、とりわけバロック、古典派、ロマン派音楽への偏重、そして演奏形式を反映している。20世紀の音楽をもっとプログラムに組み込むことが解決策とは限らない。現代の作曲家は、過去に比べ、聴衆を惹きつけたり喜ばせたりすることに関心が薄いとする研究者もいる。かつてはコンサートへの来場には「社交目的」も確かに存在した（Sandow 2007）。しかしながら、先に述べたように、文化の変化に対応していると称するものも含めて、あらゆる舞台芸術の信奉者は減り続けているのである。

聴衆増強の限界

本章では、いかに多くの聴衆をオーケストラのコンサートに誘い、チケット代にいくら払ってもらえるか、ということに影響しうるオーケストラの施策について焦点を当ててきた。ここで、演奏収入を増やして財務収支を確保する戦略の、内在的限界を指摘しておきたい。オーケストラは、どこに位置するかによって運命が決まるところがあり、本章においても、地域の規模と人口構成が、オーケストラの聴衆規模に影響する一つの要因であることを確認した（第8章では地域の経済が民間支援の規模にどのように影響するかについて考察する）。コンサートの潜在的愛好者の、時間と金銭の制約を前提にすると、オーケストラの聴衆は他の舞台芸術との競合によっても影響を受ける。地域の歌劇団やバレエ団による観客獲得は、オーケストラの聴衆縮小を意味するかもしれないのである。本論を擱く前に、オーケストラの採算確保のための演奏収入増強に関する、さらに2点の明らかな制約について認識する必要がある。

時間の使い方の社会的様相

前述の通り、オーケストラ聴衆の減少は、他のすべての舞台芸術の中でも典型的であり、その減少の真因はオーケストラにのみ限ったことではない。この点はさらに拡張が可能であり、多くの伝統的趣味活動への成人の参加は1992年以降減少しているのである（表5－3）。

これらの調査結果は、さらに興味深い事実によって補強される。釣りや狩猟のライセンス売上は、若い世

表5-3　成人の芸術以外の趣味活動への参加率（%）

	1982	1992	2002	2008
映画	63.0	59.0	60.0	53.3
スポーツイベント	48.0	37.0	35.0	30.6
運動	51.0	60.0	55.1	52.9
スポーツ（自分でやる）	39.0	39.0	30.4	26.3
アウトドア活動	36.0	34.0	30.9	28.2
ガーデニング	60.0	55.0	47.3	41.6
ボランティア	28.0	33.0	29.0	32.0

出典：NEA（2009）

代が他のことに時間を使うようになったので、減少している。狩猟用品店は、オーケストラのように、顧客のほとんどが50代以上であることが判明している（Yost 2010）。ゴルフ会員権もまた減っている。ゴルフ振興財団によれば、「6歳以上の人口のうちゴルフを少なくとも年1回プレイした人口は、1990年に12・1%だったのが2008年には10・2%になっている」とのことである（Futterman and Blockman 2010）。映画鑑賞は2002年をピークとして、2008年にはその86%となっている。公共テレビの視聴は減っているが、非商業ラジオの聴衆は増えている（Kushner and Cohen 2010）。（ラジオはテレビと比べて他の活動の邪魔にならない。）

つまり、クラシック音楽コンサート（および他の舞台芸術）の聴衆が減少していることは、社会における時間の使われ方の変化を大きく反映したものであり、オーケストラの施策（または舞台芸術全体の施策）とは関係するところが少ない。この現象が、余暇時間が増加している時期に発生したのは、不思議なことである。

人々がどのように時間を使っているかについての調査は、1965年以降余暇時間が、アメリカの平均で週5時間増加していることを記録している（Aguiar and Hurst 2006）。しかしながら、高度な教育を受けた層——伝統的に芸術支援者となってきた人々——に関しては、余暇時間の増加は少ない。

従来こうした活動に充てられていた時間がどのように再配分されたか、その傾向を記録するのは簡単でも説明は容易ではない。新たな世代には、ビデオ・ゲーム、ユーチューブ、ＳＮＳなどの、旧世代にはなかった個人的な楽しみの選択肢が増え続けている。未だに十分な解明はできていないが、こうした活動に余暇時間が大量に消費されるようになっている結果、聴衆と演奏収入の拡大は、オーケストラの施策の及ぶところではなくなっているのである。

満席になれば採算はとれるのか

聴衆を増強して演奏収入を上げようとする戦略の根底には、コンサートホールを満席にすれば採算がとれるはずだという憶測がある。しかし、本章で論じたような様々な価格設定やマーケティング施策が、魔法のようにホールを満席にできたとして、演奏収入は経費を賄うことができるのだろうか。

席が空いてきていることは疑問の余地がない。本研究で取り上げたアメリカのオーケストラのほとんどの定期演奏会への来場者は、会場の客席数に満たない。１９８７年から２００６年にかけて、定期演奏会の客席数に対する来場者の割合は、平均で65％から76％の間を推移している。こうした平均値は、トップ5団体のオーケストラのみ常に客席数の90％を埋め、残りのオーケストラは半数も満たせないという、大きなばらつきを見えにくくしている。満席率は経済環境にも影響を受けるが、統計的分析は全体としても少しずつだが確実に、席が埋まる率の下降傾向を明らかにしている。他の条件を一定にすると、コンサート愛好家によって満たされる席の比率は、毎年0・4％減少している（景気循環の影響を調整しても、たった2団体のオーケストラしか定期演奏会の満席率が上昇していなかった）。この傾向が続くとすれば、定期演奏会の座席の売上は、平均的なオーケストラでは10年ごとに4％ずつ（70％から66％というように）減っていくことになる[6]。

もしオーケストラが定期演奏会の座席すべてを満席にすることができたとしたら、どの程度オーケストラの状況は改善するのだろうか。クリーブランド管弦楽団は、1970年の記録に「平均して週2回のコンサート、1枚平均5ドルのチケット4108枚を売り上げている。オーケストラはこのようにして、約2万ドルの収入を得るが、そこから平均週給310ドルの106人の演奏者に合計3万3千ドルの給与を支払う。給与だけで興行収入を1万3千ドル上回ることになり、ここからさらに指揮者、ソリストへの報酬、事務局員の給与、ホールの維持費がかかる。『オーケストラが最初の音を奏でる前にすでに週3万ドルの赤字が発生する』とマネージャーは言っている」と記している（Wechsberg 1970）。

30年後、状況はほとんど変わっていない。本研究対象の63のオーケストラは、1987年から2003年の間、平均して定期演奏会の座席の71％を埋めており、この期間中の後半における割合は、当初のそれより低位である。空席が、既に埋まっている席と同じ値段で売れるという強い思い込みによって、すべての公演が満席になった場合の収入を予測するかもしれない。しかし、実際には値引きすることなく満席を実現することは考えにくいため、このやり方だと、間違いなく満席の場合の収入を過大評価することになる。もしオーケストラが同じ値段で空席を販売できるのであれば、すでにチケットは売り切れているはずなのである。

オーケストラの演奏赤字は、仮説に基づいた満席の場合の収入見込みを踏まえて、再計算できる。この方法によっても、空席を売るための追加費用を計算に入れなければ、過大評価となる。チケット価格とコストに関する楽観的な思い込みによれば、コンサートを完売することによって、個別の団体によって違いはあるが、平均45％の演奏赤字を消滅させることができる。ごくわずかなオーケストラのみが、演奏収入ギャップを埋めることができるかもしれない。ほとんどのアメリカのオーケストラは、すべての席が満席となってもなお、確固とした演奏赤字が残るのである。

結論

本章では、コンサートへの鑑賞者数と、そのチケット代として支払う金額に対し、オーケストラが対応しうる方策に焦点を当ててきた。オーケストラ経営において採算を確保するための戦略は、最も関心の高いテーマである。以下が主な発見事項である。（1）20世紀後半から21世紀初頭にかけてオーケストラが公演回数を増やしたのに対し、コンサート1回当たりの聴衆は、すべての種類のコンサートにおいて減少した。（2）チケット価格設定は演奏収入に大きな影響を与える。交響曲の上演に対する需要は価格弾力性が低いため、より高額なチケットは、一部の聴衆を排除することになったとしても、演奏収入を増加しうる。高額なチケットの効果は、オーケストラへの寄付者への影響も考慮に入れて判断されるべきであるが、この研究ではその点を説明できるデータは得られていない。（3）分析によって、統計的に有意ではあるが金額的影響は少ない、オーケストラとオペラの競合関係が認められた。一部の地域におけるオーケストラとオペラの相対的価格変動は、それぞれの鑑賞者数にわずかな影響を与える。現状では舞台芸術間の競合を分析するためのデータは不足している。

本章から明らかに言えることは、演奏収入を増やそうとする方策だけでは、ほとんどのオーケストラは採算を確保することができないということである。聴衆増強がうまくいけば、演奏赤字を縮小できるが、ホールを満席にしたとしても（通常は70％しか満席にできていないところ、野心的な目標であるが）、ほとんどのオーケストラでは赤字を解消できない。さらに地域の経済規模や、余暇時間の活用に関する社会的な変化も、オーケストラやその他の舞台芸術の聴衆増強の内在的な限界をもたらす。

オーケストラの赤字を解消するための議論において、より言及されることの少ない、争いの的となる戦略は、オーケストラの経費の伸びを抑えることである。本章においても、経費が際限なく増嵩する事例を示した。マーケティング活動はコンサート1回当たりの来場者を増やすが、その見返りはだんだん減っていく。あるレベルに達すると、マーケティング費用は、それを回収できるだけの聴衆と演奏収入の増加を生み出せなくなる。ある意味で費用を抑えたままの方が、オーケストラを財務的に堅固な状態に保てるのである。次章では、費用に関する分析を、その最大の予算であるアーティスト経費に広げ、また第8章ではファンドレイジング活動について論ずる。

第6章　アーティスト経費とその他の経費

オーケストラを聴きに行く人々の多くは、演奏を届ける演奏者、ゲスト・ソリスト、そして指揮者が、オーケストラの経費の半分強にしか関係していないことは知らないであろう。そして、オーケストラの経費のうちアーティスト経費の比率が、20世紀後半からだんだん下がってきていることも。それでもアーティスト経費は、オーケストラ経費の中で最大の要素であり、わずかな上昇も全体の財務収支に、顕著な影響を与えるのである。オーケストラの愛好者は、さらに演奏者間の給与の格差にも驚くかもしれない。たとえば主要なオーケストラのヴァイオリニストの年収は、2005年には40万7千ドルから10万6千ドルまでの開きがある。アメリカの最大手のオーケストラでは、最高給のヴァイオリニストへの給与は、最も安い奏者の3倍にもなる。なぜ、一つのオーケストラの中で、同じ楽器で同じパートを演奏している演奏者の給与が異なるのであろうか。コンサートによく行く人は、著名な指揮者やゲスト・ソリストの高額報酬について読んだことがあるだろうが、そこで、なぜこれらの音楽家が、オーケストラ団員よりはるかに高い報酬を受け取っているのか、疑問に思うことがあるかもしれない。

標準労働市場分析によって、芸術人材の労働市場における基本的な位置づけを明らかにすることで、この問題をある程度解明することができる。しかしオーケストラにおける給与格差や労働条件を完全に理解するためには、労働者組織が重要な意味を持つ。オーケストラはアメリカの中でも最も労働組合加入率が高い業態である。労働市場と組織力の相互作用を検証することにより、オーケストラ団員の給与構造を理解し、本書の冒頭にも触れた謎を解くことができるであろう。なぜ、アーティスト経費は経済環境やオーケストラの財政状況への、感応度が鈍いのかということである。

オーケストラ奏者の労働市場

音楽家の芸術教育は、一つまたはそれ以上の楽器についての、音楽専門の学校や大学の音楽科における高度な訓練に端を発する。こうした教育機関で育まれる楽器演奏能力と、オーケストラ音楽に関する知見が、どのオーケストラにおいても基本的に求められる能力である。この能力を身に着ける訓練の費用を負担するのは演奏者自身である。それでも、オーケストラ奏者になりたいと希望する者の数は、この職業に対する需要と比較して膨大である。たとえば2005年7月から2006年6月の間で、アメリカの音楽学校はオーケストラ楽器を専攻する卒業生3671名を送り出した（NASM 2006）。この数字には、大学の音楽実技専攻からの卒業生は含まれていないので、実際のオーケストラ新入団候補者数はこれよりも多いことになる。ただちにオーケストラに入団する卒業生もいるが、多くは、教えたり他の演奏関係の仕事をしたりしながら、オーケストラに自分の楽器の空席が出るのを待つのである。

毎年卒業する学生の数に対し、空席の数はとても少ない。トップクラスのオーケストラで、年間2つから4つの空席が出るくらいである。ある報告書は、「2003年には52の主要オーケストラで159の募集があった」としている[1]。1964年以降、トップオーケストラにおける空席情報は、米国音楽家連盟が発行する『International Musician』誌に掲載され、一つの席に、新卒から他のオーケストラからの転職組まで、何百人もの応募者を集めることになる。

サンフランシスコ交響楽団の首席チェリスト、マイケル・グレバニエは、ここ数十年の間にオーケストラのポジションをめぐる競争が激化している状況を描き出している。

この仕事で成功することはとても難しいのです。演奏者や音楽学校の数があまりに多く、どんどん増えているのに、機会が限られていることは変わらないのです。私がピッツバーグ交響楽団の首席チェリストになったとき、オーディションを受けたのは4人でした。1976年にここサンフランシスコを受けたときには、100人の応募者がいました。今では、教育を受け、十分な能力を持ち、経験に富む優れた応募者が300人は来るでしょう。倍率が全く変わってしまったのです。(San Francisco Symphony 2008, p. 38)

オーケストラは空席への応募者に対し、通常オーディション方式で選抜する。このオーディションという形式は、演奏者の選抜が恣意的にならないように設計されている。ほんの数十年前には、音楽監督や指揮者の嗜好による独断が、選抜を左右していたこともあった。近年では、ほとんどの応募者は多い場合三次予選まで受けた上で、オーケストラの現団員を含む委員会において決定される。音楽監督はオーケストラにふさわしいと判断された少数のグループの中から選ぶ最終審査まで、通常、選考に参加しない。

性差、人種、団員との師弟関係などの影響を最小化するために、ほぼすべてのオーケストラが、審査員と応募者の間にスクリーンを設置するブラインド審査を実施する。ある論文の著者は、このブラインド審査方式の導入は、1960年代から1990年代半ばまでのアメリカのオーケストラにおける女性奏者増加の、3分の1を説明しているとする。大学教員と同じように、合格した応募者は試用期間と審査を経て常勤となる。「雇用終了の要件は限定されており、めったに適用されることはない」（Goldin and Rouse 2000, p. 722）。数少ないオーケストラの空席に採用されなかった多数の応募者は、フリーランス音楽家か、個人教師か、教育者となっていく。その中の相当数が、演奏活動を主な収入源とすることを、やがて断念するようになる。

一旦オーケストラに雇用されれば、他のオーケストラへの転職機会が少ないこともあり、20年から40年といった長い期間勤めることが多い。この期間に、演奏者はリハーサルや公演を通して、そのオーケストラ独自の技量を磨いていく（たとえばそのオーケストラ団員や常任指揮者特有のスタイルに、自分の演奏法を合わせていく）。このような合奏に特化した技量の習得度合いが、年功序列的な賃金格差の理由となっている（本章の後半で詳述）。セルツァー（1989, pp. 187–88）は、オーケストラ奏者の仕事について以下のように紹介している。

> 主要なオーケストラの団員にとって、週に7、8回の仕事（リハーサルまたは公演）がオーケストラに対する義務であり、そこに特約業務や市外での活動が加わる。一つの仕事は通常2時間半なので、週にすると二十数時間ということになり、門外漢には楽な仕事に思えるかもしれない。しかしそうではない。主要なオーケストラの演奏者はこの職業の頂点に位置することから、毎週すべてのリハーサルや公演で、指揮

者に不備があろうと、また肉体的あるいは精神的な不調があろうと、それにふさわしいレベルの演奏を提供することが期待される。演奏者は交響曲やオペラの文脈を熟知していると想定され、客演指揮者や未知のソリストとの共演においても、最小限のリハーサル回数での上演が行われている。

この前提により、熟練したクラシック音楽家であっても、労働市場における少なからぬリスクに晒されることになる。数十年前まで、オーケストラ奏者は年間を通じた仕事がないことから、年収を増やすため、教えたり室内楽で演奏したりなどの副業を行っていた。オーケストラの本源的な破綻懸念は、オーケストラ奏者の雇用の安全を限定的なものにしていた。さらに、常に供給が需要を大幅に上回る労働市場においては、報酬にも常に下降圧力がかかってくるのである。

オーケストラ奏者の団体交渉

このような状況にあって、オーケストラ奏者たちは、協同組合方式から職能組織に替わったかなり早い時期から、団体交渉を試みてきた。米国音楽家連盟（ＡＦＭ）は１８９６年に設立されたが、ＡＦＭとオーケストラ奏者との関係は明らかに不穏なものであった。ＡＦＭの中の労働組合の組織内政治において、オーケストラ奏者たちは少数派であった。ＡＦＭの初期の会員は、劇場やダンス、パレードなどのための演奏者であり、戦略的主張や交渉事項は彼らの利害を反映するものであった。たとえば海外音楽家や軍楽隊や移動音楽隊との競争を減らすというようなことである。やがて音声付映画や電磁録音などの技術により、劇場音楽家や生演奏への需要が減ると、組合の関心は新技術の使用から得られる利益のいくらかを、オーケストラ奏者以外の音楽家のために、いかに獲得できるかということに移っていったのである。

団体交渉の権限はＡＦＭの地域支部に属し、そこではオーケストラ奏者は常に少数派であった。組合支部の幹部は、オーケストラの労働契約について協議し、その内容は組合執行部において裁可される。オーケストラ奏者はこの協議や裁可のプロセスには参加しないことがよくあった。

オーケストラ奏者以外の音楽家たちがＡＦＭの主要な資金源となっており、それが幹部の選出や方針に対する投票権にも当てはまる。組合の指導者は、まず多数派の会員に関わっており、オーケストラ奏者については知識も興味もほとんどない。アメリカのオーケストラの理事長や管理者は、組合との契約や給与協定を結ぶが、その内容は伏せられている……。組合支部の幹部は、職業オーケストラを成り立たせる労働条件については不慣れである。彼らは、オーケストラの理事会や事務局が訴える経済的困難の方に、より同情をもって耳を傾けることが多い。（Ayer 2005, pp. 31–32）

こうした状況下、米国音楽家連盟の歴史における最初の70年から75年の間、団体交渉によってオーケストラ奏者の賃金や労働条件が改善されたとは考え難い。

ＡＦＭに自分たちの要求を伝えられないことに業を煮やして、いくつかの地域のオーケストラ奏者たちが連合して、国際交響楽団管弦楽団演奏家連盟（ＩＣＳＯＭ）を１９６２年に結成した。ＡＦＭはこれをただちに

「二重組合」であるとして非難した。しかし、1969年には正式にICSOMをAFMの下部機関として組み込むことを了承した[2]。52のオーケストラの団員から成るICSOMは500万ドルの予算を持ち、独自に法律顧問と契約して交渉にあたった。1984年には、それより規模の小さい地方オーケストラ演奏家協会（ROPA）という同じような組織を形成し、やはりAFMの傘下に入った。さらにAFMは、オーケストラ奏者への実務的対応を行うための、オーケストラ部門も設置した。

これらの組織が結成された頃、オーケストラ奏者たちには数多くの要望事項があった（Seltzer 1989, p. 99）。彼らの目標は以下のようなものであった。

・オーケストラの執行部との交渉に同席すること
・団体交渉協定を裁可する権利
・雇用（オーディション）や解雇手続の透明化を含む職務の安定化
・1年単位の労働保証
・健康・傷病保険
・年金制度

またオーケストラ奏者は、演奏旅行中の処遇や、働けなくなったときに罷業基金を利用できることについても、関心事項としていた。

団体交渉は、オーケストラ団員と執行部の間で行われる。現在では、公的組織（ＩＣＳＯＭ、ＲＯＰＡ、ＡＦＭのオーケストラ部門）は、交渉への助言やその地域の他産業の交渉事例などの情報を提供する。交渉の落としどころをどこにするかが主な争点になるが、公的組織から派遣される代表は、給与の基準として、他の都市のオーケストラとの給与比較を強調することが多い。

オーケストラ運営側から見た交渉

オーケストラ奏者は理事会や執行部を相手に交渉を行う。団体交渉における運営側というのは高度な自治組織である。非営利法人は、所有者や株主といったものを持たず、そうしたものの利益を理事会が代表するわけでもなく、また説明責任を負うこともない。理事会は、理事の多くが多額の寄付者であるが、それでも寄付者の利益を追求する法的な責任は負わない。理事の選挙が行われることはめったになく、交代による牽制もきかない。ひどい経済的危機でもない限り、オーケストラのこうしたガバナンス体制においては、組合の要求に対して、民間部門でよく見られるような強い抵抗を示すことはない。

オーケストラの非営利法人としての立場は、彼らの赤字への対応を有利にする。非演奏収入を増加させようとする運営努力は、寄付金の優遇税制によって助けられ、非営利であるという事実は寄付しようとする人に、その資金が組織の目的追求のために使われることを確信させることになるのである（Hansmann 1996）。

しかし、このような非演奏収入の獲得しやすさは、オーケストラが実際に直面する予算の制約について、認識を曖昧にさせかねない。労働者側の代表は、オーケストラの予算制約を、民間支援や政府支援、投資収益、寄付財産の取り崩しなどにより、柔軟に対応可能なものだと捉えかねない。もし寄付金がファンドレイジング活動に応じて常に獲得できるものだとしたら、労働者側は賃金目標を、より少ない予算制約下にあるのと同じ水準まで引き上げるかもしれない。このシナリオの場合、組合の賃金要求は、オーケストラのファンドレイジング活動を、賃上げとその他の経費増をカバーできるところまで駆り立てることになる。実際、寄付者は財政危機の際に「演奏会を守る」ために特別の寄付を行うことはあるが、こうした善意の救済が、将来のオーケストラの財政に負荷をかけるモラルハザードの一種を起こす可能性には気づかない。高賃金要求に伴うリスクを回避することにより、寄付者は不注意にも、将来のさらなる賃上げ要求を引き出してしまうのである。

営利企業においては、団体交渉によるモラルハザードの懸念はずっと少ない。政府による救済の可能性がほとんどなく、事業会社は事業外のまとまった収益を得ることも難しいからである。交渉を行う際には、事業収益と経費の収支の結果である業務純益と、平仄を合わせる必要がある。厳しい予算の壁に当たったとき、組合は経済的事情を鑑みた譲歩も考慮に入れる。20世紀後半の自動車・鉄鋼産業ではそのような事例が多く見られた。

これに対し、寄付や政府支援があらかじめ見込めることは、賃上げ要求にも影響する。このシナリオによると、非演奏収入が賃金増加に吸収され、長期的な財務安定性への寄与を侵食することになる（第9章の寄付財産についての議論参照）。これらの二つのシナリオは、賃金交渉の着地における非演奏収入の重要な役割を表わすが、どちらが先の話なのかについては見解が異なるものである。

オーケストラ奏者の要求を硬直的なものにする要因はいくつかある。自治体が支援できるオーケストラは通常1団体までなので、多くのオーケストラはその地域に独占的な力を持つ。消費者は、賃上げに伴うチケットの値上げを受け入れるか、他の舞台芸術に興味を移すか、いずれかである。第5章で論じたような、オペラとの互換性が小さいことは、多くの愛好家がチケット代の値上げを受け入れる傾向にあることを示している。製造業と異なり、オーケストラは生産方法を変えることによる経費削減の機会はほとんどない。演奏者の数と楽器の組み合わせは作曲家によってあらかじめ定められているため、せいぜい、オーケストラが演奏する音楽の範囲を限定することによってしか対応できない（たとえばバロックから初期古典派の音楽に必要な演奏者の数は、ロマン派や20世紀の音楽よりも通常少ない）。

フォード財団プログラム

ＩＣＳＯＭが設立された１９６２年と、そのオーケストラ奏者を代表する機能をＡＦＭが正式に承認した１９６９年のちょうど中間地点である１９６５年に、フォード財団がオーケストラを支援するプログラムを発表した。この財団による助成金と、ＩＣＳＯＭの結成と承認が同時期に重なったことは、１９６０年代から70年代の団体交渉の成果に大きな影響を与えた。プログラムは、オーケストラ聴衆が増加傾向にあったときに始まり、３つの達成目標を示して、61のオーケストラに対し約８５００万ドル（２０００年の貨幣価値で換算すると4億5千万ドル以上）を拠出した。第一の目標は、演奏者の経済的処遇を改善することである。財団は「オーケストラの演奏者は、アメリカ社会の中でも最も給与が低く抑えられている専門家集団である」と主張し、より多くの演奏者がオーケストラでの仕事に第一義的にエネルギーを注ぐことで、アメリカのオーケストラを芸術的に向上させることができると考えた（フォード財団 1966年）。

演奏会シーズンの長期化とコンサートの種類を多様化することによる聴衆の増加が2番目の目標であり、これは1番目の目標によってオーケストラ奏者の仕事を増やすことによって可能になると考えられた（フォード財団プログラム以前には、52週間の雇用を確保していたオーケストラは2団体しかなく、多くのオーケストラの演奏会シーズンは6カ月未満であった）。最終的に財団は、待遇と地位を向上させることにより、より若い層をオーケストラでのキャリアに惹きつけたいと考えた。演奏家の需要と供給の両方を増加するこのプログラムにより生み出される摩擦について、財団がどのように捉えていたかは不明である。

これらの目標を達成するため、フォード財団は基金の4分の3を寄付財産に指定し、これを受け取るオーケストラに、少なくとも5年以内に1ドル単位で一致させるように要請した。加えて、特別な「推進基金」が、最も短い演奏会シーズンと脆弱な財務体質を持っていた25のオーケストラに供給された。これらの基金は、オーケストラ奏者が団外で得ている収入を補填し、副業を減らしてオーケストラの仕事に専念できるようにするというものだった。

フォード財団のプログラムは、オーケストラ運営側の、交渉に対する抵抗を減らす効果を挙げた。非営利法人に対し組合が折衝するのはそもそも有利であり、それがオーケストラであればさらに有利な特殊事情があるのに加え、この新しいプログラムは予算の制約を緩めたのである。もちろん財団の狙いは、長期的なオーケストラ戦略の改革を促すことにあったのであるが、組合側からは、演奏者たちが長い間忍んできた分（財団の公式見解に力を得て）、多額の贈与をただちに給与に回すべきだという圧力がかかったのである。

演奏家の給与と待遇

これらの組織的な発展につれ、ほとんどすべてのオーケストラ奏者は今や、オーケストラの給与水準や給与体系、労働密度や頻度など種々の労働条件を定めた労働協約によって保護されている。こうした協約の内容を見れば、なぜオーケストラで同じ楽器を弾く奏者に相当な給与の差が生じることがあるのか明らかになるだろう。こうした差は、異なるオーケストラの間にもあり、本項ではなぜ異なる契約形態が様々な給与レベルを生み出すのかを探りたい。

オーケストラ奏者の給与

クラシック音楽家の供給増に伴う給与引き下げ圧力に対抗して、労働協約は、一般的にはすべての演奏者に保証される週当たりの最低賃金を定め、個別の演奏者にその水準を引き上げる手当を追加する。2005年には、44の大規模オーケストラにおける週給の中央値は1125ドルであり、個別のオーケストラの間では585ドルから2190ドルまでの開きがあった[3]。

協約はまた、オーケストラ奏者間の給与の差の根拠となっている、年功序列を含む給与体系を定める。特定のオーケストラで演奏しているうちに習得する、合奏に特化したスキルは、年功による給与の差の根拠である。クリーブランド管弦楽団で長年プロフェッショナルとして勤めたヴァイオリニストは、こうしたスキルの実態について説明した。「詳しく分析したことはありませんが……指揮者のジョージ・セルが、緩徐楽章の入りにゆっくりと右手を下げると、我々はほんの少しそれに遅れて入る……106人もの奏者がこれを絶対的な正確さでやるのです。これは本能的なものではないのです。何年も努力して一緒に弾いてきたからこそできるのです。オーケストラに入団した若手は学ぶことが多いのですが、新人は反射を素早くすることで、我々のオーケストラの特徴である正確なタイミングを習得します。個別の音というよりはフレーズをどのように演奏するかを学びます。リタルダンドやアッチェレランドといったテンポの変化に差し掛かる前に、指揮者に注目することを覚えます。指揮者の拍だけでなく目を見るのです」（Wechsberg 1970による引用）。

ほぼすべてのオーケストラが、最低賃金の上に年功により加算する給与体系を取っているが、その年功給を決定する算定式は様々である。典型的な例では、演奏者の週給は毎年累積的に加算されていくが、年功給は5年ごとに適用されるというものである。たとえば、労働協約により、週給は毎年10ドルずつ昇給するが、年功給は5年勤務してからでないと支給されないというようなことである。5年後には年功給が「獲得」でき、週50ドルが基本給に加算される。年功による累積は継続され、10年後にはさらに50ドル、合わせて週100ドルが基本給に加算されることになる。多くのオーケストラの労働協約は、年功給が累積できる年限に限度を設けている。この年功制度は、オーケストラの平均給与を最低賃金より高く設定する。あるオーケストラの報告書は、2003年にはICSOMに属する20年勤続の演奏者の年功給は平均で最低賃金の5％増しであり、1・3％から15・5％までの開きがあったとしている[4]。

特別手当を支払う仕組みは、オーケストラ奏者間の給与格差により大きな影響を持つ。最低賃金と年功給に加えて、たとえば首席とかプリンシパルといった肩書を持つ演奏者に対して、その卓越した役割や先導的責任に応じて付与される給与である。すべてのオーケストラは、演奏者間に厳格な権威あるヒエラルキーを持つ。オーケストラの頂点に立つのが音楽監督（指揮者）である。次がコンサートマスターと呼ばれる首席ヴァイオリン奏者である。ある引退したオーケストラ奏者は、コンサートマスターが負う、もしかすると音楽的責任より重要な付加的な責務について語った。

指揮者が入場してきたとき、または彼がオーケストラに立って礼をするように要請したとき、オーケストラの全員がコンサートマスターに注目します。コンサートマスターが起立すれば我々もします。彼が座れば我々も座ります。コンサートの最後に拍手が消えていくとき、我々はコンサートマスターを見ます。彼が退場すれば我々もします。コンサートマスターの仕事は、冗談ではなく、指揮者が立ち往生したときに代行することさえあります。もう一つ、オーケストラ内の序列に伴う不変の習慣として、もしコンサートマスターのヴァイオリンが演奏中に壊れてしまったとき、第二奏者が自分の楽器を渡して、楽器が直るまでそれで弾いてもらうことは、神聖な義務なのです。これは、第二奏者は自分の10万ドル以上もする、もしかしたらまだ支払いが終わっていない楽器を、そこまで好きだというわけではない相手に渡さなくてはならないということを意味します。（Locke 2005, pp. 47–48）[5]

各楽器の首席奏者は、コンサートマスターに次ぐ権威と責任があります。それぞれのセクションの奏者は首席のスタイルに従うこととされています（弦楽器セクションでは首席がボウイングを決定し、すべての弓が同じ方向、同じタイミングで動くことになります)。それぞれの演奏者も格付けによって順位づけられています。首席未満の職位は特別手当の対象にはなりませんが、演奏の質を反映し、実際の演奏にも関連があります。譜面台を一緒に使うとき、下のランクの奏者が上位者のために譜めくりを行うのです。(Locke 2005, p. 48)

大規模なオーケストラでは、首席やその他の奏者を対象にした特別手当は、執行部との間で個々に交渉される。小規模オーケストラの労働協約では、特別手当の割合を一律で定める傾向にある。また、クラリネット奏者がバス・クラリネットやEs管クラリネットも吹くというように、演奏中に二種類以上の楽器を演奏する場合にも手当を出す協約もよくある。比較的最近になって大規模オーケストラで行われるようになったのは、個別契約を結んでいない演奏者が、一律の金額で特別手当を受け取ることによって、効率的に最低賃金に上乗せするやり方である。一部の主要な演奏者にとっては、個別の交渉によって契約で定められているよりも有利な水準の給与を獲得するかもしれない。たとえば2005年には、5大オーケストラのコンサートマスターの手当は、24万5390ドルから40万6920ドルまでとなっていた[6]。

表6-1は、2005年における6つの大規模オーケストラ、5つの小規模オーケストラの、アーティスト経費の構造を示したものである。大規模オーケストラの中では最低週給はさほど差がないため、それを1として、オーケストラ毎のその他の手当をその倍数で示したものである。これらのオーケストラにおけるコンサートマスターの給与は、最低賃金の2倍から4倍近くまでの間となっている。

コンサートマスターに次いで給与が高いのは、その他の首席奏者たちである。どのセクションの首席が

表6-1　演奏者の年収（最低年収を1とした乗数）　2005年

	大規模オーケストラ					
	ボストン	シカゴ	ロサンゼルス	ニューヨーク	フィラデルフィア	サンフランシスコ
指揮者	14.0	8.3	11.9	24.9	14.0	15.3
コンサートマスター	3.1	2.3	3.1	3.8	2.0	3.5
次席	2.0	2.0	1.9	2.7	2.1	1.7
平均	1.2	1.2	1.2	1.5	1.3	1.1
最低	1.0	1.0	1.0	1.0	1.0	1.0
事務局長	3.6	3.7	7.9	5.3	2.6	3.3
営業責任者	1.9	1.6	1.9	4.0	1.6	1.7

	小規模オーケストラ				
	アラバマ	フォート・ウェイン	ノックスヴィル	メンフィス	ヴァージニア
指揮者	不明	6.7	4.7	5.0	5.9
コンサートマスター	2.5	不明	不明	不明	不明
次席	2.0	不明	不明	不明	不明
平均	1.1	1.1	1.0	1.1	1.3
最低	1.0	1.0	1.0	1.0	1.0
事務局長	3.2	5.4	3.6	4.3	4.1
営業責任者	1.9	不明	2.4	不明	2.7

出典：www.guidestar.org、センツァ・ソルディーノ

どれだけ受け取るか、オーケストラの内外で協定があるわけではない。

2005年に3つの主要オーケストラで最も高い給与を得ていたのは、首席チェリストだったが、その他のオーケストラでは首席オーボエ奏者や首席トランペット奏者であった。それより5年前には、また別の楽器の首席が最も高い給与を受けていた。この表によると、演奏家たちは通常、最低賃金の概ね2倍の水準の給与に向けて折衝するよ

うである。予算規模の小さいオーケストラでは給与も低いことが多い。こうしたオーケストラの、コンサートマスターやその他の比較的給与の高い演奏家に関する情報をあまり開示していないものの、表6－1の下の表は、演奏者給与の構造がより狭い範囲に分散していることを示している。

予算規模の大小の差が最も顕著なのは指揮者に対する報酬であろう。大規模オーケストラでは、指揮者への報酬は年間で、最低賃金の8倍から24倍にまでなるのに対し、小規模オーケストラではその差は5倍から7倍である。ほとんどの指揮者が自分の本拠地オーケストラで演奏するのは、定期演奏会のごく一部なので、1回当たりの報酬はさらに差が大きくなる。彼らが他のオーケストラを振っている間、オーケストラは客演指揮者を雇う必要がある。ある意味で、オーケストラ奏者と指揮者では、別々の労働市場が存在しているということになるのである[7]。指揮者のマーケットは、オーケストラ奏者のように需要に対して供給過多ということではないようである。オーケストラ音楽について卓越した知見を持ち、冒険的なプログラムも可能にすることが約束されている、国際的なスーパースターである指揮者は少数である。

アーティスト以外の人件費

21世紀初頭には、主要なオーケストラのプログラムに100人ほどの演奏家に加え、その人数をさらに上回る管理スタッフの名前が掲載されていた。ファンドレイジングや営業のスタッフは40人近く、マーケティングや広報スタッフはそれとは別に20人以上となっていた。その他のスタッフは制作、財務、国内外ツアー企画、人事などに従事する。彼らの給与についてはほとんど知られていない。それでもオーケストラの税務申告情報から、高給を得ているスタッフについては、ある程度の情報を得ることができる。
表6-1は、2005年における事務局長（別の肩書で呼ばれることが多い）と営業責任者の年間給与についての情報も含んでいる。大雑把に言って、オーケストラの経営者は、演奏者の年間最低賃金の約4倍を受け取り、ファンドレイジング・営業責任者はおよそその半分を受けている。これらの職務に必要なスキルは、演奏者のそれとは全く異なるものであり、労働市場も別のものとなる。オーケストラの運営に必要なスキルの多くは、他の非営利法人においても求められるものだからである。

演奏者給与の増加とコスト病

オーケストラおよびその他の舞台芸術団体が直面するコスト病の重要な特徴は、オーケストラの昇給は他の経済活動と歩調を合わせるため（第2章参照）、生産性の向上よりも経費の増加の方が速いということである。1960年代半ばに書かれたボウモルとボウエン（1966, p. 209）の説によれば、「演者の給与は物価上昇率を上回るペースで上昇し、それでも他の経済活動には追いついていない——近年の舞台芸術の経費において、給与が占める割合は下降している」としている。

20世紀終わりには、オーケストラにおける状況は非常に異なったものとなった。1987年以降、オーケストラ奏者の最低賃金は、経営との交渉を経て平均4・2%もの増加を示している。年功給や特別手当を計算に入れると、平均給与の伸びは年間4・5%にもなる。アメリカの他の業態における組合員および非組合員労働者の給与の伸びは、同じ期間内で3・6%であり（図6-1）、サービス業においても同様である（図6-2）。オーケ

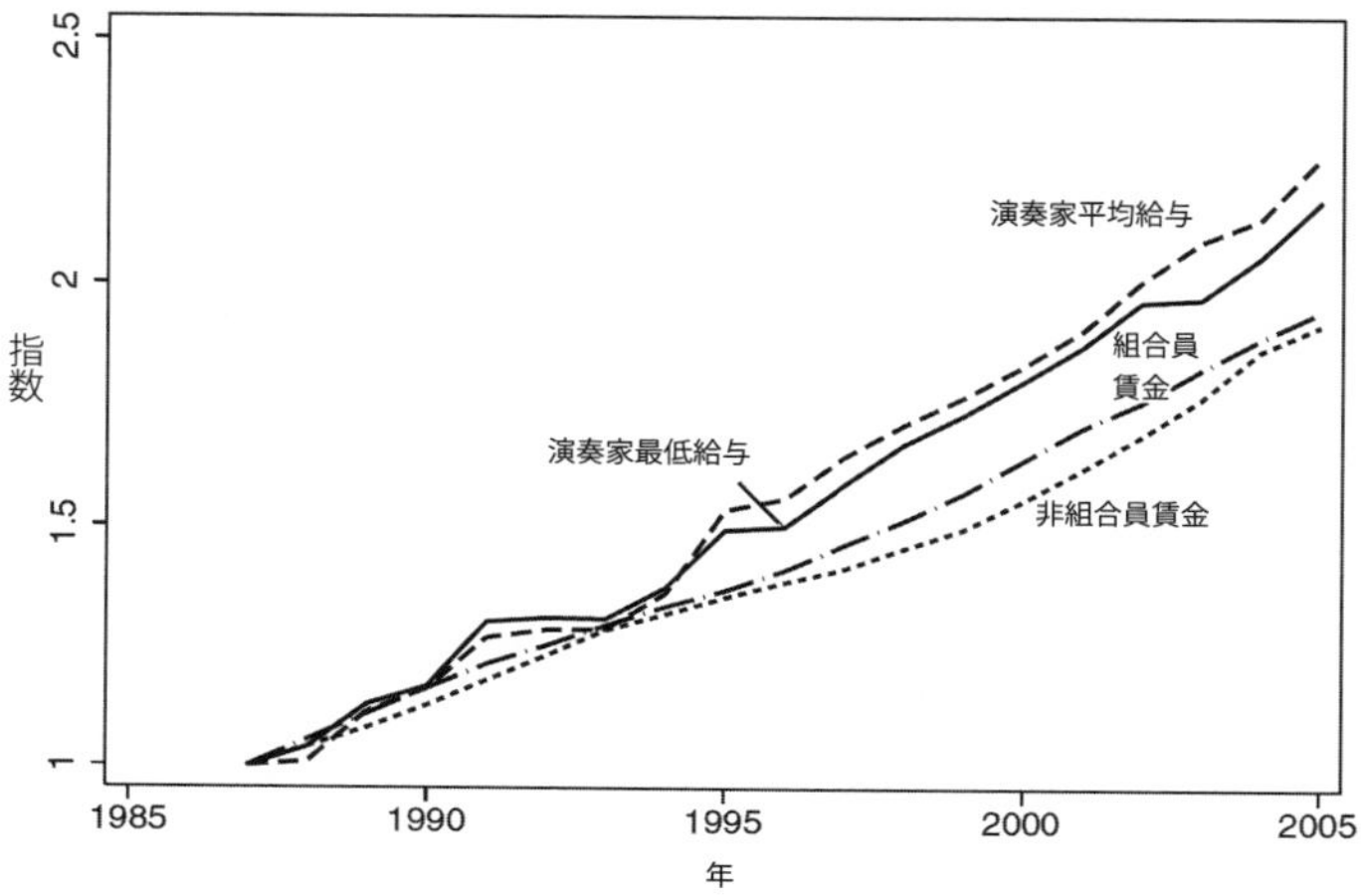

図6-1　演奏家給与と組合員・非組合員賃金　1987-2005年

出典：全米オーケストラ連盟、センツァ・ソルディーノ、合衆国労働統計局（2007）

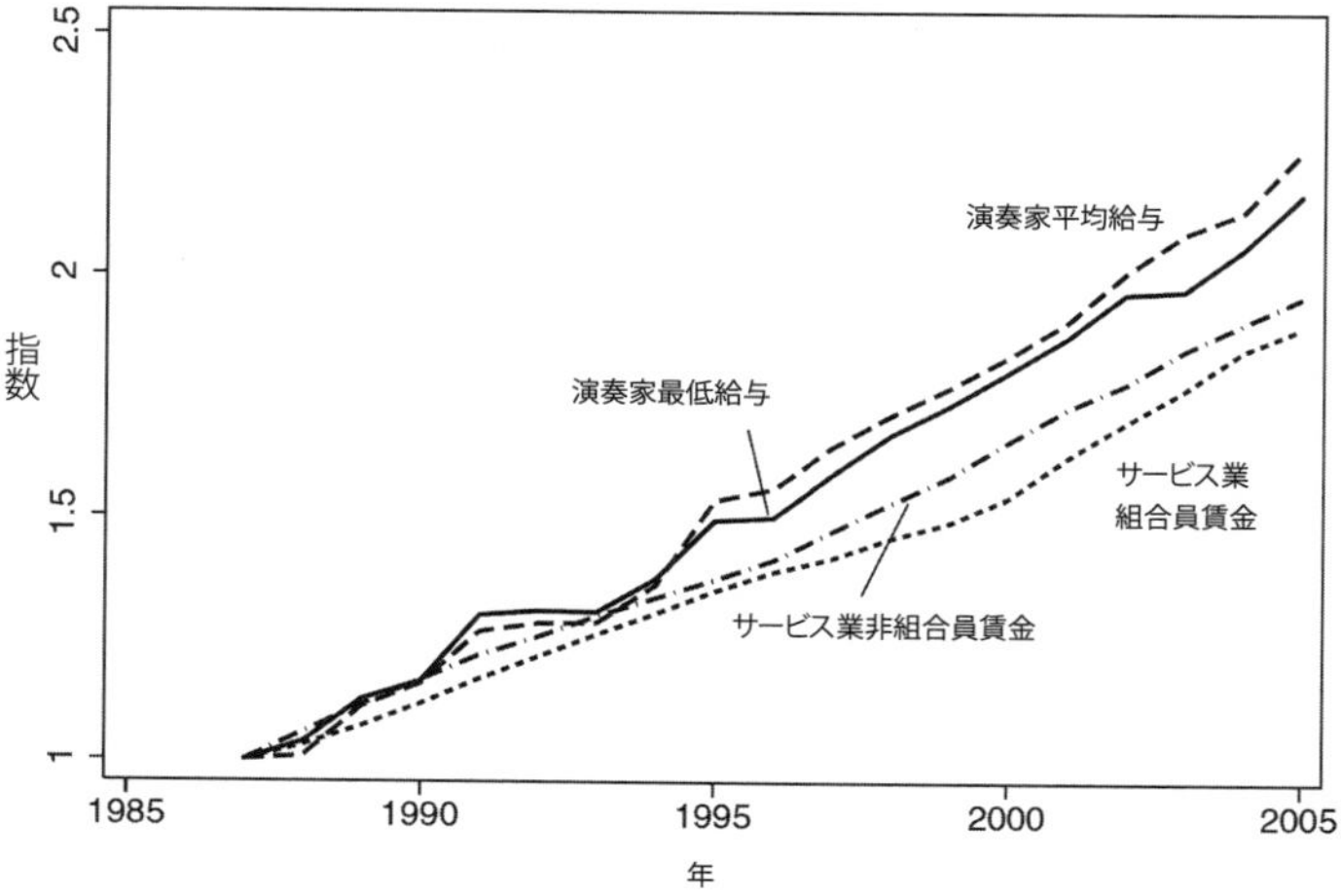

図6-2　演奏家給与とサービス業従事者賃金　1987-2005年

出典：全米オーケストラ連盟、センツァ・ソルディーノ、合衆国労働統計局（2007）

ストラ奏者の昇給は、やはり生産性は低いもののより大きな需要がある大学教員や医療関係者のそれも凌駕している（Flanagan 2010）。つまりオーケストラ奏者の給与は、他の経済活動の主体と同じだけ伸びているというだけでなく、20世紀後半から21世紀初頭にかけては、アメリカの他の労働者グループのほとんどを、上回るペースで増加したのである。

同じ期間に、指揮者の報酬は、団員よりもさらに大きく増加した。指揮者は通常マネジメント事務所に所属しており、その報酬は、指揮者の代理としての事務所とオーケストラ執行部との協議によって決まる。1997年から2001年の間に、オーケストラの常任指揮者の給与はアーティスト経費の5％程度、総経費の5％程度であった。個別のオーケストラによって、この総経費に対する割合は1％から8％までの開きがある。

オーケストラのコンサートは、ソロ楽器または声楽の客演ソリストを伴う作品を通常1曲はプログラムに入れる。これらのソリストは通常国際的に有名であり、指揮者と同じように事務所を通して、報酬やその他の出演条件について交渉する。客演ソリストや客演指揮者への報酬の幅は非常に広いが、平均するとアーティスト経費の15％、総経費の8％程度である。個別のオーケストラによって、これらの報酬は総経費の3％から14％までの開きがある。

客演ソリストが、その報酬に見合うほど、チケット売上を増加させられるのかということを問うオーケストラは、ほとんどないように見える。オーケストラの芸術的評価や財務状況は、ソリストを団内から起用したり（一部のオーケストラがそうしているように）、また呼び物となるソリストを含まないプログラムを組んだりすることによって、悪化するのだろうか。こうした問いに対する確たる証拠は、現状見当たらない。しかしおよそ百

表6-2　専門職の給与と労働時間　2005年6月

職業	時給（$）	週間労働時間	週給（$）
ホワイトカラー	24.03	39.5	949.18
専門職	32.89	39.0	1,282.71
大学教員	43.69	39.2	1,712.65
音楽、美術、演劇	38.79	38.5	1,416.42
その他教員	32.06	36.8	1,179.81
法律家	50.89	41.5	2,111.94
その他専門職	25.48	39.6	1,018.81
演奏家・作曲家	38.84	37.3	1,448.73
俳優・演出家	33.13	40.5	1,341.76
オーケストラ演奏家（2003）			
最低給与			1,341.00
平均給与			1,587.00

出典：アメリカ合衆国労働統計局（2006b、表2-1）、全米オーケストラ連盟
注：フルタイム従事者のデータ。週給は時給と週間労働時間の積

年前のピッツバーグ交響楽団の理事会は、全く同じ問いを立てた。

ピッツバーグにおいて、理事会は高報酬ソリストについての実験を行った結果、地元の聴衆が本当に欲しているのはソリストではなく、オーケストラそのものであることがわかった。これは確かめるのに若干のコストはかかったものの、元気づけられる結果だ。少しの例外を除いて、高報酬ソリストは彼らに支払われている以上の利益を、オーケストラにもたらすことはできなかったのである。

（Aldrich 1903）

21世紀になると演奏者の給与は、ホワイトカラーの専門職にも匹敵するようになった。

表6－2は2005年の様々なホワイトカラーの職種における平均週給を示している。「演奏者と作曲家」はオーケストラに限定されたものではないが、平均的なホワイトカラー専門職よりも、少ない時間で多い給与を得ている。とはいえ、演奏者が技術を維持するために費やす練習は、就業時間以外に行われるため、この数字は統計に載らない。それでも、オーケストラ奏者の突出した供給超過状態や、金銭換算が難しい音楽家の仕事の魅力を鑑みると、この相対的な高給は際立っている。第10章で詳しく論じるが、海外のオーケストラと比較すると、この高給はさらに目立つのである。

金銭以外の労働条件

オーケストラ奏者を対象とした労働協約は、金銭以外の労働条件についても取り決める。ほとんどの協約は、雇用と解雇の手続きを定め、週ごとの勤務（公演またはリハーサル）回数とその勤務時間について定める。演奏旅行を行うオーケストラの場合、ツアー毎、あるいはツアーを含む週の公演回数の限度、ツアー終了後に通常業務に復帰するまでの休業期間の長さ、ツアー中の演奏者自身およびその楽器の扱いに関する細則を定めているかもしれない。

労働協約はまた、オーケストラに新たな演奏者を入団させるオーディションについても定める。オーケストラの現職団員がこのプロセスに関わることが増えるにつれ、契約に則った入団手続が、女性や非白人の演奏者の割合を主要オーケストラに増やす役割を果たした。オーケストラ奏者の中の女性比率の中央値は、1987年の37％から2005年の40％へと、緩やかに上昇した。同じ期間に、マイノリティの比率は5％未満から12・5％に上昇している。

変動費から固定費へ

1970年以降、オーケストラ奏者と執行部の間で締結された労働協約は、長い時間をかけて、団員への給与を変動費から固定費に変化させてきた。ある時期においては、演奏者は「公演毎」に雇用され、そのことは執行部には非常に柔軟な労働コストを、演奏者には不安定な収入をもたらすものとなっていた。今日の労働協約は通常、そのオーケストラの常勤定員を定める。これらの常勤奏者たちは契約で定められた様々な利益を享受する。常勤奏者の定員によっては、オーケストラは公演毎に演奏者を雇うこともあり、一定期間雇う場合と、通常より大編成の公演のために個別に雇う場合とがある。

1年のうち勤務が保証される週数も増加している。1960年代初頭に52週間の雇用を保証していたのは2団体しかなかった。1990年代の半ばにはICSOMに加盟しているオーケストラの、演奏者の40％が、年間を通した雇用契約を結んでいる。その10年後には、雇用保証されている期間は延びたが、52週間の雇用を保証している団の数は変わっていない。

年間労働形態の変化は、仕事に対する給与から働いた週に対する給与という、変化をもたらした。週給と年間の勤務保証の組み合わせにより、演奏者の最低年収に関する不安が払拭された。一般的には1週間に8回の仕事であり、この平均を上回ることとは限られている。

演奏家の給与が変動費から固定費へと変化する流れは、電子メディア保証（EMG）の発達によってさらに促進された。EMGを適用するオーケストラにおいては、労働協約によって、電子メディアがもたらす収益から還元される、最低金額が定められている。電子メディアには、テレビ放送、CDやDVD、国営ラジオ放送などが含まれる。協約に電子メディア保証が含まれている場合、電子メディアによる活動が行われない場合にも、演奏家に対する支払いは必須である。これは給与への実質的上乗せとなる。2003年から2004年の演奏会シーズンにおいて、ICSOM加盟オーケストラ51のうち18団体の協約がEMGによる支払いを定めており、その水準は553ドルから6760ドルの間、平均（調整前）では2300ドル弱である。個別のオーケストラにおいて、EMGによる最低年収の増加比率は2％から8％までとなっていた。

アメリカの民間セクターにおける労働協約の多くは、賃金要求について定める一方で、雇用形態の段階を設けることにより、雇用者側に広範な裁量権を許容している。協約には、どのように（たとえば年功によって）経済的利益が配分されるかを定め、かつ雇用者が職務階層を選定しうるとする。これに対し、オーケストラの労働協約においては、金額と人数の両方が交渉の対象となっている。オーケストラの場合、楽曲が要求する仕事を決定するという事情に雇用が制約される。楽器の数や編成を、賃金コスト事情によって変更することは、そのオーケストラが演奏しうる曲目の制限なしには行いえないのである。

年間の勤務期間保証は、演奏者にとっては雇用の安全を守るものであるが、さらにオーケストラを拘束するものとなる。短期的には、勤務期間保証はオーケストラの収入が下降しているときに、経費を削減する余地に制約をかける。労働コストの硬直性は、景気循環の中での演奏収入と経費のギャップの振れ幅を大きくすることになる。長期的には、勤務期間が保証されていることによって、聴衆の総数や公演当たりの来場数が落ち込んでいるときにも、コンサートを増やすことができる。それと共に、これらの条項はオーケストラ団内の演奏者たちを、外部の膨大なオーケストラ志望者たちから遮断しているのである。

こうした契約条項は、フォード財団による助成が行われた、１９６０年代後半から70年代にかけての、オーケストラ公演の人気が高かった時代に発生したものである。しかしこれらの、演奏者の経済的または雇用上の安定と改善を原則とした労働協約条項は、オーケストラが、その後の聴衆減少の時代に生じた財政的困難に対し、アーティスト経費を調整する可能性に制約をもたらした。良き時代に経営者と労働者の間で同意された条項は、景気循環に伴う、あるいは他の要因による経済的逆境下には、労働コストをどのように調整できるのであろうか。

演奏者の給与と財務収支

オーケストラ執行部と演奏者は、労働協約をめぐって利害が対立する。執行部はオーケストラの採算を確保できる協約を目指す。これは現状維持ができるかという問題でもある。あるいは、赤字を解消し採算を回復できる協約を目指す場合の方が多いかもしれない。なぜなら本書で研究対象としたオーケストラのうち、恒常的に赤字を回避できているところは全くないからである。利害の不一致の多くは、オーケストラ奏者にとっての収入が、オーケストラにとっては存続するための主要な経費ということに起因する。

オーケストラ奏者は、同格のオーケストラに引けを取らない給与を目指す。彼らにとっては、公平であることの方がオーケストラの支払能力よりも重要であり、より多くの給与を得ているオーケストラの処遇が目標となる。たとえば、２０１０年1月に行われたクリーブランド管弦楽団の団体交渉では、組合の代表は、クリーブランド管弦楽団員は他のオーケストラの後塵を拝するような給与は許容できないと言明した。そうでなければ、楽団員はより良い環境を求めて去っていくことになるだろう、とも主張した（Wakin 2010）。この頃、アメリカの他の6つのオーケストラ（ボストン、シカゴ、ニューヨークフィルハーモニー、フィラデルフィア、ロサンゼルス、サンフランシスコ）の演奏者は、さらに高い給与を得ていた。これらのオーケストラは、それぞれがチケット収入や民間寄付、寄付財産からの収益などの異なる収入、すなわち給与の原資を持っていたのである。

もしオーケストラ間で実質的報酬の違いが生じたのであれば、演奏者にとっては、他のオーケストラでより高い報酬が得られるポジションがあれば、そちらへ移るインセンティブになるはずである。しかし、団体交渉の論理の中では、交渉によって決定される金銭的給与は、オーケストラのポジションに見合う実質的な報酬とは異なる。たとえば、生活費は都市によって相当に異なり、給与水準もそれと連動する。異なるオーケストラから、それぞれ同額の給与を受けている演奏者がいたとして、彼らの実質給与すなわち購買力は、生活費と反比例する形で変化することになる（クリーブランド管弦楽団の例では、クリーブランドの住民は、ニューヨーク、ボストン、ロサンゼルス、サンフランシスコあるいはその他の主要オーケストラを持つ都市に比べ、ずっと低い費用で生活することができる）。

団体交渉により決定される賃金より、実質報酬の方がより広い意味を持つことを示すものがもう一つある。労働者がどこで働くかを決める際に、非金銭的な特色も検討する。多くの労働者は、怪我や死亡のおそれがある仕事よりも、リスクのない仕事の方を好む。ほとんどの教師は、賢く勤勉な学生や十分な書籍や設備の整った学校で働くことを望む。音楽の才能に恵まれた人々は、工場で流れ作業をするよりも、クラシック音楽を演奏する仕事をしたいと思うだろう。他にも例はいくらでもある。これらの、金銭とは別の様々な労働条件への嗜好は、わずかであっても明らかに給与にも影響を及ぼす。約250年前にアダム・スミスが書いたように、経済学において、競合関係にある労働市場における給与は、非金銭的な特色によって、規則的に変動することが認識されている。もし多くの労働者がリスクの高い仕事を好まないのであれば、安全な仕事への応募者が増え、その給与を引き下げる。安全な仕事における労働者にとっての実質報酬の一部は、安全な労働環境という非金銭的な利点なのである。リスクの高い仕事の雇用者は、労働者を獲得しようとすればより高い給与を払う必要がある。給与におけるプレミアムが、労働者のリスクという非金銭的コストを埋め合わせるのである。雇用者にとっては、その仕事に関わるリスクを減らそうとするインセンティブにもなる。労働市場における競争は、安全な仕事と危険な仕事の間に賃金の違いを生み出すが、金銭・非金銭を合わせた総合的な報酬は同一なのである。給与の差は、非金銭的な労働環境における格差を埋め合わせるか、あるいは帳消しにする。

非金銭的報酬は、オーケストラ奏者の労働市場に2つの影響を与える。第一に、このことはオーケストラ奏者になりたいと熱望する人の、供給過剰な状態を理由づけている。愛する音楽を仕事にすることの魅力は、鍛錬を積んだ演奏者たちの流入を促進し続ける。供給が増え続けることで、賃金の下降圧力は強まる。団体交渉は、給与が他と比べて下がらないように、この圧力に抗する。ここ数十年の間、オーケストラ奏者の金銭的報酬が、他の職業の多くと同様に増加してきたことは、オーケストラに雇用されることの魅力を倍増させ、さらにクラシック音楽演奏者の供給を増やしている。しかし労働コストが上昇することにより、給与の増加は、志望者が熱望するポジションの数を減らすことにもつながっているのである。

非金銭的労働条件は、他のオーケストラのポジションの魅力にも影響する。音楽監督の質、他の演奏者の能力、本拠地とする都市の特徴などは、すべて雇用に影響する。こうした要素が相対的に魅力あるものであれば、市場の競争により給与は下がり、逆もまたしかりである。これらの条件が完全に同等であるオーケストラの間においてのみ、同額の給与は公平を意味することになる。同額の給与が団体交渉によって得られたとすると、よりよい労働条件のオーケストラは、そうでないオーケストラに比べて、演奏者に高い報酬を与えていることになるのである。

オーケストラ奏者の給与の決定要因

オーケストラの執行部と演奏者とのせめぎあいにおいて、演奏者の給与はどの程度オーケストラの財務事情を反映するのであろうか。我々のサンプルとしたオーケストラの１９８７−88年から２００５−6年までの演奏会シーズンにおける財務諸表上の賃金データを分析した結果がその答えとなる。すべてのオーケストラの財務構造を、演奏赤字（演奏収入と経費の差額）と、民間・公的支援（演奏経費に対する比率として）に分類した。このアプローチによって、演奏者の給与が、演奏赤字や外部支援の変化に対しどのように反応してきたのかを調べることが可能となった。直近の財政状況が交渉に影響を与えることから、財務収支上の数値はしばしば１年後に表れることとなった［8］。

統計分析は、オーケストラ奏者の給与が、オーケストラの総収入と総経費の差額である財務収支と連動して変化するわけではないことを示した。むしろ、現在および過去の民間支援金額と演奏者給与の間に、正の相関関係が確認された（Flanagan 2010）。実際、民間支援の増加によって演奏赤字を解消しようとする努力が、給与の上昇によって帳消しにされることになりかねない。民間支援の得やすさは、オーケストラが直面する財務上の真の課題を、曖昧にしてしまうことがある。1980年代後半以降のオーケストラの破産の記録からも、組織の経済的体力を無視した賃金設定が、深刻な結果をもたらすことが明らかになっている。

オーケストラの破産

財政危機が極まり、オーケストラの破産などに至った事例は、団体交渉が経済的な逆境にどのように対応してきたかについて、より的確な見方を提供する[9]。1989年以降、1ダースものオーケストラが活動を停止した。そのうちいくつかは多くの場合、別の名前で再開した。それ以外は永久に廃業したのである[10]。活動停止の前後にわたる、団体交渉によって定められた賃金と勤務状況について入手できたデータに基づき、調査が可能となった。調査目的は、財政危機に直面して団体交渉における譲歩がこうしたデータから窺えたかということである。破産後に再び活動に復帰したオーケストラについて、これらのデータは活動停止がどのように演奏者に影響したのかについて、評価を可能にした。

活動停止の前に、演奏者の最低給与を下げたのはたった1つのオーケストラで、閉業の1年前のことだった。他の2つのオーケストラで、同じく前年に昇給を凍結したところはあった。その他のオーケストラでは、給与は増加し続けたのである。「相対的」賃金の低下は、それよりやや多く、サンプルとなったオーケストラの約半数で発生した（相対的とは、その最低賃金の、32のオーケストラの平均最低賃金に対する割合である）。相対的賃金の引き下げは、活動停止を食い止めるには至らなかったが、そうしたオーケストラが再開する率は高くなった。破産に至る前の財政危機の折にも、相対的賃金が下がらなかったオーケストラはすべて、永久的に活動停止となった。さらに閉業の前に、勤務保証期間について譲歩に至った例は、ほとんど見られない。わずかに2つのオーケストラにおいて、閉業の前年にそのような譲歩に至った形跡が見られる。これらのオーケストラはいずれも、やがて再編を経て再開した。

オーケストラ奏者にもたらす閉業の影響は、厳しいものであった。閉業した半数はそのまま再開されず、一時的な場合でも閉業期間は2年から5年に及んだ。再開したオーケストラの約半数では、最低賃金は活動停止前に比べて減少した。再開にあたって、以前より高い給与を出したオーケストラも、やがて給与引き下げに至った。オーケストラの一般的水準と比べると、こうした再開オーケストラの賃金は低く、相対的賃金も再開後数年間にわたって低下が続いたケースが多い。年間の演奏会シーズン、すなわち勤務保証期間も、再開されたオーケストラにおいては短い。

オーケストラの運営の特質、そして団体交渉による演奏者との労働協約をもってしても、財政危機に対する団体交渉の反応の鈍さは説明が難しい。製造業の組合においては、雇用の安定が年功序列によって確保されている面があるので、経済的な難局において給与面での譲歩への抵抗があるのは、まだ理解がしやすい。レイオフは通常若手の労働者に影響が大きい。これに対し、年功の高い労働者は、雇用のリスクがないため経済的逆境においても給与引き下げに抵抗するのである。経済状況が、中心となる労働者の雇用を脅かすようになって初めて、給与その他についての譲歩が真剣に検討されるようになる。このシナリオは、年功が給与には影響するものの雇用機会には影響しないオーケストラには当てはまらない。財政危機への適応が遅く不十分であるのは、緊急支援を募ることによって危機を乗り越える資金を調達できるはずだという、演奏者たちの期待を反映しているのかもしれない。

オーケストラの存続

すべてのオーケストラが、終焉に向かう局面を経験するわけではない。経済的逆境において、生き残るオーケストラにおいては、景気後退期間における譲歩を演奏家たちが支持し、それが財務上の負荷を緩和することもある。2009年4月、当時全米で6番目の規模であったアトランタ交響楽団は、シーズンの残余期間と翌年のシーズンにおける報酬の5%引き下げに同意する形で、4年間の労働協約を修正した。それより前に、オーケストラは演奏者以外の人員の給与を5%下げ、管理職の給与を6%、理事長は最低でも10%、そして音楽監督の報酬を7%から14%、数年間にわたって引き下げた(アトランタ交響楽団2009年)。また演奏者たちは、2つの空席となっているポジションをそのまま空けておくことに同意し、オーケストラの方も管理セクションの空席を許容するとともに、何人かの事務局員に、2009年から2010年の間に、数日間の無給休暇を取らせることに同意した。

2008年に始まった厳しい景気後退時には、シカゴ交響楽団でも同様に、執行部が提示した総経費削減計画に、演奏者たちも同意した。2008年10月、執行部は事務局員の昇給と新規雇い入れを停止し、経費削減を目的として、ゲスト・ソリストおよび指揮者の演奏報酬を、2008-2009年、2009-2010年のシーズンで、それぞれ25%と50%削減することを発表した。2009年の5月には、演奏者たちは2・5%の減給を承諾し、2009-2010年、2010-2011年のシーズンに、オーケストラの増収につながる追加のコンサートのリハーサルと出演を無償で提供した。

これらのエピソードから得られる教訓は、経済的逆境においては、最初に演奏者以外の人件費削減を行った上であれば、団体交渉による協定の修正は行いやすくなるということである。しかしそうした措置が、常に相互作用を得られるとは限らない。他のいくつかの都市のオーケストラにおける、「大不況」期の厳しい財政に適応しようとする努力に対しては、演奏者のストライキやコンサートの中止、破産さえも発生したのである。

後継オーケストラ

一部のオーケストラは、経済規模を小さくして、あるいは経営形態を変更することにより、破産後の再編を行ってきた。興味深い事例として、ニューオーリンズ交響楽団の1990年の活動停止と、こうした中でのルイジアナ・フィルハーモニー管弦楽団（LPO）としての1991年の再編がある。

破産したオーケストラの主だった演奏者が、LPOを演奏者が所有する協同組合として設立し、2007年までには36週間の演奏会シーズン、年間90のコンサートを開く、66人のメンバーからなるオーケストラとなった。この取り決めによって、演奏者たちは残余財産方式、すなわち、経費差引後の収益が彼らの給与となることになった。毎年、オーケストラ奏者たちは自分たちの報酬について投票を行い、その平均は同じような条件のマーケットを持つ同じシーズンのオーケストラの約半分である。端的に言えば、破産前のニューオーリンズ交響楽団のときよりも、給与はずっと下がった水準である。

演奏者たちはさらに、楽団の規模を決定し、音楽監督を選出し、プログラミングについては音楽監督や芸術監督と協働する。演奏者のオーディション、任期、規律について、決定権を持つ。そして団体交渉ではなく自主的な労働規約を確立する。演奏者たちの選択を記録したものを、労働協約として地域ＡＦＭ支局に毎年提示し、批准を得る。２００６年までにＬＰＯは15人の専門家スタッフを持つ体制となった。同格のオーケストラのスタッフ規模より、はるかに少ない。

正式な統制の仕組みも時間と共に進化した。オーケストラ奏者は、理事会のメンバーの2人を除く全員を選出し、理事会のメンバーは最初の4シーズンの間に、１００％演奏家となった。後に理事会は、演奏家と地域のメンバーが半々となったが、理事長は演奏者であることを堅持した。さらに後になって、組織は双頭体制、オーケストラの団長を演奏者とし、地域から理事長という形を採用した。そのうちに、理事会も3分の1が演奏者、3分の2が地域からという構成に変化した。

結論

オーケストラ奏者の労働市場の主な特色は、職を求める熟達したクラシック演奏者の、大幅な供給過多状態である。この供給は、給与と、芸術表現への機会に伴う金銭とは別の報酬に対するものである。需要に対する供給過多は、芸術家の給与への下降圧力となる。

金銭的報酬に対する市場の下降圧力は、団体交渉を経てオーケストラ執行部と演奏者組合の間に締結される、労働協約によって対抗される。これらの契約の内容は、非営利法人の先天的な交渉力の弱さと、労働組合の交渉力の強さを反映する。組合には、オーケストラ奏者の労働環境をめぐる根本的な問題、新たなクラシック演奏者の供給増加を解決する力はない。実際には、組合が事態を悪化させている面もある。皮肉なことに、団体交渉によって給与や安定雇用やその他の労働条件が改善されるほど、オーケストラに入りたい演奏者が増え、その結果として職を得られる確率が下がっていくのである。

これらのことから、本書の前半で論じた、アーティスト経費の景気循環に対する感応度の低さが、組織の特殊性から来るものであることが理解できる。景気後退期には、多くの組織は雇用または給与を削減することにより、人件費を軽減する。オーケストラの場合、労働協約に給与と勤務の両方について明記されることで、演奏者の経済的不安を小さくしている。こうした協約は、レパートリーに関わらず、常勤演奏者の数、年間勤務期間、週の勤務回数などについて定めている。

労働力についてはある程度固定されていることから、団体交渉は賃金に焦点を当てることになるが、一般の組織で行われているような、賃金調整を行う動機づけはあまり働かない。1980年代以降、オーケストラ奏者の給与水準は、他の分野の労働者に比べて、より速く増加した。本研究でサンプルとしたオーケストラにおける給与は、第2章で論じたコスト病の議論において想定されていたものより、さらに高いものとなっていた。加えて、この給与の増加とオーケストラの財政事情との関連性は弱い。むしろ、民間支援の動向と強い関係があることがわかった。過去20年間における多くのオーケストラ破産の事例は、組織の経済力を無視した賃金設定が、オーケストラやその演奏者たちに深刻な結果をもたらすことを示している。アーティスト経費やその他経費をいくらかでも見直すことをしないのであれば、こうした結果を避けるためには、非演奏収入が継続的に増加することに頼るしかない。次の3つの章においてはこうした戦略について検証することとし、まず第7章の政府支援から始めよう。

第7章　オーケストラへの政府支援

オーケストラの容赦ないコスト増は、裕福な個人がその赤字拡大をカバーすることを、ますます困難にした。裕福なエンジェル支援者がその役割を縮小しているのに対し、オーケストラは様々な手段で適応しようとしてきた。第一に、民間支援の基盤を広げるべく、ファンドレイジング活動を進めた。現代のオーケストラが、ファンドレイジング活動によって民間から挙げている収入については、次章および第9章の寄付財産の構築と管理についての議論において取り上げる。

オーケストラおよびその他の舞台芸術は、その活動に対する政府の支援を一層必要とするようになったものの、アメリカにおいて芸術への公的な支出に対する抵抗は、諸外国に比べ非常に大きい。そもそも、アメリカのオーケストラにおける非演奏収入の増え方は、政府の補助金が外部資金の大半を占める諸外国とは全く異なる。政府の補助金によって、アメリカの芸術団体の採算を均衡させる試みは、学問的にも政治的にも、芸術への政府の継続的な支援の必要性について、長く、決して解決しない議論を巻き起こしてきた。こうした議論から生み出された文献について、ここでは言及しないが、興味のある読者はボウモルとボウエン（1966年、第16章）、ピーコック（1993年）、フレイ（2003年）やそれらに引用されている文献を参照されたい。

芸術団体が政府の支援を求めるのは、財政が危うくなったときだけではない。支援がどのように行われるか、あるいはそもそも行われるかどうかということは、どのように芸術が定義され、どのような作品が演じられるか、そして創造芸術の本質と分類に深く関わってくる。本章では、アメリカのオーケストラの財政に対する連邦、州、自治体が果たす役割、さらにはアメリカの芸術に対する公的助成について考察する。それと全く異なる、他国におけるオーケストラへの政府支援の役割については第10章で論ずる。

オーケストラへの政府の直接支援

現在アメリカのオーケストラの多くは、連邦、州、自治体から、何らかの直接の金銭的支援を受けているが、これは過去においては必ずしもそうではなかった。1960年代以前には、オーケストラやその他の舞台芸術団体に対する補助金は自治体から出され、コンサートホールを建てる土地を寄贈したり、コンサートにも使用できる市民会館を建てたり、また不動産保有税を免除したりされていた。しかし自治体の予算には、当然のことながら限りがある。実際のところ、自治体の活動それ自体が、オーケストラや舞台芸術団体が罹患するコスト病（Baumol 1967）にかかってしまうこともあるのだ。芸術団体が政府支援を求めて対峙する相手は、やはり構造的な赤字の拡大という問題に取り組んでいる組織なのである。

音楽団体への連邦の支援は、1790年の海軍軍楽隊の創設時まで遡れるものの、その後150年間、オーケストラへの公的支援を広げようとする試みは、連邦議会の委員会によって阻まれてきた。歴史上の、連邦と州政府による支援の不在は、自由放任主義と、政府の関与する範囲をできるだけ小さくすべきであるとする、広く信じられてきた考え方を反映している。以下の意見は、1930年以前に一般的であった考え方をとてもよく表している。「政府が農業、住宅、失業保険に補助金を出したり、最も貧しい人々のために収入を提供したりできないのであれば、オペラやオーケストラやバレエへの援助を求めるべきではない」(Heilbrun and Gray 2001, p. 251)。

大恐慌の際には、芸術家に対し連邦からの支援がいくらか発生したものの、これらのプログラムは失業したオーケストラ奏者に対し、経済的緊急事態の間の安心を提供することを目的に設計されたものであり、芸術への継続的支援ではなかった。一例である「連邦音楽プロジェクト」は、オーケストラやその他の音楽公演、音楽教室を支援することにより国内の音楽家たちを救済したのである(Grant and Hettinger 1940、第8章)。オーケストラや舞台芸術に対する、連邦による継続的な支援は、1965年の全米芸術基金(NEA)の設立を待たねばならなかった。そのときでさえ、中央政府による芸術支援の分配という概念に対する、深い猜疑と相当な政治的抵抗があった。この懸念に対応するため、NEAの設立法は、基金の一部を、芸術振興機関やそのための基金を持つ州に分配することを求めている。その時点では、そうした公的機関を持っているのは5つの州だけであったが、NEAの設立法が全州にそうした機関を作ることを促し、基金の20%が基準を満たした州と機関に配分されることになった(NEA 2007, p. 6)。

1980年代後半には、50の州の芸術振興機関によって拠出された基金は、連邦のそれを上回って、1979年には実額で頂点を迎えた。当初各州は、オーケストラ、歌劇団、バレエ団、美術館などの、ヨーロッパの伝統芸術に由来する「高尚な」芸術に資金を割り当てることが多かった。この優先順位の背後には、民間の市場メカニズムにおいて高尚な芸術は生み出せないという、やや疑わしい観点があった(この観点についての議論は第

10章を参照されたい）。時間が経つにつれ、州の機関は、ますます文化多様性が進むアメリカ社会に対して、あまりにも保守的であるとの批判を受けるようになった。芸術支援に関する政策決定において、より幅広い概念に基づく、幅広い支援が議論されるようになった。州の機関はこれに対応して、芸術のより包摂的な定義づけを展開し、増加してきた地方自治体の機関に、出捐の意思決定を分散させるようになった。こうした機関の多くは、こうした政治的要請によって、小口の助成金をより多くの芸術団体に交付するようになり、このことによってオーケストラをはじめとする伝統的な芸術団体が受け取れる援助は少なくなった。一部の大きな芸術団体は、特定の支援予算を州議会に求めることによって対応した。

州や地方自治体による補助金の発展と、連邦の支援の多くが州および地方自治体を通じて配分されるということにより、公的資金をどのように分配するかについての意思決定は、1960年代半ば以降、地方分権化されていった。法令により、今やNEAの予算の40％は、州および地方自治体への包括的助成金となっているのである。

政府芸術振興機関による資金拠出の意思決定

1980年代後半以降、連邦議会は芸術への直接助成を削減し、連邦による支援方式を変更した。こうした措置は、オーケストラが利用できる連邦の資金をさらに減らした。1990年初頭に、何人かの連邦議員が、NEAの支援を受けている視覚芸術家の一部をわいせつと看做し、それによってこの機関は、その存在意義について苦しい立場に立たされた[1]。機関の予算は1992年度の1億7600万ドルがピークとなった。

1995年度から1996年度にかけて、連邦議会は予算を1億6200万ドルから9900万ドルに削減し、NEAは47％の職員の削減を余儀なくされた。2006年度までに予算は1億2400万ドルまで復活したものの、実額でピーク時の43％となっている。

以下に引用する、連邦議会の芸術予算に係る急変に対応してきたNEAのある委員の発言は、資金調達が公的なものか民間からかによって、芸術表現の自由にも影響することを物語っている（Alexander 2000, p. 274）。「私は基金を批判から守ることができると考えていました。もし我々が、正確にどのようにお金が使われるのかを知らないまま、包括補助金を出すような、〝大名買い〟みたいなことをすれば、連邦議会は厳しく説明を求めてくるでしょう。けれどももし我々が、特定の作品の制作や公開や保存のために助成するのであれば、お金がどこに使われたのかは明白です。そこで芸術団体は年度の間に、連邦政府の支援を受けずに、財団や寄付によって資金を受けて、何をやりたいかを提示することができるのです」。この発言から、民間支援は紐づけがされないと理解するのは行き過ぎであろう。次章以降で明らかにするように、民間支援も特定の目的や公演と結びついているものもある。ただし、一般的には民間寄付は制約がより少ないのである。

連邦議会は、連邦基金を芸術に配分する手続きの厳格化を主張した。政治的な論争がNEAによるオーケストラへの支援に影響したわけではないが、舞台芸術や美術に対する支援の申請については、一定の運用手続が適用されるようになった。現在NEAの支援はジャズ・マスターなどのケースを除いては、個人ではなく組織に対して拠出される[2]。芸術団体からの申請については、その芸術的効果について、同業者審査団による査定が行われる。外部専門家による査定の活用は、芸術評価を政府官僚の判断から切り離す効果がある。

外部評価者が特定の嗜好にとらわれるリスクを回避するために、ＮＥＡの委員会は任期を設け、地理的・民族的な多様性を確保し、また委員の現在または過去の雇用者からの申請の審査には加わらないこととしている。

受諾された申請に対し、連邦の資金から割り当てられる金額については、全米芸術評議会とＮＥＡ理事長に決定が委ねられている。連邦議会は、ＮＥＡからの支援の上限を、申請案件の経費の50％に制限している。ＮＥＡ助成と同額の資金調達への要請は、連邦による支援は、民間支援を得ようとする努力を阻害するものではないということを、議員に説得するものとなったであろう。同額の資金調達を誘致できる力があるということは、連邦助成案件が社会に対しても訴えるものがあるという証拠にもなる。

この時、議会と政府官僚の政治的目的が、芸術的価値の評価にも大きく影響する。ＮＥＡの言葉を引用する。

> 州の芸術振興機関に対するＮＥＡの支援は、競争による賞金と、それぞれの州の人口に応じて平等に分配されるものとの組み合わせで行われる。２００６年度には、芸術基金から州に供与される金額の91％は、州によって平等な比率または人口を基準とした数式に基づいて決められ、残りの９％は競争によって得られる賞金であった（NEA 2007, p. 7）。〔傍線は著者強調〕

オーケストラが、どのように演奏赤字を補填することができるかという、我々の関心にとって重要なことは、１９９６年の立法によってＮＥＡの運営経費支援がなくなったことである。ＮＥＡが運営経費を支援できないのであれば、オーケストラの演奏赤字を大幅に縮小することは困難である。ＮＥＡの助成が新たなプロジェクトに対するものであることから、オーケストラやその他の芸術団体は、その助成を得るために新たなコストをかけなければならない。その他の政府補助金や民間支援が、演奏収入と経費のギャップを埋めるために必要になるのである。

州や地方自治体の芸術振興機関における手続きは多くの場合、ＮＥＡのそれとは異なったものである。多くの州の機関は、団体に対する贈与を優先させ、通常他の資金調達手段との組み合わせを要件とすると共に、運営経費への援助も行う。実際、それが州から芸術団体への支援の最大の割合となっているようである。およそ４千ある地方自治体（都市または郡）の芸術振興機関のうちの多くは、運営経費支援をその活動項目に含めている。結果として、州と地方自治体の支援が、オーケストラやその他の芸術団体の演奏赤字拡大を抑制していると見ることができる。

この波乱に満ちた政策史の結果が、地方分権が徹底された、複合的な芸術への公的支援システムとなったのである。資金拠出の意思決定も、広く分散されている。一つの機関で申請が却下されても、芸術団体が支援を求めることのできる機関は、他にも存在する。分権化された仕組みは、エリート芸術家の影響を限定し、より多様な社会の好みを反映するが、そのためにはコストも必要となる。公的資金のかなりの割合が、芸術家に直接届くのではなく、芸術支援機関の官僚組織の中で費消される。こうした環境下、芸術団体は十分な資金を得るために、費用のかかるファンドレイジング活動を、活発に行わなくてはならないのである。

公的補助金とオーケストラ財務

こうした資金提供の結果は、どのように20世紀後半のオーケストラの財務に影響したのであろうか。我々はここまでに、法令に基づく芸術関連予算の割当が、政府による特定の芸術支援の目安にはならない、2つの理由を見てきた。割当は、多様な芸術に対し必ずしも均等に配分されるわけではなく、ある芸術に対する支援額が変化したとしても、他の芸術についても同じように変化するかどうかわからない。さらに、州や地方自治体の芸術振興機関のスタッフやアドバイザーといった、芸術官僚に関する費用が、割当の中の相当額を占める。申請や評価や監督といった手続きが、政府の助成には付き物だからである。

したがってNEAの予算における変化と、個別のオーケストラが受け取る連邦からの支援との相互関係には、大きな幅がある。本研究の対象期間におけるサンプルとしたオーケストラの、受取った支援とNEAの予算との相関係数は、マイナス0・50からプラス0・94までの幅があった。いくつかのオーケストラにおいては、両者の間に強い正の相関が認められた。一方、想像しづらいことではあるが、受け取った支援額とNEAの予算に逆相関が見られた、あるいは全く関連性が見られなかったオーケストラもある。オーケストラの財務安定性に対する政府の影響を理解するためには、資金がどのように割り当てられたかではなく、いくら支給されたかに焦点を当てて論じる必要がある。

3つの階層からなる政府の意思決定には、いずれも様々な政治的かつ芸術的な観点から検討されるため、一階層からの「公的」助成について論じるのは意味がない。実際に、どの年度であっても、政府の3階層それ

**表7-1　オーケストラへの政府支援のトレンド
1987-2005年の年間変動率**

	名目	実質	2008
政府（全レベル）	-1.4%	-3.6%	53.3%
連邦	-7.1%	-9.1%	30.6%
州	-1.4%	-3.6%	52.9%
自治体	2.9%	0.7%	26.3%

出典：第７章の補遺

ぞれから支給される助成金の間に、はっきりした相関は見られない。政府の階層によってそれぞれ行われる支援を比較することにより、全体としての公的支援の傾向について理解することができるのである。

非演奏収入の必要性が高まる中、あらゆる政府階層からの直接支援を統合した金額は、景気循環影響勘案後のオーケストラ平均値で１９８７年から２００５年にかけて、年間およそ３・６％ずつ下降した。オーケストラへの公的支援の低下には２つの動きが見られた（表７−１）。ＮＥＡをめぐる政治的な論争の結果、連邦による支援が低下した（実額で年間９％を超える）のに対し、州による支援の低下の下げ幅は３・６％で、ずっと小さい。これらの傾向はインフレによるもの以上である。連邦と州の名目支援もまた低下しているからである。インフレは公的助成金の購買力を減殺するかもしれないが、連邦と州はそれでも、オーケストラやその他の舞台芸術に対する名目支援額を、どんどん小さくしていったのである。これに対し、地方自治体の名目支援額は増加したが、２・９％という割合はインフレ率を大きく上回ることはできなかった。地方自治体からの補助金は、オーケストラが受け取る公的支援の中での割合を増やしていった（図７−１）。しかし、その割合の増加は、地方自治体の支援が増えたというよりは、連邦と州による支援の低下に起因するものだ

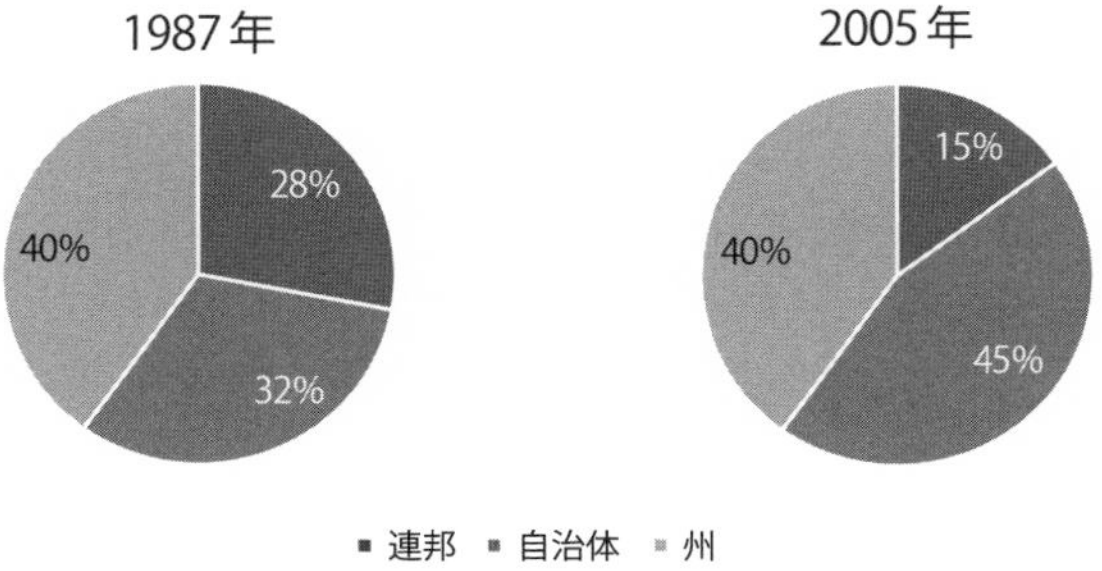

図7-1　オーケストラへの政府支援割合 1987年および2005年

出典：全米オーケストラ連盟

った。

すべてのオーケストラが、すべての政府階層から支援を受けるわけではない。１９８７年には63のオーケストラのうち58に対し、政府の支援があったことを報告している。その81％にあたる47のオーケストラでは、３つの階層のすべてから支援を受けていた。２団体は連邦の支援を受けず、３団体は州の支援を受けず、８団体が地方自治体からの支援を受けていなかった。２００５年には政府支援のパターンは大きく変わった。49のオーケストラのうち、たった45％にあたる22団体が、３つの階層のすべてから支援を受けていた。14団体が連邦の支援を受けず、８団体が州の支援を受けず、10団体が地方自治体からの支援を受けていなかったのである。

ある意味で、政府による支援形態は、オーケストラの規模によっても異なる。ここで分析したオーケストラの約半数が、１９９９年には９００万ドルを超える総資産を有していた。連邦からの支援は、こうした大規模オーケストラに対して、それより小規模オーケストラと比較すると明らかに大きく、地方自治体からの支援は少なかった。州からの支援割合はどちらのグループでも、ほぼ同じであった。

1987年から2005年にかけて、小規模オーケストラに対する連邦の支援はさらに削減された。2005年には、これらのオーケストラに対する政府支援のうち、連邦からの支援の割合は7％を切ったのに対し、大規模オーケストラに対しては20％であった。

すなわち、政府支援のトレンドは、アメリカのオーケストラが必要とする非演奏収入を減らすことにより、その直面する長期的な財務課題を悪化させたのである。なお悪いことに、年ごとに政府の支援方針が変更されることが、景気後退に伴う短期的な問題をも悪化させた。全般的な政府支援は、景気循環への感応度が高く、オーケストラが最も資金を必要とする景気後退時に削減されるのである。州や地方自治体からの資金流入の変化も、オーケストラに景気循環の影響を受けやすくさせる。その一方で、連邦からのオーケストラへの支援額は、経済環境の変化とそれほどはっきりした相関はない[3]。州や地方自治体においては年間の収支を一定にしなければならず、芸術への支援は裁量の範囲が広い項目と見られていることが、支援の変化パターンに反映しているかもしれない。

どのようにオーケストラへの公的支援が配分されるのか

政府からの支援をオーケストラに割り当てるにあたっては、芸術的価値、経済的バランス、その他幅広い政治的判断が関わってくるが、公的資金の配分がどのように行われているのか、実際のデータから判別できるのだろうか。いくつかの可能性が見られる。まず、オーケストラがどの程度支援を必要とするか、つまり赤字の大きさによって、政府支援の額も変わってくるということである。ＮＥＡの資金の運営経費利用が禁じられたことから、運営赤字と連邦からの支援額との相関はほとんどないと言える。しかし、州や地方自治体からの支援には、そうした制約は少ないところも多い。財務収支が支援割当の決定要因となるのであれば、支援額はオーケストラの赤字規模を直接反映するものとなる。

第10章で詳述するが、財務上のニーズを基に支援を決定するのは、モラルハザードを引き起こす危険もある。深刻な赤字に直面したときに、政府からの資金援助に頼ることができる組織は、赤字を避ける努力を怠りがちになるからである。このような場合でも、赤字と支援額は正の相関関係を持つが、因果関係は逆のものとなる。モラルハザードによって、政府支援が赤字に対応するというよりは、赤字を促進してしまうのである。

第二に政府の資金は、目に見える成果に対する報償として、割り当てられる場合があるが、この成果はどのように可視化されるのであろうか。オーケストラの予算規模は、演奏会シーズンの長さやツアーによる演奏活動、新たな作曲の委嘱などの芸術的成果をある程度反映する。この基準で資金配分することは、過去の実績が評価される一方で、オーケストラ間の人的資源や芸術性の格差を拡大させかねない。これに関連する予算上の問題としては、公的資金をオーケストラに誘致するための、ファンドレイジング費用の効果も関係する。

最後に、州や地方自治体によって、オーケストラを支援することのできる財力に差異があることから、経済力における地理的な不公平を是正するために、政府支援が配分されることもある。もしこの動機が主なものであるなら、政府の支援は、その地域の所得と人口に反比例するものとなるだろう。しかし、ＮＥＡの事例が示すように、政府支援は州の間で人口当たり平等になるように、配分される形で得られることも多い。それが強い要因となるのであれば、オーケストラが受領する資金は、その地域の人口に比例するものとなる。

表7-2　政府支援の決定要因　1987-2005年

	1%の上昇効果				1ポイントの上昇効果		
政府階層	実質所得	人口	予算	ファンドレイジング費用	演奏収入比率	失業率	年間効果
自治体	1.5%	0.3%	0.3%	無効果	無効果	無効果	-3.2%
州	無効果	無効果	0.6%	無効果	-1.0%	-6.2%	-5.1%
連邦	-1.2%	0.2%	0.8%	無効果	無効果	無効果	-10.1%
全階層	無効果	0.1%	0.4%	0.2%	-0.6%	-3.6%	-5.5%

出典：第７章補遺の表A7-2
注：金額変数は2000年ドルベース
「無効果」＝統計的に有意な結果なし
演奏収入比率＝演奏経費のうち演奏収入によってカバーされる割合

統計分析によって、1987年から2005年の間で、これらの様々な要因がどのように、それぞれの政府階層からの支援に影響していたのかを明らかにできる。この分析は、それぞれのオーケストラの属する地域の所得と人口、演奏収入比率（演奏経費が演奏収入によってカバーされる割合）に表される財務上のニーズ、オーケストラの予算規模、推進にかける費用等により、支援にどのような違いがあったかを、インフレ影響を調整後の金額にて示している。

統計分析の結果は、いくつかの仮説を立証したが、反対の結果を示したものもある（表7-2）。オーケストラの属する地域の総所得と、受け取った支援総額との関連は見られなかったが、この結果は、２つの相反する要素の力関係が反映されていた。高所得の地域では、地方自治体からより多くの支援があり、連邦からの支援は平均的に少なかった。言い換えれば、地方自治体からの支援はその経済力格差を反映し、連邦からの直接支援は、地域によるそうした格差を是正する傾向があったのである。地方自治体と連邦の支援は、人口当たりの補助金に伴い、人口が増えるに従って増加していた。州政府による支援は、その経済力との関連は明確には見られなかった。州による支援のみが、個別のオーケストラの経済状況との関連が相応に見られ、赤字が大きい、あるいは悪化しているオーケストラに対して、相対的により多くの支援が提供された。同時に、3つの階層すべてにおいて、大規模なオーケストラに対する支援が、小規模オーケストラに対するものよりも多かった。この分析においては、支援を受けるにあたってのファンドレイジング活動の効果を測定するため、ファンドレイジング予算をその他の予算とは別枠で分析している。表7-2にて示した統計的結果について疑問を抱く読者もいるかもしれない。政府支援に関する他の変動要因を勘案後、オーケストラのファンドレイジング活動と、それぞれの階層の政府から受け取る支援の金額には、統計的に有意な相関は見られなかった。それでも全階層から受け取った支援総額は、ファンドレイジング費用と、わずかではあるがはっきりした統計的相関があった。ファンドレイジング活動は、特定の政府支援を目的に通常行われるため、この結果はデータ集計に伴う異常値と見るのが妥当かもしれない。

連邦による支援は、それだけではないにせよ、経済条件に重きを置く。しかし、連邦支援の分配による真の影響は、オーケストラの財源の不平等性を、さらに広げるものとなっている。最後に、地方自治体の支援と何らかの関連性を示す要素は存在しなかった。統計的に有意な結果が得られなかったということは、地方の財源が、政治的な地盤の構築や維持のために、少額が広い範囲に分配されるという仮説を裏づけるものとなっている。

政府支援は民間支援を代替するか

オーケストラに対する政府支援の総合的効果は、その支援が民間支援に与える影響にも左右される。もし政府が支援を行うことによって、個人、企業、財団等からの支援が減少するのであれば、非演奏収入の増加は、政府支援額よりも小さいものになる。もしオーケストラの潜在的支援者が、税金によって賄われる政府支援によって、その寄付意欲が満たされたと信じるのであれば、オーケストラに対する政府の支出は、民間寄付を置き換えるか排除するものになる。一方で、オーケストラに対する政府の支援が、公的な目で「お墨付き」を与えることになり、さらに民間寄付を誘導することもありうる。さらに、政府の支出と同額の民間支援を集めなければならないとする要請は、オーケストラやその他の舞台芸術に対する民間寄付を増加させることになる。結局、代替するかどうかの問いは、データの見せ方にかかってくるとも言える。

現在、経済学の文献において、非営利団体に対する政府支援の代替効果についていくつかの研究がなされている。これについて様々な証跡が示され、ある研究においては民間支援がそれによって排除された組織が報告され、また別の研究では、民間寄付を呼び込むケースや、または影響が不明確であるという証跡が示されている。オーケストラに関する研究は、後者の範疇に入る（Brooks 2000; Smith 2007）。代替効果の有無を測定するためには、政府保証が多ければ民間寄付が少なくなるのか、あるいはならないのかを、他の影響要素を排除して検証しなくてはならない。多くの代替効果に関する研究において、ファンドレイジング費用や、チケット売上（個人寄付に影響するものとして）、地域の芸術支援にかかる経済的余力を示す変数などを勘案している。

これらの研究は、民間の寄付と政府助成金の因果関係が、どの方向で作用するのかを決める前に解明すべき統計的問題を示している。ある手法を使って発見された関連性が、他の手法を使うと消えてしまうということが、統計的精査にはありがちである。このようなケースが、オーケストラへの政府の支援が民間支援にもたらす影響についても当てはまる。最も説得力のある説は、政府支援の代替効果が存在するという証拠は見つからないというものかもしれない（Smith 2007）。

政府支援のその他の形態

オーケストラに対する政府の財務支援の事例を立証しても、それがその特殊な支援方法についても立証することにはならない。オーケストラへの政府支援の最適な事例においても、その支援がどのように行われるのが良いのかという点については、不明のままなのである。それでもその方法論は、実際にアーティストやその努力に対し、いくら支払われるのかを決定する。その地域の住民が、支援すべき芸術として認めたからこそ、公的な支援を受け取ることができるのである。

前項にて言及したように、芸術団体に対する直接の政府支援は、資金を獲得し増額しようとロビー活動を行う芸術官僚を生み出す。この傾向は、政府支援が細分化され、個別の公演や活動に対して行われるときには、少なくなると推測される。さらに、直接助成方式は、どのような活動に対して支援が行われるべきかを決めるのに、相対的に中央集権的なアプローチが必要になる。その決定を行うのが、政府官僚、指名委員会、あるいは立法機関であれ、その手続きは、比較的少数の人々の好みと判断を、反映することになる。より大きな、その芸術の潜在的な鑑賞者は、どの組織に資金供給されるべきかについて、意見を言う機会はないのである。中央集権化された支出決定についての懸念は、アメリカの立法における芸術への公的支援に関する議論の中で、頻繁に浮上する。我々が観察したところによると、立法府がこれらの懸念を「解決」したとしても、それはそれで問題があるのである。

しかしながら直接助成は、オーケストラやその他の芸術家を支援する唯一の方法ではない。他の方法を検討することにより、直接支援についてのみ論じることが、オーケストラの非演奏収入における政府の役割を論じる上で、いかに一面的であるかが明らかになる。特に公的支援についての議論は、民間寄付に対する政策の影響を見過ごしているものが多い。

租税支出

アメリカのオーケストラおよびその他の舞台芸術団体にとって、政府の関与する財務上のサポートのうち最も重要なものは、税制がもたらすものである。内国歳入法は納税者に、非営利団体への寄付金額を課税所得から控除することを認めている。アメリカの納税者のうち約60％が、基礎控除ではなく項目別に控除を適用し、こうした税制優遇措置の対象となっている。このような「租税支出」、すなわち政府が徴収して使用することができたはずの収入を、市民に特定目的のために使うことを認めた資金が、アメリカの文化団体の資金調達の主な源泉となっているのである［訳注４］。したがって、先に論じた芸術への直接補助金は、公的支援のきわめて不完全な一部分でしかない。政府の方針が民間寄付の規模に影響するという事実は、外国における政府支援との比較を一層複雑なものにしている(第10章)。

アメリカの高額所得者は、この政策によりオーケストラやその他の非営利団体への寄付に、強く動機づけられる。高額所得者は、その追加収入に対し一般的に最も高い税率をかけられるため、彼らの寄付において最も大きい割合を占めるのは、政府が行ったものということになる。21世紀の初頭、連邦税の最高限度は35%であった。この枠組みにあてはまる誰かが、オーケストラに1千ドル寄付したとすると、そのうち政府が350ドルを「支払った」ことになり、こうした寄付を行わなかったとすれば、納税者は350ドルを連邦税として納めることになったのである。公益寄付金控除は、効率的にオーケストラへの寄付を「値下げ」する。したがって税法の改定は、オーケストラへの寄付に対するインセンティブを変えることになる。1980年代半ばに、連邦税が引き下げられた際には、寄付へのインセンティブが下がった。後年、税率が次第に上がると、また寄付への動機が強まった。2009年2月にオバマ大統領は、2011年から納税者が非営利団体に対する寄付金を控除できる金額に限度を設ける国家予算を提示した。この方式によって、納税者の所得水準に関わらず、1千ドルの寄付のうちの政府の分担を350ドルから280ドルに減らす効果があった[4]。

オーケストラやその他の舞台芸術団体を、こうした租税支出によって支援するにあたって政府は、支援されるべき芸術を選定する芸術官僚を持つ必要はない。代わりに納税者がどのような芸術活動が支援に値するか

訳注[4]　租税支出とは、アメリカの議会予算法では、「連邦税法上、総所得からの特別な除外、免除、控除、または特別控除、優遇税率、納税猶予を認める規定に起因する収入損失」と定義されるもの。1970年代以降、多くのOECD諸国でも租税支出の実態を数量化したものが公開されるようになった。

を、自分の寄付を異なる芸術団体に配分するときに決定するのである。租税支出によるアプローチは、「支援に値する芸術」の決定を、納税者に分散して委ねることになる。

公的支援の意思決定を分散することで、租税支出によるアプローチは、芸術に対する支出により広い嗜好を反映させることができる。こうした考慮は、アメリカのような多元的社会においては、決して軽視できないものである。多民族あるいはその他の多様性が、直接支援の枠組みの中で支援対象を決定するエリートが想定する以上に、幅広い芸術活動を求めるからである。もっとも、すべての嗜好が平等に尊重されるわけではない。現行法で公益寄付金控除の恩恵を最も受ける高所得層の嗜好が、実際以上に顕著に反映されることになるからである。

納税者の意思決定から支援が行われる場合、彼らはその支援先の実績を確認することで、資金の賢明な使い方をしたと納得したいと考える。たとえばガイドスターのような組織は、様々な非営利法人の実績を評価し、インターネット上に格付を公開することにより、こうした機能を大々的に果たしている。寄付を得ようとする非営利団体は、納税者がその実績について納得するような対応を行うインセンティブがはたらく。それでも租税支出によるアプローチには、コストがかからないわけではない。オーケストラなどの芸術団体は、個人や企業や財団からの寄付を誘致するため、ファンドレイジング活動に相応の投資をしなくてはならない。

組織的に重要な結果もある。租税支出による間接支援はオーケストラやその他の芸術機関にとって、穏当な財務を約束するものではない。組織的な課題については、ＮＥＡの元会長のダナ・ジョイアによって次のように述べられている。

同じような（芸術）機関が、地理的、芸術的、文化哲学、そしてマネジメントによって全く異なる結果を出すことがあります。同様に、このようなシステムが可変であることは、ある時期の頂点にいたところが次の時期には転落するということもありうる――アメリカの企業がそうであるように――ということです。文化経済における浮き沈みを好む人はいませんが、それによって芸術家や組織が、その目的や属している共同体を現実的に把握するという、健全な効果は確かにあるのです。（NEA 2007, p. 6）

オーケストラに対する租税支出

ここまで見てきたように、直接支援方式に限れば、アメリカの公的支援は外国に比べてかなり少なく、この点については第10章にて引き続き論じる。この観点は、オーケストラに対する租税支出の価値と組み合わせて考慮した場合、どのように変化するだろうか。

この質問に対し、公式な租税支出のデータをもとに回答することは難しい。アメリカ行政管理予算局（OMB）[5]は、年間の租税支出総額を発表しているが、オーケストラはもとより舞台芸術に分類した数値は出していない。公式データがないため、オーケストラが個人や企業から受け取った寄付金額から、連邦の租税支出を推定するしかない。個人と企業の所得税率によって、オーケストラへの支援額をその課税所得から控除することを認めた結果、連邦政府が放棄することになる税収（租税支出）を算定することができるのである。個人や企業からオーケストラへの寄付金額に、それぞれの適用税率を乗じたものが、もし控除が認められていな

表7-3　アメリカのオーケストラに対する直接・間接の政府支出

	1987年		2005年	
	税率(%)	公的支援額 ($)	税率(%)	公的支援額 ($)
租税支出				
個人寄付	15	9,493,462	25	78,843,063
	28	17,721,129	28	88,304,230
	35	22,151,411	33	104,072,840
	38.5	24,366,552	35	110,380,290
法人寄付	34	15,666,855	34	26,326,106
直接政府支出		11,007,964		4,457,365
合計政府支援金額 個人税率28%の場合		44,395,948		119,097,701
直接政府支出の割合		24.8%		3.7%

出典：全米オーケストラ連盟、税務財団、筆者による計算

かったとしたら、税金として徴収できたはずの推定金額である。

個人でも企業でも、税率はその所得水準によって異なる。既婚者が連帯控除を申請した場合、1987年には11%(課税所得3千ドル未満)から38・5%(課税所得9万ドル以上)までの幅があった。2005年には、この幅は10%(課税所得1万4600ドル未満)から35%(課税所得32万6450ドル以上)となった。個人によるオーケストラへの寄付について、表7-3は税率ごとの租税支出推定値を示している。1987年(2005年)に所得2万8千(5万9400)ドルから4万5千(11万9900)ドルの間に適用される税率28%というのが、オーケストラに寄付する層の中央値であることが推定されるが、表には他の税率における租税支出の推定値も示している。1987年と2005年に、法人税率は、7万5千ドルに対して34%に達した。相当額のオーケストラへの寄付がこれより上の階層から来ていることから、34

%を、法人からの寄付に関する連邦租税支出を推定するための税率とした。実際には、これより高い所得税率を課されている企業も近年は増えている[6]。

この表はオーケストラに対する連邦の支援について、2つの重要な事実を伝える。まずオーケストラに対する連邦租税支出は、直接政府支援を小さく見せる。次に、時間の経過とともに、租税支出は政府支援の最も重要な形態となってきたことである。直接支援は1987年に頂点に近く、オーケストラに対する連邦支援の約4分の1を占めていた。1987年から2005年にかけて、オーケストラに対する租税支出が、実額ベースで急増した。この期間に、NEA予算に対する連邦議会の様々な攻撃があったものの、オーケストラに対する支援総額は増加した。租税支出による間接支援の伸びが、直接支援の削減を上回ったのである。租税支出の増加とNEA予算の低下の結果、オーケストラに対する直接助成は、連邦による支援のごくわずかな一部を構成するものとなった。

直接助成の減少と租税支出の増加という、相反する事象の説明は容易である。肝心なことは、税額控除は芸術を目的としたものではなく、非営利団体を対象としたものであり、オーケストラやその他の芸術団体は、そのわずかな一部に過ぎない。連邦議会が、簡単にはオーケストラやその他の舞台芸術団体を利する租税支出に異議を唱えることができないのは、それが非営利団体全体と対峙することになるからである。さらに連邦議会は、一般的に中央集権的な芸術支援には懐疑的であるのに、租税支出に異議を唱えることは、効率的に分権化された芸術支援の仕組みに、反対することになるのである。

表7-3に示した連邦の租税支出だけでも印象的であるが、これだけ見たのではアメリカ全体の租税支出

を過小評価することになる。州と地方自治体の税制も、さらなる民間支援を促しているが、その多様な政策は、その価値を評価することを難しくしている。州と地方自治体の租税支出も合算することにより、オーケストラへの間接支援の意義はますます高まっているということは言える。

最後に、租税支出についての議論は、オーケストラやその他の舞台芸術団体に対する民間支援に関する、地理的な差異をもたらす2つの要素を明らかにした。連邦税の控除は、高所得の個人や企業が集中する地域で、最も強い動機となる。さらに州や地方自治体の税制と税率によって、インセンティブは多様なものとなる。

オーケストラ聴衆に対する政府支援

ここで取り上げるアプローチは、政府が舞台芸術団体の公演収入を上昇させるため、聴衆に対して補助金を出すというものである（これに対し、政府直接助成や租税支出は、演奏会の「制作」に対して助成するということになる。あるときは任命された芸術の専門家によって決定され、別のケースでは個別の市民や企業が、その公益寄付の受領者を決定する）。聴衆に助成するということは、聴衆の入場料のコストを減らすことのできるバウチャーという形で、政府が芸術を財政的に支援する責任を担う。聴衆にバウチャーを配布するコストは、制作への助成を管理することに比べれば、ずっと低いものになる。

オランダの年間ミュージアムカードは、オーケストラや芸術鑑賞のバウチャーがどのように機能するかという事例になる。個人が一定の金額を支払ったカードで、国中の多くの公立博物館や美術館に、割引価格で入場できるというものである。21世紀初めの価格では、カードを持って4つの美術館を訪れれば「元が取れる」水準であった。訪問1回当たりの値段を下げることにより、ミュージアムカードは美術館・博物館への訪問者数や訪問回数を増やすことが期待される。訪問してみて楽しかったとすれば、そうした経験は、将来的に他の美術館や博物館にも行ってみようというように、趣味嗜好を変化させるかもしれない。バウチャーが購入されることから、納税者の資金はこのプログラムの管理コストに使われることになる。ミュージアムカードの仕組みは、オーケストラに対する政府支援という観点から論じられるべき、いくつかの論点を明らかにしている。

バウチャー方式は鑑賞者を増やすかもしれないが、それは実際に演奏収入を引き上げるのだろうか。収入が増加するとしたらそれは、たとえば若い世代向けバウチャーなどのように、それがなければ来場しそうにもない人々に対してのみ、限定して発行される場合である。その場合バウチャー方式は、第5章で論じた収入を増加させるための価格差別化の一例となるのである。しかしバウチャー方式にこのような制約を設けることは難しい。むしろ、バウチャーは興味のある人が誰でも買えるものであることが多く、しかしそうなると、そうした補助金がなくてもオーケストラのコンサートに行くような人までが、買うようになるだろう。こうした鑑賞者たちからは、オーケストラはバウチャーがなければ得られたはずの収入を、減らしてしまうことになる。バウチャー方式によって演奏収入を上げようとするならば、新しい鑑賞者層からの収入を、割引による損失を補填できるところまで、高めなくてはならない。経済学者の文脈では、鑑賞への需要は価格弾力性があることになっている。ところが、第5章で明らかになったように、オーケストラのコンサートに関しては、価格に対して需要は非弾力的なのである。

もちろん、オランダのミュージアムカードのように公共の場で販売されるのであれば、政府はバウチャー売上によって毎年収入を得る。ある意味で、芸術団体の潜在的損失は、こうした収入を還元することによって相殺されるかもしれない。そのためには、バウチャー売上益をどのように団体に配布するのか、予めルールを決めておく必要がある。たとえば収益を、実際にバウチャーが使用された鑑賞者数に応じて配分する等である。

意義のあるバウチャー方式は、消費者に割引だけではなく、選択肢を提供するべきである。実際、消費者に助成することは、芸術に対する選択をさらに分散させることになり、公的支援を得るためのロビー活動に多額の投資を行っている芸術団体からは反発を招く。バウチャーは、公演を鑑賞する個人の比率を高めるかもしれないが、収入を増加させたい舞台芸術団体は、鑑賞者を惹きつけるプログラムを提供しなくてはならないのである。アメリカにおいては、オーケストラに特化したバウチャーは、大きな都市を除いては消費者がアクセスできるオーケストラは一つだけということから、十分な選択肢を提供しないものとなる。したがって、幅広い芸術団体に接することのできる文化バウチャーの方が、オーケストラのバウチャーよりも魅力的ということになるのである。

この「芸術団体に接する」という表現からも、バウチャー方式も公演に対する需要を完全には分散できないことを認識させられる。何らかの、おそらく公的な組織が、対象となる芸術団体のリストを提示しなくてはならない。バウチャーが使えるところを定義する中で、鑑賞者を獲得する芸術、あるいは人気のある芸術が相対的に値下がりすることによって、鑑賞者を失うことになる芸術が決定される。

うまく工夫された鑑賞者バウチャーは、オーケストラの聴衆を獲得そして増加させる手段となりうる。しかしここで、第5章で検証したオーケストラの聴衆についての議論の要点を思い出す必要がある。それは、アメリカのオーケストラの大部分が、コンサートのすべてで満席になったとしても演奏赤字を解消することはできないということである。

結論

オーケストラやその他の舞台芸術に対する直接的な公的補助金は、アメリカにおいては常に政治的に難しいものであり、過去45年間に劇的な増減を経験してきた。１９８０年代後半より、連邦および州からの支援は減少する一方、オーケストラの演奏赤字の増大に対応する非演奏収入の必要性は高まった。地方自治体からの支援は、多少増加したものの、連邦と州の支援の減少分を補うものではなかった。オーケストラやその他の芸術団体は、景気後退時に特別な短期支援プログラムの恩恵を受けることはできても、構造的な財政赤字の時代にあって、長期的にオーケストラに対する政府支援が増加することは、アメリカにおいては考えにくい。

同じ時期に、オーケストラへの民間支援を通じた、連邦の租税支出は急速に増加した。２００５年までに、連邦政府からアメリカのオーケストラに対する支援の95％以上が、この租税支出という形を取っていた。オーケストラへの連邦の支援は、目に見える直接支援の数字の20倍もの規模になっているのである。

租税支出の重要な特質の2つ、寄付者に対してその貢献の一部を還元すること、そして政府直接助成が減少した分を配分するという仕組みは、いずれもオーケストラやその他の芸術に対する支援の高度な分散化をもたらす。この仕組みによって、芸術的エリートに頼らず、中央集権的な仕組みの下では支援を得られないような、より多様な芸術表現への支援を可能にするのである。本章で論じたテーマの一部は、民間支援に関する次章や諸外国との比較を行う第10章においてさらに議論を深める。

租税支出には不確定要素もあるものの、構造的な演奏赤字拡大の問題に対応する収入を提供する。現在の税制のもとでは、所得の向上に伴ってより多くの人が、寄付に強いインセンティブのはたらく階層に、移行することになるのである。こうした増収が演奏赤字のすべてを補填する保証はないものの、直接支援とは異なり、トレンドとしてはその方向に向かっている。主な不安材料としては、将来の税制である。財政赤字の拡大に対し、税収を増加させるためには2つの方法がある。税率が上がれば、非営利団体に対する寄付のインセンティブが高まることになり、オーケストラに対する租税支出は、現行の税制に比べて急速に増加することになるであろう。しかし、税収は、所得税の基盤を広げることにより、税率を一定にしたままで増加させることもできる。慈善に対する税額控除をなくしたり減らしたりすることも、その一つの方法であり、この場合オーケストラ等非営利団体へ寄付するインセンティブは低下することになる。

本章ではオーケストラに対する租税支出、すなわち民間の寄付であるが、その一部が政府の支出であるものの重要性を示した。次に、民間支援について、実態として民間機関を通じた公的資金であるものも含め、本格的な検討に入る。

第8章　オーケストラへの民間支援

オーケストラはアメリカで最初にパトロンを持った非営利芸術団体だった。……累進課税が民間寄付の主な動機となるよりずっと以前に、オーケストラは公共の利益のために財産を使いたい富裕層によって支えられてきた。（Ford Foundation 1974, p. 14）

少数の献身的なパトロンが赤字を補填することができている間は、専門家によるファンドレイジング活動は必要なかった。1960年代の半ば頃まで、多くの舞台芸術団体は組織的なファンドレイジング活動は全く行っていなかったのである（Baumol and Bowen 1966, p. 324）。

時間の経過とともに増加してきた演奏赤字の重荷により、オーケストラが生き残るためには、より幅広い支援基盤が必要となってきた。前章では、政府の直接補助金が一時的であったり、減少し続けたりしながらも、非演奏収入の源泉となってきたことを示した。このような環境下、個人や企業、財団などからの民間支援は、演奏赤字を埋め合わせ、将来の経済変動に対応するための寄付財産を構築する、重要な役割を果たしてきた。財務基盤を拡充するためには、オーケストラは民間支援を誘致するためのファンドレイジング活動という、非演奏コストをかける必要がある。今やすべてのオーケストラは、相当のファンドレイジング機能を有しており、その予算に占める割合は、多いとは言えないまでも着実に増加している。

本章では、こうした民間支援の果たす個別の役割について記すとともに、寄付を決定する要因についても検証する。第3章においては、オーケストラへの民間支援が、経済情勢によってどのように変動するかを詳述した。ここからさらに、オーケストラの属する地域の特性やオーケストラの方針（特にファンドレイジングや聴衆構築について）、他の舞台芸術への寄付との競合によって、民間支援がどのように変化するかを探っていく。

誰が民間支援を供与するのか

1987年から2005年にかけて、オーケストラへの政府支援が減少している間に、民間支援は増加し、オーケストラの演奏赤字拡大を埋め合わせる役割の主要な担い手となった。とはいえ、民間支援がある年度の赤字を完全に補うことも、また演奏赤字の拡大に伴って同じように増加することも、保証されることはない。結局のところ、寄付というものは、何千もの個人、企業、財団が、ばらばらに決断するところから発生するものだからである。

公共政策が民間支援に、重要な影響を与えることはある。前章においては、税制が寄付に及ぼす強力な影響について論じた。租税支出の重要性は、民間支援と公的支援の区別を事実上曖昧にさせる。しかし公共政策の影響はそれ以上である。金融財政策が及ぼす、景気動向ひいては潜在的寄付者の家計状況への効果もまた、民間支援の水準に影響を与える。それでもこれらの政策が、民間支援がオーケストラの赤字を解消することを保証できるわけではない。

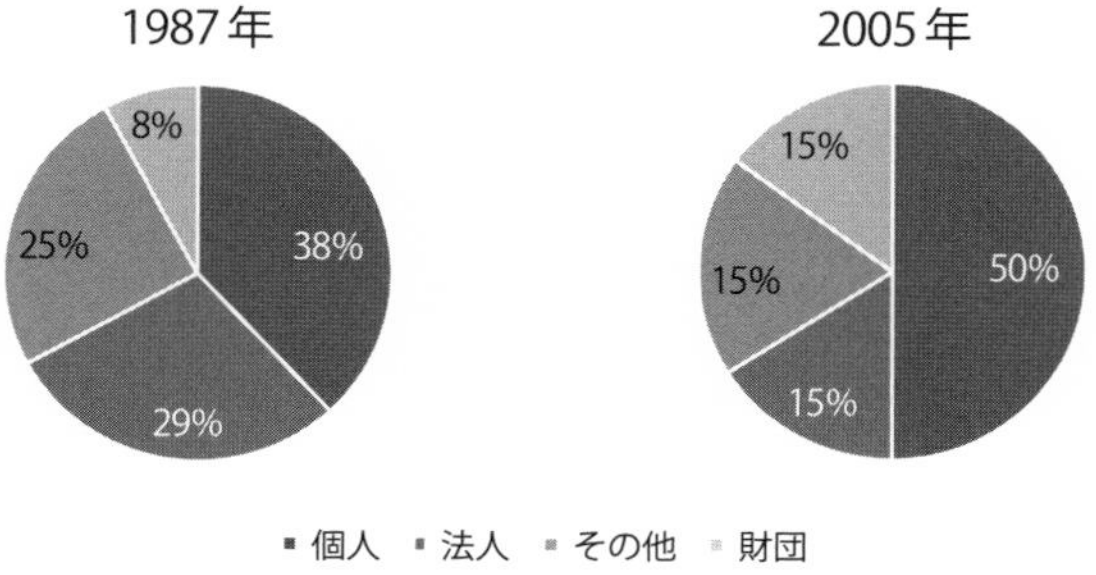

図8-1　オーケストラへの民間支援内訳　1987年と2005年

出典：全米オーケストラ連盟

公共政策の及ばない動機もまた、民間支援に影響する。個人は、オーケストラの芸術表現の質の高さに感動して、またそれが地域における生活の質を高めることを確信して、寄付を行う。ある企業は、その本社が属する地域のオーケストラやその他の非営利団体に対し、企業市民としての責任として、あるいは知名度向上のため、貢献活動を行う。企業がその従業員に対して芸術の価値を伝えることにより、個人寄付の水準に影響することもあるかもしれない。財団からの支援は、特定のプロジェクトやその財団の目的と結びついていることが多い。

１９８７年以降、すべての形態の民間支援が、実額でも実質でも増加したのであるが、それぞれの形態の伸び率は異なっている。図８-１の円グラフは、１９８７年以降増加した民間支援の構成が、どのように変化したかを示している。全体としての民間支援の発展は、個人寄付に牽引されており、今やオーケストラが受領する民間支援の半分を占めている。財団による支援の割合もまた増加している一方、企業や「その他」からの支援割合は減少している（「その他」は物品やサービスの寄付、ボランティア、芸術基金（ＵＡＦ）からの支援、特別イベントの収入などを含む)。

円グラフは平均を示しており、外部からの支援金額やその構成は、個別のオーケストラによって大きな差がある。2005年にオーケストラが受け取った個人寄付は24%から92%までの開きがあった。企業からの寄付は2%から43%、財団からの寄付はゼロから43%に分散されている。一つのオーケストラにおいても、年ごとに大きな違いがある。このようにオーケストラの非演奏収入が非常に多様であることから、支援に関する共通の法則は見いだしにくい。規模の大きいオーケストラほど、財団からの支援割合が高いということはあるものの、その他の民間支援のパターンを、オーケストラの財務規模によって説明することは難しい。大規模オーケストラあるいは小規模オーケストラの、それぞれのグループの中でも多様なのである。

前章において、政府支援に伴う、アメリカのオーケストラに対する要請や制限について確認した。個人、企業、財団からの民間支援においても、紐付きのものがありうる。たとえば2005年には、サンプルとしたオーケストラへの民間支援の25%に、資金使途に関する一時的あるいは恒久的な制約が付されていた。全米芸術基金のように、一部の財団は運営への助成ではなく、プロジェクトに対する助成を行う傾向にある。プロジェクト助成はモニターしやすい利点があるものの、そのオーケストラにおける優先順位よりも、財団の役職員の関心が反映されやすい。一部のオーケストラは、彼らの目的とするゴールからの乖離を理由として、財団から受けるプロジェクト助成を減らしたところもある。また民間寄付には、これよりも見えにくい紐がついていることもある。企業であれ個人であれ、大口の寄付者が、たとえばオーケストラの理事会における地位を求めたり、さらには芸術的な方向に対して影響を与えようとしたりすることさえある。このような動きに伴うオーケストラのガバナンスに関する問題については、次章において考察する。

何が民間助成を増やす動機となったのか

上記の質問に対し、前章を読んだ人は「優遇税制」を思い浮かべることであろう。アメリカの納税者はその寄付に対して、相当のインセンティブを受けることができるからである。さらに、このインセンティブは寄付額の差異をもたらす。3万社を対象としたある経済調査では、もし税額控除がなかったとしたら、企業による公益寄付は30％減少するだろうと結論づけている（Carroll and Joulfaian 2001）。この調査結果は、前章で挙げた論点を想起させる。すなわち、「民間」支援とは、実質的には租税支出による間接的な公的支援なのだということである。ただし、本研究の対象期間においては、寄付に対する優遇税制は概ね安定していた。そうすると問いたいのは、安定的な優遇税制の下で、何が民間寄付を増加させたのかということである。それには3つの要素について検討が必要である。オーケストラが属する地域の経済規模、オーケストラの活動方針（ファンドレイジング活動や聴衆啓発など）、そして他の舞台芸術との競合である。

オーケストラの活動方針について：ファンドレイジング活動、聴衆構築活動のいずれも、オーケストラの受け取る支援に影響を与える。聴衆構築には、寄付とコンサート鑑賞という二重の効果が期待できる。オーケストラのコンサートを鑑賞する個人、特に定期会員の多くは、チケットに対して支払った金額に加えて寄付も行う。実際に、このような「自発的な」寄付が、彼らの購入した座席の価値を維持するのに必要であるからだ。単発チケット売上に対する定期会員比率の低下は、個人寄付の低下につながる。

地域の経済規模について：オーケストラが接点を持つのは、それぞれ属する地域における住民や企業などの寄付者のグループと、オーケストラへの支援を含む業界全体への幅広い支援を目的とする財団などの、全国的な支援者である。個別の地域においてオーケストラが経済的支援を受けられる可能性は、その地域の経済規模によって大きく変動する。地域の経済規模は、人口や、一人当たりの実質所得や資産状況などによって異なる。一人当たり所得は、税制優遇の影響を最も受けることから、特に重要である。株式市場や住宅市場の動向も、資産価値を左右することから、寄付への動機に影響する。

他の舞台芸術との競合について：オーケストラは、地域あるいは全国の他の芸術団体との民間寄付獲得競争に直面する。地域の他の舞台芸術との競合については、第５章で述べたような、時間の制約が影響する来場者の獲得競争に比べると、寄付に関してはそれほど大きなものではない。しかしながら、個人や企業が寄付に使える予算には限りがあることから、他の舞台芸術に対する寄付が増えれば、オーケストラへの寄付が減少することに繋がり、またその逆もある。それぞれの芸術団体が寄付を維持または増加させようとする努力は、ファンドレイジング経費の高騰を招くこともありうる。同じ地域にある歌劇団のファンドレイジング活動によって、オーケストラが手にする寄付金額に影響を受けることもあるかもしれない。

オーケストラはファンドレイジング活動によって何を得るのか

オーケストラや多くの非営利団体は、ファンドレイジングや営業活動によって民間支援を促進する。しかしながら、この増加している費用から何を得られるのかを、体系的に評価しているオーケストラは少ないように思われる。ファンドレイジング担当者が予算の正当化を求められたとすれば、オーケストラが受け取った寄付金をファンドレイジング費用で割って、それが9対1から15対1であることを誇らしげに示すであろう。ちなみにこれは我々が集めたオーケストラのデータによる、1998年と2005年の平均値である。どんな組織でも、1ドル出せば9ドル返ってくるような予算を拡大しない訳はないのである。

残念なことに、この驚異的な比率は、オーケストラの財務に対するファインドレイジング活動の影響を、過大評価するものである。より多くのファンドレイジング費用をかけることで、過去の調達実績を再現できるという思い込みのもと、成果の平均と増分を大きく混同した予算案となってしまう。この混乱の背景には、二つの難問がある。一つは、過去のすべての成果について、ファンドレイジング活動の功績とは言えないことである。オーケストラは、他の舞台芸術団体や大学などと同じように、どのようなファンドレイジング活動が行われているかに関わらず、毎年寄付をする忠実な支援者層を持つ。本章の冒頭でも示した通りオーケストラは、ファンドレイジング活動が登場する以前にも、そのような支援のもとで何十年も生き延びてきた。このような寄付は、ファンドレイジング部門によって成果として記録されるが、ファンドレイジングが寄付者を惹きつけたわけではないことを、このことは示している。ファンドレイジング活動をやめてしまったオーケストラに対しては、間違いなく民間支援が減ってしまうであろうが、それでもゼロにはならないのである。

ファンドレイジングの成果を査定するために、問うべきことは以下の通りである。追加的なファンドレイジング支出に対して、どのような資金が得られるのか。ファンドレイジング費用1ドル当たり、どのような成果が得られるのか。追加的支出の採算は取れるのか。これが二つ目の難問である。もし、あるオーケストラのファンドレイジング部門が、過去の寄付実績を成果として主張できたとしても、追加的な支出が同じ結果をもたらす保証はないのである。たとえば、気前の良い寄付者を獲得したとしても、追加の支出に対する寄付の増加分は、過去の金額より少ないこともある。または将来の支出が、過去の支出よりも大きな成果を挙げることもあるかもしれない。肝心なことは、過去の実績から将来の成果を予測することには、慎重でなくてはならないということである。幸いなことに、ファンドレイジングの累積的な生産性を査定する、いくつかの方法がある。

非営利団体に対する寄付のためのファンドレイジング活動についての一般的な研究は、これらの問いに対して、往々にして穏やかならざる回答を発見している。ある研究は、ファンドレイジング費用が非営利団体の収入の最大化に役立つことは、めったにないという結果を報告している(Okten and Weisbrod 2000)。一部の事例では、追加の支出に見合う寄付者増加を見込めないという理由で、ファンドレイジング活動にほとんど費用をかけていない団体もある。別の事例では、ファンドレイジング費用を掛け過ぎていて、1ドルの費用に対して得られる、新たな寄付が1ドル未満である団体もある。またファンドレイジング費用と、寄付金の間に明確な関係性が見られない非営利団体の事例もあった。しかしながら、これらの研究の対象になったオーケストラはなかった。

オーケストラへのファンドレイジングの成果

大雑把に言って、オーケストラは3種類の非演奏収入を受け取っている。使途制限のない寄付や、コンサートの債務保証などを含む、当期の運転資金は、当期の定期会員や地域企業から生じる。こうした寄付は、コンサートへの来場などを契機に、自発的に行われることが多い。政府支援を得るには通常、関連する芸術振興機関や法人に対して申請が必要である。寄付財産への寄付のような、恒常的な目的別支援は、個人や場合によっては財団から提供される。寄付財産への寄付については、運営資金と同様に自発的である場合もあり、その自治体の経済規模にも依拠する。ファンドレイジング活動と聴衆構築方針が非演奏収入に与える影響は、支援のタイプによって様々なことは明らかである。

こうした活動の影響は長期にわたる。今期のファンドレイジングへの支出が、その後数年間にわたる基盤を作ることもある。たとえば過去の寄付者に対する情報公開費用は、将来的な追加の寄付を促進する意味合いもある。定例寄付制度も将来の収入を生み出すためのものである。このような戦略は、当期の支出と成果のミスマッチを生じることもある。ファンドレイジングと聴衆構築の効果を評価するためには、費用に対する成果が表れるまでの、タイムラグを許容する必要がある。

これらを考慮した上で以下に論じた、オーケストラの活動の統計的な評価には、3つの重要な特徴があった。最初の特徴として、2つの非演奏収入種別それぞれに対する効果を考慮する必要があるということである。種別の1つ目は民間の寄付者による運営資金の支援であり、本章の冒頭で述べたものである。2つ目の種別は、全米オーケストラ連盟の年次報告書の中で、「ファンドレイジング収入」と定義されるものである。これにより、運営費用の支援に、政府支援および定例目的別寄付が加わる。もちろん、この「ファンドレイジング収入」という定義には、この収入のうちどのくらいがファンドレイジング活動の成果と言えるのか、議論の余地があるという疑問点も残る。またこの手段は1998年以降においてしか測定できない。次の特徴は、この評価分析はファンドレイジングや聴衆構築活動の、上記の二つの収入に対する、短期的と長期的両方の役割を検証するものだということである。3つ目の特徴は、その地域の経済基盤や他の芸術団体との競合を、分析の際に検証の上、調整していることである。これについても、固定効果統計分析により、オーケストラにおけるファンドレイジング費用やその他の要素が公益的支援と関連を持つのかを、時系列で検証している[1]。

統計分析は、地域の経済規模が、オーケストラに対する民間支援の水準を決める重要な要素であることを示している。あらゆる規模のオーケストラにおいて、地域の一人当たり所得水準は、「ファンドレイジング収入」と民間支援の両方に対し、明確な相関関係を持つ。しかしながら地域の人口には、寄付金額との明らかな相関は見られない。後述するように、寄付金額とファンドレイジング費用の単純な比率計算は、地域の経済基盤から発生する寄付まで成果に入れてしまうことによって、ファンドレイジング活動の成果を過大評価するものとなる。ここでも、オーケストラの財務安定性の一部分は、どこに所在するかに依拠するということが、これらの結果から示されている（表8-1）。また地域の経済規模を決定する要素の変化が遅いことが、オーケストラが陥りがちな財務上の緩慢さの理由であることも示している。

こうした地域の経済規模の影響を調整した上で、ファンドレイジングのもたらす結果は、その費用と寄付金額の単純な比較から想像されるよりも、ずっと少ないものである。オーケストラの平均で、ファンドレイジング費用1ドルの追加に対してもたらされるファンドレイジング収入は、経済基盤影響の調整後で4ドル強であり、民間運営支援はわずか1・2ドルである。この差は、ファンドレイジングの成果として、政府支援や寄

表8-1　ファンドレイジング費用1ドル当たりの効果（2000年ドルベース）

	民間支援	ファンドレイジング収入
1998–2005年		
全オーケストラ	$1.20	$4.02
大規模オーケストラ	$1.29	$4.48
小規模オーケストラ	*	*
1987–2005年		
全オーケストラ	$1.69	不明
大規模オーケストラ	$1.48	不明
小規模オーケストラ	$1.25	不明

出典：第8章補遺の表A8–1
注：「ファンドレイジング収入」＝民間運営支援に加え政府支援および使途指定支援
　* 統計的有意な結果なし

付財産への寄付が重要であることを示している。

また分析の結果、大規模オーケストラ（1999年に資産規模が900万ドル超、900万ドルに境界を置くことでサンプル数が半々となった）と小規模オーケストラにおける、ファンドレイジング費用対効果の大きな違いも明らかになった。大規模オーケストラにおいては、ファンドレイジング費用の効果は相当に見られたが、小規模オーケストラにおける費用と支援金額との関係は、統計上有意には認められなかった。もっとも、長期的に見れば、小規模オーケストラにおいても、またそれ以外でも、ファンドレイジング活動の役割は、より肯定的に認められた。1987年から2005年にかけて民間の運営資金支援の測定値が入手可能であったが、それによると小規模・大規模オーケストラそれぞれの、費用1ドル当たりの収入は平均1・25ドルと1・48ドルであった。

統計分析によって、過去のファンドレイジング支出と現時点の非演奏収入との関連性を明らかにしようとした試みは、うまくいかなかった。額面どおりには、過去のファンドレイジング支出の民間支援に対する信頼できる効果は見いだせなかった（ある種の分析においてはファンドレイジング支出の増加が将来的な「ファンドレイジング収入」を減らすことを示したものもある）。ある種のファンドレイジング活動が、将来の寄付者を排除することもあるとはいえ、全体としてはこのような結果は考えにくい。ほとんどのファンドレイジング活動は、その年度のうちに成果を出すと解釈するのが妥当である。

これらの発見は、ファンドレイジングの効果は費用によって左右されないとする、統計分析の結果からもたらされたものである。しかし、もしファンドレイジング部門が最善の機会を追求するなら、ファンドレイジング費用はやがてその成果の減少の影響を受けるようになる。あるいは、ファンドレイジング活動に規模の経済がはたらくのであれば、寄付は支出とは不整合な形で増加することになる。本分析で対象とした短期間においては、総合的なファンドレイジング活動による、成果の増加または減少を示す統計的証跡は見られなかった。

来場者数増加は、控えめながら統計的に明らかな、運営資金の寄付を増加させる成果があったが、来場者数がより広い非演奏収入に与える影響は統計的には明らかではない。さらに運営資金寄付の効果は小規模オーケストラに限定される。大規模オーケストラにおいては、地域の一人当たり所得とファンドレイジング活動が主に寄付に対して影響する。

他の舞台芸術団体との寄付の競合については、未研究の領域である。過去の研究において、オーケストラとオペラの非演奏収入間の、控えめながら統計的に有意な競合関係を示す証跡を発見している（Flanagan 2008）。歌劇団が1団体以上ある地域における、オーケストラへの民間支援は、より低位にあった。地域の経済規模とオーケストラのファンドレイジング費用の影響調整後は、歌劇団がオーケストラより多額のファンドレイジング費用を費やした場合、その支出の差額分、翌年に歌劇団への支援が増加したことを示す証跡が挙がった。この影響は統計的に有意ではあるが、非常に小さいものである。舞台芸術間の競合という重要なテーマについてのさらなる研究のためには、さらに精緻なデータが待たれる。

過去の伸びと将来の予測

本書は、オーケストラが財務安定性を得るためには、増加し続ける構造的な運営赤字を補填するための、複数の方法を発見しなくてはならないことを強調してきた。ある年の緊急財政を乗り切ったところで、翌年の赤字拡大が猶予されるわけではない。これまでの章で扱ってきた方法の多くは、一時的な赤字を緩和することはできるかもしれないが、不採算の拡大に対応できる望みはほとんどないのである。

原理的には、民間支援はその例外となりうる。オーケストラへの民間からの寄付は、過去そうであったように、運営赤字の増大と政府支援の将来的な減少を補うに足りる増加もありうる。しかし将来的にもそうなのだろうか。なぜオーケストラへの民間支援が伸び続けると言えるのだろうか。その伸びは継続可能なのだろうか。寄付が将来のニーズに応えることができるかどうかの保証はないが、本章では民間寄付に依拠するにあたっての、可能性とリスクについて紹介した。

本書の第3章においては、1987年から2005年の間に、景気循環影響の調整後の実質民間支援金額が増加傾向にあったことを示した。本章では、その傾向は主に実質所得の増加と、オーケストラによるファンドレイジングの努力を反映したものであるものの、後者の民間支援に対する影響は一般的に考えられているよりずっと少ないことを示した。こうした結果は、オーケストラへの将来の民間支援の伸びは、実質所得の伸び、コンサート定期会員の増加、そして質を伴ったファンドレイジング費用に掛かってくることを示唆している。しかし、一見しただけでも、オーケストラ自身がコントロールできない要素に依拠していることがわかる。支援の母体となる地域の経済規模は、変化が遅い上、オーケストラの取組よりも、政府による経済政策の方を反映する。聴衆構築や外部支援の増強は、運営赤字の足しにはなるものの、一定の限度があることも、本章の分析により明らかになった。コンサート会場の規模は、聴衆の増加による増収の最終的な限度を設定する。さらに、ファンドレイジング活動のもたらす結果が、過大評価されていることも示された。実際、民間運営寄付とファンドレイジング費用の関係は、ファンドレイジング活動がめったに採算がとれないことを示唆している。

公益寄付に対する競争も、将来のファンドレイジング活動の効果への不安定要素となる。最悪の場合、寄付の割合を維持するために、オーケストラとその他の舞台芸術団体の両方で、ファンドレイジング支出増がエスカレートすることもありうる。本章で報告した分析においては、1987年から2005年の間には、そのような最悪の事態を示す証跡は発見されなかった。そのかわりに、同じ地域のオーケストラと歌劇団の間で、統計的に明らかな、ただし量的には少ない競合の影響が見られた。より広く捉えると、税額控除が適用される非営利団体の数は急速に増え続けており、公益寄付のうち芸術団体に向けられる比率は1990年代以降縮小している（Kushner and Cohen 2010）。ある意味でこの傾向は、国内外の所得分配の低位層の問題に対する関心の増大を反映しており、オーケストラや舞台芸術は所得分配のずっと高いところにいる人々の関心を反映していると言える（Strom 2007）。オーケストラそのものに対する不信感が、こうした傾向の理由であると示唆する研究者もいる。かつてオーケストラの支配人であった、ニューイングランド音楽大学の理事長によると、寄付者たちは「オーケストラにうんざりしている。果てしない要求、欠乏、継続的で解決しない問題。彼らは、オーケストラの役割についても、地域の公共財である寄付を消費しているのに見合う価値を生み出しているのかという疑問を持っている。投資家が優先順位を再考するように」（Woodcock 2011）。

オーケストラの寄付財産も、その運用益によって運営を支えている。寄付財産に対する寄付を増強するためのファンドレイジング支出は、そうした必要性に間接的に寄与しているため、寄付財産に対象を限定した寄付を運営資金寄付と合算するのであれば、ファンドレイジング費用は平均で採算が取れることになる。民間支援を獲得しても、その管理が拙ければ資産価値が下がることもある。管理上の課題とは、ある意味で経費の増加を抑制することであり、別の意味では基本財産の投資を手堅く行うことである。将来の資金投入による活動範囲は、こうした資金がどのように投資され管理されるかということに決定的に依拠しており、これについては次章にて論ずる。

第9章　オーケストラの寄付財産と統制

オーケストラが財政困難に陥ったときには、聴衆の構築、経費の抑制、寄付の募集、コンサートのプログラミング、音楽監督の質などあらゆる面に注目が集まるが、組織の経済的健全性の監督について最終的な責任を負う理事会の機能については、見過ごされている。オーケストラの理事会の最も重要な任務の一つは、長期的に信頼しうる年間資金源となる寄付財産の構築と管理であり、うまく機能しているオーケストラの理事会はこの点において成功している。以下の報告書は、芸術団体の理事会がこの責任を果たせないときに何が起こるかを示している。

現代美術館はほとんど自滅状態にあった。美術館は直近8年のうち6年で赤字を出し、1999年に5千万ドルあった寄付財産は600万ドルまで縮小してしまった……カリフォルニアの司法長官は、非営利組織の拘束純資産〔制限付き資金〕の使途に関し、美術館に違法行為がなかったかを調べるための監査を始めた。地域のアーティスト、キュレーター、収集家、理事会の新旧メンバーも含めて、美術館の館長か理事会、あるいはその両方の解任運動を行っている……篤志家が、他の寄付者から半額相当を集めることを条件に3千万ドルの寄付を先月提示した。今のところ、他の寄付者は現れていない。問題は美術館の選択肢を検討している人々が、まさに凋落を見落としてきた人々ということである。近年何人かの理事が、美術館の放漫財政とリーダーシップの不在に耐えかねて離脱した。（Wyatt and Finkel 2008）

ロサンゼルスのある美術館の窮状を描いたこの報告書は、オーケストラの寄付財産の管理においても直面する、重要な事柄を示している。寄付財産からの収入にはどのような制約があるのか。寄付財産の縮小を防止するため、どのような管理が行われるべきなのか。理事会によっては、専門性を持った人材の参画を失ってしまうのはなぜなのか。寄付財産の杜撰な管理は、寄付者への説明責任に対する信頼にどのように影響するのか。

本章では、寄付財産の管理の巧拙を検証し、オーケストラの理事会が寄付財産を管理し、またより広範な事項の監督を行うために、どのように体制を構築しているのかについて論じる。最初にオーケストラにとっての、寄付財産からの資金供給の可能性と制約について論じる。次に、現状のオーケストラの寄付財産の規模と、その投資収益から得られる資金について概観する。この議論から、現代美術館の事例が提起する問題に行き着く。投資戦略と寄付財産からの支出方針が、どのように寄付財産からの収入を持続させ、あるいは毀損するのかということである。章の締めくくりとして、オーケストラの理事会の機能と、寄付財産による演奏赤字の補填の可能性について論じる。

寄付財産による支え

寄付財産の大部分は、安定した財務収入を供給するために寄付された金銭または不動産である。長期的な資金供給という目的を強化するため、一部の寄付財産には、その投資収益のみを組織の活動資金として活用することができるという、法的な条件がついているものもある。寄付財産の元本には手をつけてはならないというものである[1]。初期の頃には、年間の利息や配当、そして賃料だけを運転資金として使用することができたが、1960年以降は寄付財産の値上がり益も、「投資収益」の一つと認識されるようになった。寄付財産はオーケストラに、来場者や寄付者がもたらす収入の範囲を超えた活動を可能にする。オーケストラの財務に関する先行研究の言葉を借りれば、「しっかりした寄付財産は、財務安定性のおそらく最善の保険となりうる。長期的な計画や地域における多様なプログラムの構築を可能にし、そのことが聴衆ひいては運営収入の獲得を可能にするのである」(Grant and Hettinger 1940, pp. 264–65)。

寄付財産は様々な形態を持つ。ある基金は、その組織の実質すべての活動に対して、使用することができる。このような無制約の財産は、オーケストラにとって最も柔軟な助けとなりうる。寄付者によって定義された、特定目的のために使用できる財産もある。それでも、ある種の制約付き財産でも、オーケストラに対して無制約財産と同様の柔軟性を許容するものもある。たとえば、ある寄付者がコンサートマスターの地位に対する寄付を行った場合、オーケストラの運転資金のうち、それまでコンサートマスターに対する給与として支払った分を、他の用途に使えるということになるからである。また、オーケストラの志向を変えてしまうような寄付もありうる。特定の、世に知られない作曲家の作品の上演に限定した寄付などが、その例である。

寄付財産は、他の資金調達とは異なり、芸術的な独立性をもたらすこともありうる。前2章にて述べたように、純粋な公益寄付は、舞台芸術に対するものであっても、ほとんど存在しない。寄付には紐がついていることが通例である。制約のない寄付財産を十分に持っていないオーケストラは、芸術的な意図よりも経済を優先し、制約を受け入れざるを得ない。無制約の寄付財産は、政府や財団、民間支援者の好みへの迎合を減らすことができるのである。

しかしながら、これらの利点は自然発生するものではない。長期的な目的を達成するためには、寄付財産を増やし、管理する理事会の能力が不可欠である。この仕事の最大の障壁は、現時点の利益を得ようとすることにより、将来に禍根を残しかねないことである。

オーケストラの寄付財産の規模

アメリカにおけるオーケストラの歴史の中で、寄付財産からの収入に依拠することのできるオーケストラはわずかであった。1930年代後半のオーケストラを対象とした研究では、「寄付財産は、6つのオーケストラにおいて重要な収入源であり、4つにおいては収入源としては少ないものであった。重要だとするオーケストラの寄付財産の現在価値は、およそ50万ドルから200ないし300万ドルの間にあった（2005年の価値換算で700万ドルから4200万ドル）。主要オーケストラにおける寄付財産の利回りは、1937–38年のシーズンで、3・7%から4・7%の間であった」（Grant and Hettinger 1940, pp. 261–62）。

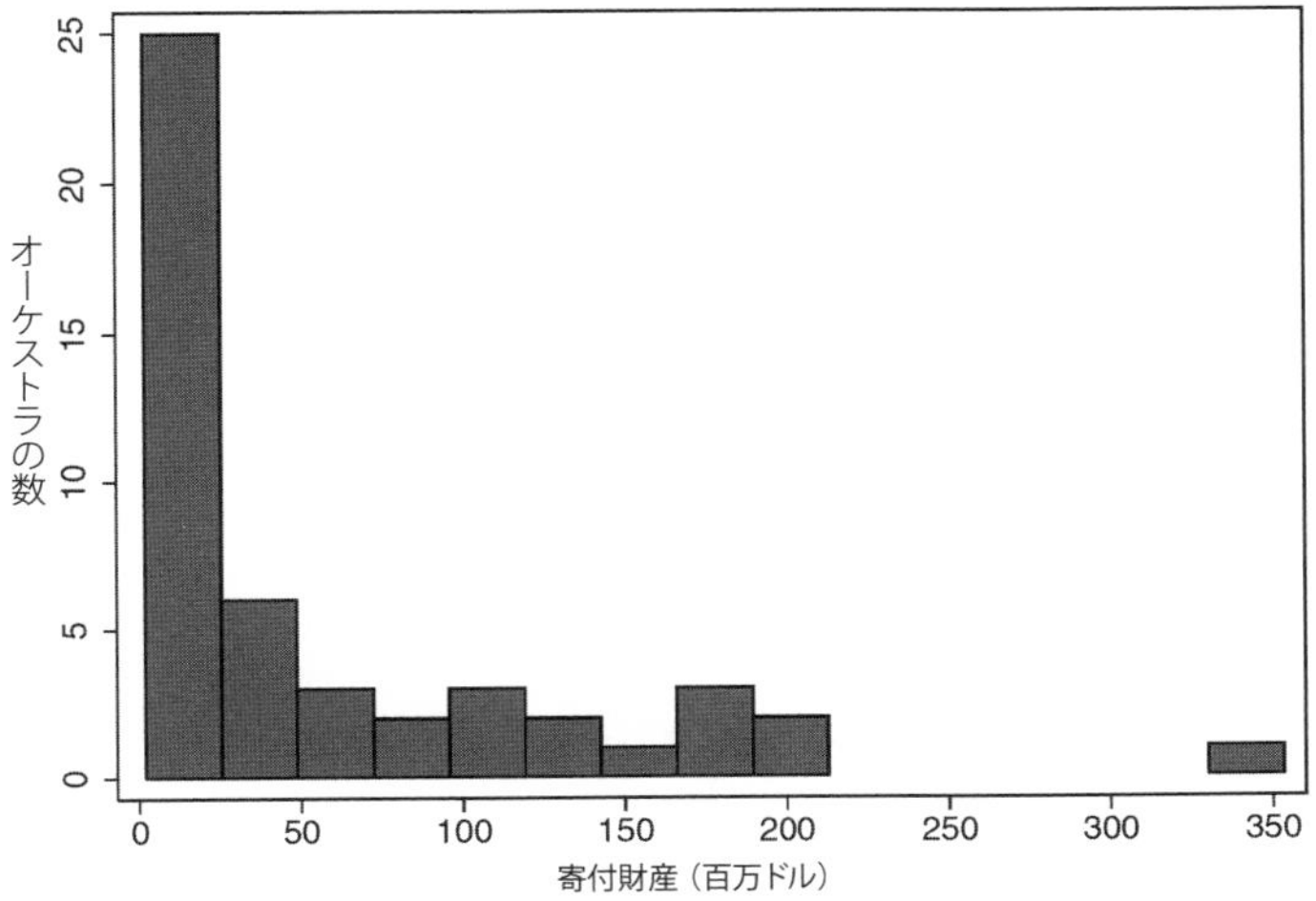

図9-1　オーケストラの寄付財産　2005年

出典：全米オーケストラ連盟

21世紀初頭には、主要なオーケストラの寄付財産はずっと大きなものとなったが、ばらつきも拡大した。全米オーケストラ連盟に報告を出している49のオーケストラのうち、１つを除いてすべてが、寄付財産を保有していたが、その規模は２００万ドルから３億５３５０万ドルまで、比率にして１対１７７の開きがあった。図９-１は、オーケストラ間の寄付財産の価値の分布図を示している。突出した規模の寄付財産を持つオーケストラもあるが、サンプル中の中央値は２３６０万ドルである。大多数のオーケストラは、２５００万ドル未満の寄付財産のもとで、財務上の困難と芸術的な目的の折り合いをつけなくてはならない。こうした寄付財産からの収入は、オーケストラの収入の平均５％であるが、高いところでは17％を占めるところもある。

オーケストラの寄付財産の平均は、１９９８年から２０００年のコンサートシーズンにかけて増加したが、その後の景気後退により減少している。2003年になって、平均的オーケストラの寄付財産は再び急増し、2008年初頭の景気後退まで続いた。寄付財産の規模のはっきりした変動サイクルは、資産価値が市場価値を反映するという事実を反映している。新たな財産の寄付は、寄付者の資産価値の変動サイクルにより、これも変化する。歴史的には、当初の価値より大きく下落した寄付財産の利用を禁止する州法があり、それによって景気後退の底にある時期には、寄付財産を使うことが出来なかった。しかし2006年以降には、大多数の州が「公益団体の慎重なファンド管理に関する統一州法」を採用し、それによって元本割れを起こしている基金からも、一部利用することが可能になった。すなわち、オーケストラが最も必要とするときのために、寄付財産の元本を維持することは一層難しくなったのである。

変動サイクルに限らず、多くのオーケストラの寄付財産は、データが入手可能な1998年から2005年の期間において顕著に増大した。評価額の中央値は、景気循環影響調整後で11・6％増加している。個別のオーケストラでは、寄付財産の年間伸び率はマイナス10・2％からプラス101・4％の幅がある（消費者物価がこの期間2・6％しか上昇していないことを勘案すると、多くのオーケストラの寄付財産の実質的価値もまた相当に増加していると言える）。この伸び率の大幅なばらつきは、個々のオーケストラによる、資産運用の手腕の差を反映している。

寄付財産の伸び率の劇的な差は、オーケストラ間の経済状態の分布にどのように影響しているのだろうか。富めるものはますます富み、貧しいものはますます貧しくなるのだろうか。寄付財産の不均衡は、時間の経過によって縮小したのだろうか。大雑把に言うと、多額の寄付財産から始まったオーケストラは、少額の資金から始めたオーケストラに比べて増加が緩慢である。寄付財産間の不均衡は、１９９８年から２００５年の間に若干縮小している。

寄付財産収入

寄付財産から得られる収入は、１９８７年から２００５年にかけてのオーケストラの収入全体の７・５％を占めている。この収入は、オーケストラによって違いはあるものの、平均的な演奏収入と演奏経費の差額の、約15・5％に達する。前項で述べた理由により、寄付財産からの収入の、総収入または総経費に占める割合は、景気循環への感応度が高く、景気後退時には減少し、拡大時には利回りが改善することから増加する。

この景気循環の影響を考慮に入れると、オーケストラの総収入における割合には、顕著な縮小傾向があった。20世紀末期から21世紀初頭にかけて、その割合は平均で毎年０・２％ずつ下がった。この傾向が続くとすれば、10年ごとに２％下がる計算になる。寄付財産の実額としては増加している時期に、その収入の割合が縮小しているというのは、一見すると矛盾しているように見えるかもしれない。この発見は、寄付財産からの収入そのものが減少しているという意味ではない（実際のところサンプルとしたオーケストラでは平均で年に2万9千ドル増加している）。このことは、単にオーケストラの他の収入源の方がより大きく増加したことを示しているにすぎない。

表9-1　寄付財産からの投資収益（%）

年	規模上位24オーケストラ		左に次ぐ24オーケストラ	
	中央値	幅	中央値	幅
1998–1999	14.0	4.9 – 27.9	9.7	4.4 – 23.2
2000–2001	-9.7	-26.0 – 15.7	-5.4	24.0 – 12.5
2001–2002	-7.4	-15.0 – 13.0	-5.9	-14.0 – 5.0
2003–2004	10.7	2.2 – 19.0	11.0	1.0 – 13.4
2005–2006	9.7	1.8 – 13.0	6.8	3.8 – 9.2

出典：全米オーケストラ連盟、オーケストラ統計報告（OSR）

オーケストラの寄付財産の運用

寄付財産から得られる長期的な収入は、その投資収益にかかっており、その責任を負うのがオーケストラの理事会である。すべてのオーケストラは、同じ国内外の資本市場に対して投資を行う。にもかかわらず、個々のオーケストラによって異なる投資収益の幅の大きさは、驚くほどである（表9－1）。

変動する経済条件に伴う平均利回りへの影響は、これらの数字に明白に表れているが、圧倒的な印象があるのが、年間収益の極端なばらつきである。毎年、個々のオーケストラの投資収益には大きな変動がある。大規模オーケストラの方が収益のばらつきが大きい。たとえば１９９８年のように、経済が堅調なときに、個々のオーケストラが得た収益は一桁から30％までの開きがあった。２００１年のような不景気の年には、収益の幅はマイナスの二桁から20％強の間となった。いずれのグループも、常に他グループの寄付財産収入を凌駕するということはなかった。大規模オーケストラの収入の中央値は、好景気のときに高く、それより規模の小さいオーケストラの収入の中央値は、不景気のときに良かった。２００２

年から２００５年の景気回復期には、多くのオーケストラにおいて投資収益が改善したが、ばらつきは広いままであった。寄付財産の投資から得られた収益機会がオーケストラによって異なっていたことは明白である。

投資収益のばらつきはオーケストラに限ったことではない。大学もその目的のために寄付財産に大きく依拠しており、その投資収益には格差がある。もちろん、平均的な大学の寄付財産は、オーケストラのそれよりずっと大きい。２００４−５年において、最大規模の20大学の寄付財産は32億ドルから２５５億ドルであったのに対し（Lerner et al 2008）、同時期のオーケストラの最大規模20団体では、3千万ドルから3億1千万ドルの間であった。最大規模20大学における、寄付財産の投資利回りは13％と、最大規模20オーケストラの11％を若干上回っている。いずれの業態でも、個別の寄付財産の利回りは広いばらつきがあった。大学については、利回りは4・2％から19・3％まで開きがあり、オーケストラでは5・7％から18・8％の幅となっていた。大学とオーケストラの寄付財産の規模の違いに関わらず、こうした収益のばらつきは、概ね似通ったものという印象がある。

寄付財産からの収益管理

オーケストラによって寄付財産の投資収益が異なる理由は、どのように説明できるのだろうか。なぜ一部のオーケストラは、他が二桁の投資収益を得ているのに、一桁あるいはマイナスの収益しか挙げられないのだろうか。投資1ドル当たりから生み出される利益が、なぜオーケストラ間でそこまで異なるのだろうか。これらの問いに対する答えが、本章の後半で論じる内容である。

寄付財産の投資責任者は常に、収益と投資に伴うリスクのバランスを考えなくてはならない。このリスクとは投資収益の年ごとの変動である。資本市場は、投資家にリスクとリターンのトレードオフ関係を要請する。投資家が同じリスクの2種類の証券を検討する場合、期待収益率の高いものを選ぶため、その証券は投資によって価額が上昇し（つまり利回りは下落）、もう一方の証券は値下がり（利回りは向上）する。この市場行動によって、同じリスクの投資は、やがて同じ期待利回りとなっていく。差が残っている場合は、その背景となっているリスクの差を反映している。平均的に、投資家は想定されるリスクに対して応分の利益を求めるのである。

寄付財産の資金から購入される証券の集合体である投資ポートフォリオは〔訳注5〕、よく考慮された分散投資によって、個々の証券の持つリスクを軽減しうる。ポートフォリオのリスクは、必ずしも構成される証券のリスクの加重平均ではない。経済的事象に対し、ポートフォリオ中の証券のリターンがそれぞれ異なる反応を示す場合、個々の変動をお互いに打ち消し合うことにより、ポートフォリオ全体としてのリターンの変動性を抑える効果がある。したがって分散投資の原則は、経済的事象に対して異なった反応を示す証券を選択すること、より専門的に言えば、完全な正の相関のない証券を組み合わせることである。寄付財産のポートフォリオ分散化により、期待収益に伴うリスクは軽減される。この先駆的な金融研究によりノーベル経済学賞を受賞したハリー・マーコヴィッツは、期待リターンを下げることなしに利益（より低いリスク）を得ることのできるポートフォリオ分散は、経済学における唯一の「フリーランチ（ただ飯）」であると言ったと伝えられている。

ある特定のオーケストラの寄付財産ポートフォリオにおける実際のリスクとリターンは、（1）長期的に高リスク高リターンである株式（普通株投資）、（2）変動も利回りもそれよりは低い債券（固定金利投資）、（3）最も流動性が高く、低リスク低リターンである現預金、（4）不動産やベンチャーキャピタルのような高リスク投資において、どのように資金を割り当てているかに掛かっている。リスクとリターンはさらに、これらのカテゴリーの中での、個別の銘柄選択にも依拠する。本書のサンプルとしたオーケストラの平均では、株式投資は寄付財産ポートフォリオの60％から65％を占めていたが、個別のオーケストラの株式投資は10％から100％まで分散していた。固定金利投資は、平均では寄付財産の約3分の1であったが、個別には1％から100％までの幅がある。特定の資産カテゴリーへの集中があまりに大きいことは、寄付財産がもたらす収入を制約し、またポートフォリオ全体が晒されるリスクを増大することになる。現預金や「その他」に対する投資は、サンプルとしたオーケストラの多くで、一桁パーセントの割合であった。こうしたポートフォリオの構成に関しては、1998年から2005年の間でほとんど変化がなかった。

投資担当者はよりリスクの高い証券を買い入れることにより、寄付財産ポートフォリオからの収入を増やそうとするかもしれないが、分散投資の目的は、期待収益を実現するにあたって生じるリスク（年間収益の変動性）を軽減することである。投資の教科書によれば、「効率的なポートフォリオとは、同じ期待収益の他のものに比べてリスクが低く、同じリスクの他のものに比べて収益が高いものである」（Sharpe 1985, p. 129）。

訳注［5］　ポートフォリオとは、投資資金を預金、株式、債券、不動産、派生証券、金、その他様々な資産に分散させて構築したものであり、リスクに見合ったリターンを得ることを目的とする。そのための合理的行動原理の解明へのアプローチがポートフォリオ理論であり、マーコヴィッツが1952年に発表したポートフォリオ選択論とそれに続く研究により、分散投資の有効性が証明されたとされる。

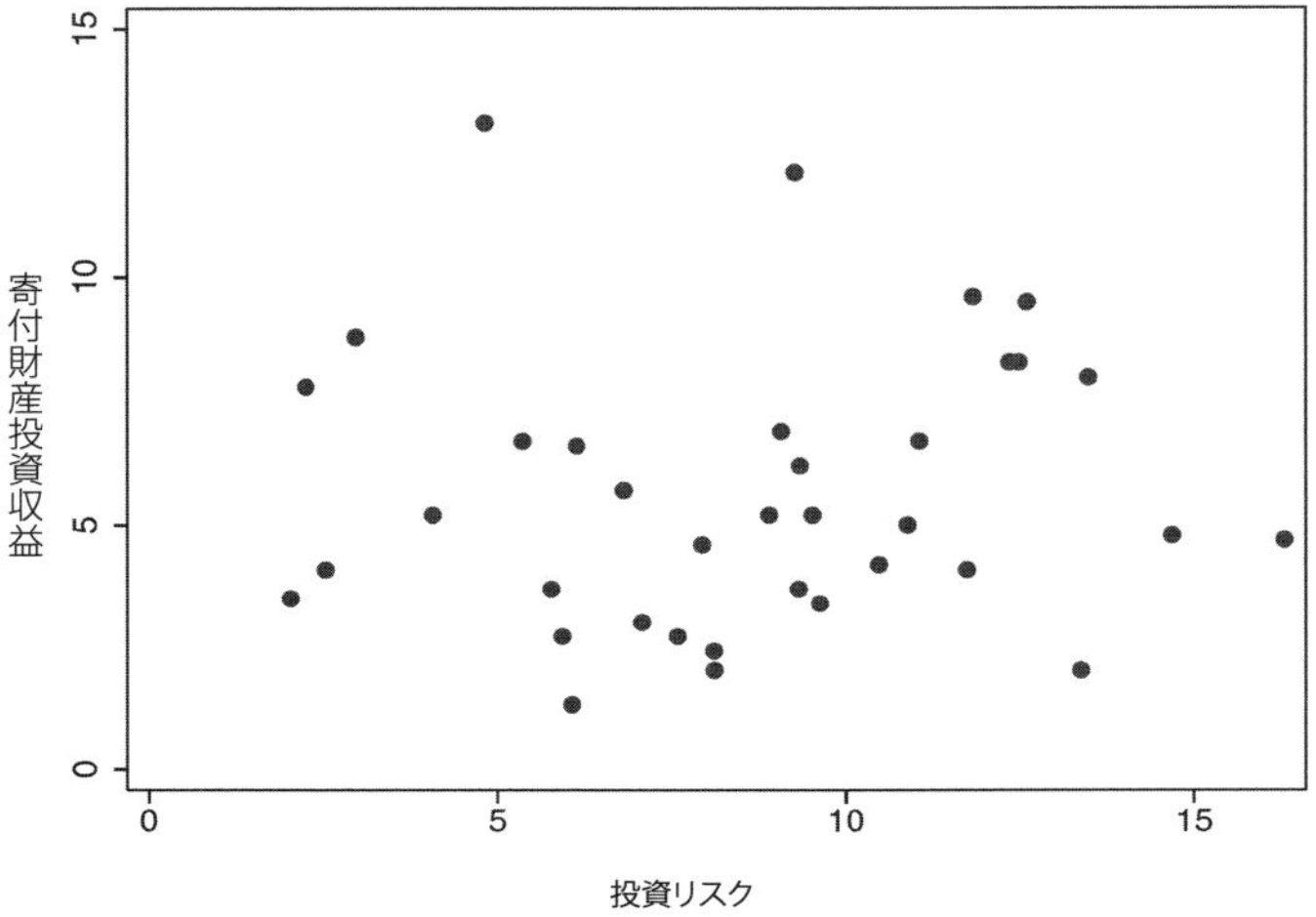

図9-2　オーケストラの投資リスクと収益　1998-2005年

出典：全米オーケストラ連盟

この基準によると、多くのオーケストラの寄付財産は効率的とは言い難い。図9-2は、１９９８年から２００５年のオーケストラの平均投資収益を縦軸に、リスク（同時期の寄付財産投資による年間収益の標準偏差）を横軸に取って、散布図にしたものである。図の中のそれぞれの点は、異なるオーケストラのポートフォリオのリスクとリターンの関係を示している。もしすべてのオーケストラが効率的なポートフォリオを保有しているのであれば、オーケストラ間のリターンの差は、リスク許容度の差を単純に反映したものになる。視覚的には、リスクまたはボラティリティの高い投資を行っている寄付財産ほどリターンが高いという、リスクとリターンの正の相関が明白に表れるはずである。実際の図では、オーケストラ間のリスクとリターンの計測値には、統計的な結論として、何の相関も見られない。さらに大規模オーケストラと小規模オーケストラに、分類して分析した結果についても同様である。図の上部にある点で表されるオーケストラは、それぞれの寄付財産のリスクに応じて比較的高いリターンを得ていることを示している。これに対し、一部のオーケストラは、同じリスク水準にあるオーケストラよりも、10％以上低いリターンしか得ていない。最高水準にあるオーケストラのポートフォリオを模倣することにより、これらのオーケストラは、リスクを増大させることなく収入を増やすことができるはずなのである。

あるいは、多くのオーケストラの寄付財産における非効率なポートフォリオは、図9－2の左側と右側を比較することによってもわかる。特定の、たとえば5％のリターンを得ている寄付財産において、左側のオーケストラは、右側よりずっと低いリスクのポートフォリオを保有しているのである。寄付財産を上手に分散投資することにより、後者のオーケストラは、年間収益の変動性を抑えつつ、現状のリターンを維持することができるのである。明らかに多くのオーケストラは、その寄付財産のポートフォリオ運用を改善することにより、現在および将来の資金源を増やすことができるはずである。

現在および将来の利害調整

オーケストラの理事会は、オーケストラの現在の活動を支えることと、将来の世代のための芸術活動を支えるため、寄付財産を保全することとの相克を抱えている。利益を主張することに関しては、現在の受益者の方が、将来に比べ優位に立っている。オーケストラの演奏者と職員、それを支える組合は、どのような経済条件下であっても、給与を維持し雇用を確保するために、寄付財産からより多くの払い出しを要求したい。オーケストラの音楽監督は、より多くの演奏会や、多くの演奏者を必要とする作品の演奏を行いたい。それに対し、将来の受益者、演奏者や来場者のいずれにしても、その利益を表明する手段がない。建前上は、現在の請求者に対して、理事会が将来の利益を代表することになる。

理事会はどのように、これらの相反する要求を選別するべきであろうか。寄付財産からの現状の収益を、現在の活動資金と将来への永続的な備えに、それぞれいくら用いるべきかを決定するための原則はどのようなものだろうか。イエール大学の経済学者でありノーベル賞受賞者でもあるジェイムズ・トービンは、寄付財産の運用原則についての古典的な論説を編み出しており、これは理事会の指針となりうるものである。

寄付財産による組織の理事会は、無期限に持続できる、寄付財産からの費消の比率を模索する。（彼らは）現存する寄付財産が、現在行っているのと同じ活動を支え続けることを願っている。この原則は、現在の費消は、将来起こりうる寄付の増加を当てにしてはならないということである。費消の抑制は、将来の寄付による寄付財産の拡大が発生したときの（それ以前にではない）、活動範囲の拡大をもたらすものとなる。（Tobin 1974）

この原則は、寄付財産の購買力を維持できるように管理すべきであるということを示唆しているが、経済情勢の変動の中では、この目的は難しい選択を迫られることになる。既に見てきたように、寄付財産からの収入は、オーケストラが経済的にそれを最も必要とするときに、減少する傾向があるのである。経済的な安定のため、寄付財産の元本から取り崩すことは、オーケストラの将来の世代のための活動を、現状と同様に支えうる寄付財産の購買力を維持するという原則を破ることになる。現状の演奏収入ギャップを完全に補填するために寄付財産から取り崩せば、オーケストラの将来に危機が及ぶのである。イェール大学の寄付財産管理者の言葉によると、「資産の維持と運営資金の捻出には、明白かつ直接的なトレードオフ関係があります。寄付財産の購買力を維持することに管理者が集中すれば、運営費用は大きな変動の影響を受けることになります。寄付逆に管理者が運営費用への一定の支出を安定的に供給することを重視するなら、寄付財産の購買力に相当の変動可能性が生じます」(Swensen 2000, p. 9)。

寄付財産からの支出方針

寄付財産の購買力を維持することにより、将来の世代に、現在享受されているのと同じ水準の芸術体験を供給できるようにするというのは、直感的にも訴えかけてくるものがある。コンサートマスターの2005年の給与30万ドルを、寄付財産が支えているのだとすれば、10年後にはそれより高い給与が払えるように、寄付財産が運用されなければならない。もし10年後のコンサートマスターの給与が5割増しになるのであれば、寄付財産の元本も5割増しになっていなくてはならない。この基準は、寄付財産が支えるコストがどのくらい増加するかによって変わることに留意されたい。購買力の維持とは、インフレ率に対応した寄付財産の増加と解釈されがちである。しかしこのような広義の原則は、オーケストラやその他の芸術団体にとって十分ではない。第2章で論じたコスト病から明らかになる論点を想起されたい。生産性の低い傾向にある業種においては、費用の増加はインフレ率よりも急速に進むのである。したがって寄付財産は、オーケストラの費用増加と同様の速さで増加するように、運用が求められるのである。オーケストラの寄付財産の価値の伸びがインフレ率以下であれば、寄付財産が支えることのできる将来の活動は少なくなり、将来よりも現在の受益者にとって有利ということになる。

これらを考慮すると、寄付財産から費用の増加に対応して使い続けることを可能にする、払い出し可能な割合は、どのくらいになるのだろうか。インフレの影響が投資収益とオーケストラの費用の両方に及ぶことから、寄付財産の購買力を維持し、無期限に持続させるための払い出し割合は、寄付財産からの長期的総収益（収入と含み益の合計）の合計から、長期的な増加費用の合計を引いたものということになる（Massy 1990, p. 28）。

寄付財産から毎年5％を使いたいオーケストラが、たとえば年間4％の費用増加に直面しているとすれば、将来同レベルの活動を維持するためには、寄付財産のポートフォリオから9％の名目収益を稼がなくてはならない。（言い換えれば、寄付財産からの名目収益9％、費用増加が4％の場合、オーケストラはその実質価値に関わらず年間5％の支出割合を保つことができる。）これより高い割合で支出することは、寄付財産の将来価値を減らすことになり、最終的には維持できなくなる。現状の演奏家や来場者という受益者は、将来の受益者の分まで利益を得てしまうことになるのである。これより低い割合で支出することは、寄付財産の価値を増加させ、将来の受益者のために現在の受益者が割を食うことになる。

投資収益の変動性が高く、経済環境の影響を受けやすいという事実は、この「一定支出割合」の議論の論点となる。寄付財産の価値が毎年増えたり減ったりすることは、現在の活動に対する寄付財産からの支出に、大きな変動をもたらす。コンサートの回数や規模は、活動原資の変動に合わせて簡単に調整できるものではない。すなわち、寄付財産の長期的な購買力を維持しながら、現在の活動に対する十分な支出を行うには、寄付財産の年ごとの変動を平準化する必要がある。一般的なアプローチとしては、寄付財産からの毎年の支出割合を、その市場価値の過去からの移動平均と合わせるというものであるが、他にも方法がある（Massy 1990, pp. 331–35; Swenson 2000, pp. 30–31）。21世紀初頭には多くのオーケストラが、寄付財産からの払い出しを、過去3年間の平均価値と適応させていた。一部は5年平均を適用し、またその他の一部は前年の価値を使っていた。

過去の価値に基づいて、寄付財産からの支出を決める方式による場合、実質の支出割合は景気循環とは逆方向に変動することになる。景気後退期には、現在の価値の減少は過去の移動平均にはほとんど影響しないため、支出割合はむしろ増加する。あるオーケストラが、過去3年間における投資の平均価額の4％を支出していたとしよう。もし寄付財産の平均価額が過去3年間毎年100万ドルだったとすると、今年の支出は4万ドルということになる。しかし、もし寄付財産の価値が今年10％下落しているとすると、実質支出割合は、4万ドルを90万ドルで除した4.4％になってしまうのである。逆に経済環境が好転しても、その現在価値がほとんど勘案されないため、実質支出割合は下がることになる。実質支出割合の景気循環による変動は、寄付財産価値の変動に対して、部分的な保険機能を提供するのである。

多くのアメリカのオーケストラは21世紀初頭以降、毎年の支出割合を方針として定めている。実際には、す

表9-2　寄付財産からの支出

年	寄付財産からの支出（市場価値に対する割合）中央値	幅	支出が運用益を超過したオーケストラ数
	規模上位24オーケストラ		
1998–1999	5.0%	3.13 – 8.0%	2
2000–2001	5.1%	0 – 10.5%	17
2001–2002	6.2%	3.7 – 16%	20
2002–2003	5.9%	1.7 – 12.2%	8
2003–2004	5.3%	2.1 – 15.1%	1
2005–2006	4.4%	3.2 – 7.1%	2
	上記に次ぐ24オーケストラ		
1998–1999	5.0%	2.9 – 8.0%	2
2000–2001	3.8%	0 – 8.4%	11
2001–2002	4.1%	2.6 – 8.1%	13
2002–2003	4.7%	0.6 – 11.1%	6
2003–2004	4.5%	0.1 – 7.4%	2
2005–2006	4.3%	2.7 – 6.4%	0

出典：全米オーケストラ連盟、オーケストラ統計報告（OSR）

べての割合は過去の平均価額の5%から7%の間に収まっている。4%から5%を上回る支出割合は、やがて寄付財産の購買力を減少させる傾向にある。持続可能な寄付財産からの支出割合は、投資収益からオーケストラの費用増加分をマイナスしたものだという、前述の議論を想起されたい。多くの場合この法則は、持続可能な支出割合は、投資収益のパーセンテージより3%から5%を引いたものだということを示唆してきた。この結論と、実際のアメリカのオーケストラにおける寄付財産からの支出を、表9-2に示したものとを対比されたい。

寄付財産からの支出割合の中央値は、表明された方針の範囲内に収まっているが、それぞれの年における支出割合は、個々のオーケストラにより相当に変動がある。年間支出割合の幅の中で低い方にあるオーケストラは、寄付財産の名目利回りが6％から8％の間となるまでは、その実質価値を維持することができるであろう。これよりも高い利回りが得られれば、寄付財産の価額はさらに上がることになる。しかし、支出割合が相対的に高いオーケストラは、費用の増加を勘案した実質価額を維持するためには、寄付財産ポートフォリオにおいて11％から20％の利回りが必要である。実際には、経費増加を勘案した投資収益を下回る支出割合の実現は程遠く、多くのオーケストラでは、寄付財産ポートフォリオからの収益そのものを上回る支出割合を報告している（表9-2の右端の列）。この傾向は、当然のことながら景気後退期に最悪の状態になる。経済状況がより良いときにあっても、将来の活動範囲に禍根を残すような割合で、寄付財産からの支出が行われているオーケストラも、一定数存在する。こうした観察結果から、オーケストラの理事会はどのように、寄付財産からの望ましい支出を管理するのかという疑問が生じてくる。

オーケストラのガバナンス

連盟は何年もの間、オーケストラの運営の中から、その成功または失敗に導く要因を特定しようと研究してきた。……常にその探求の結果は、オーケストラの人事権を持ち、運営の基本方針を策定し実行する権限を持った経営層に行きつく。うまくいっているオーケストラの話というのは、実は、有能なオーケストラの経営陣の話なのである。（Thompson 1958）

かつて全米オーケストラ連盟の常任理事であり、ニューヨーク・フィルハーモニー交響楽団のマネージャーであったヘレン・トンプソンの言葉は、現在でも1958年と同様に妥当である。オーケストラの理事会（あるいは役員会）はそのすべての行為と経済状態についての最終的な責任を負う。理事会は、オーケストラの寄付財産の運用方針の策定に加え、オーケストラの予算規模を決定し、非演奏収入を上昇させ、音楽監督やマネージャー、主要な管理職を選定するのに重要な役割を持つ。理事会の有効性は、オーケストラの経済的安定とその芸術目的の達成に、大きく影響するのである。

2003年には、平均的なオーケストラの理事会は32名のメンバーによって構成されていたが、これは営利法人と比較すると大きく、非営利法人の平均に近い。理事会の規模は、オーケストラの予算規模と連動して大きくなり、大規模オーケストラでは平均65人、それより小規模のオーケストラの平均は16人である（Nooman 2006）。予算と理事会の規模の相関関係は、なぜ非営利法人の方が企業より大人数の経営陣を持つのが通常であるかについて、示唆を与えるものである。オーケストラをはじめ非営利法人は、存続のために寄付を必要とする。予算規模が大きいほど、寄付を行ったり組織の活動資金を集めてきたりすることのできる人数を集めなくてはならないのである。経営陣に名を連ねるためには、そうした働きが必要である。

すべてのオーケストラの経営陣が、資金調達を期待されているわけであるが、個々の理事が特定の金額もしくは「適切と思われる金額」を寄付することを、確約しなくてはならないかどうかについての方針は様々である。理事会の全員が約束を守るわけではない。本書の冒頭で取り上げた、コロンバス交響楽団（オハイオ）の

2008年の危機において、理事たちはそれぞれ「少なくとも2万5千ドルの寄付を自分で行うか集めてくることを期待」されたにも拘わらず、実際の寄付金は2500ドルから175万ドルまでの幅があった（Grossberg 2008）。一部の理事は、定期的にコンサートに来場し、勤勉かつ無欲にオーケストラの経営と組織効率を改善するために働く。他の理事は、めったにオーケストラのコンサートには来場せず、理事会の財務やガバナンスの任務に対する関与も限定的である。このような状況は、寄付の見返りに、企業に対して座席を提供するような場合にも発生し、オーケストラの音楽にほとんど関心のない従業員に席が割り振られたりする。

うまく機能している経営においては、演奏家ではない理事の影響力を制限する方法が取られている。重要なことは無期限の任期を避けることである。一定の期間務めた後、自動的に解任する方式は有効であるが、演奏家の理事も非演奏家の理事も同様に、その活動を限定してしまう。一定の期間、再任を許容しないという形の任期の方が、より柔軟な対応となりうる（Bowen 2008）。

財務上の責務を十分に果たしつつ、その代償としてオーケストラの芸術的な方向性に影響を及ぼすことを期待する理事は、別の意味で懸念される。特定の寄付者の影響力を制約する最善の方法は、資金調達源を広げ、多様化することである。この点について正式に研究されたものは見当たらないが、寄付者の芸術面への影響があるとすれば、小規模かつ低予算のオーケストラにおいて発生しがちと思われる。

利益相反の可能性

寄付財産の資金を投資している資本市場は同一であるにも関わらず、なぜ経営によって異なる成果が生み出されるのであろうか。この問いに答えるためには、寄付財産の資金運用において、一部の理事に利益相反が起こりうることを認識する必要がある。この問題にうまく対処できている理事会は、寄付財産から優れたリターンを挙げることができると想定される。

オーケストラの理事会における利益相反について、系統立った先行研究はないが、経験豊かな理事や運用者は、この危険に対し正面から対応している。営利企業と非営利団体両方で重要な地位を占めるある理事は、「非営利法人においても営利企業と同様に、個人的な友人関係や社会的あるいは政治的な関係が、判断に影響するというリスクがあります。さらに、ある会社が、たとえば資産運用会社などが、役員の一人によって経営されているような場合、そことの契約関係を打ち切ることは大変難しいのです」と述べた（Bowen 2008, p. 148）。主要な大学の寄付財産運用者については、さらに明確である。スタンフォード大学の運営担当であった前副理事長、ウィリアム・マッシーは、一部の理事が「寄付の対象である組織の論理とは別の価値観で物事を見ることがありうる。友人や取引先が提供する投資機会を『利用する』ように、組織に働きかけてくれという圧力を受けることがありうる」としている（Massy 1990, p. 128）。同様に、イェール大学の寄付財産管理者も、「基金運用のすべての面において、基金の最善の利益ではなく、意思決定者の私利私欲のためになされた決定に悩まされます。犯人は、投資委員会の在任中に成果を印象づけたい理事から、投資の妥当性より目先の収益を追いかけるポートフォリオ・マネージャー、自分の利益のために資産を転用する組織の管理職まで様々です」と述べている（Swensen 2000, p. 4）。

役員や寄付者の利益や投資への熱意が、分散戦略の妨げになることもある。現在および過去の理事や、過去および将来見込まれる寄付者が推奨する投資を、進めるにせよ控えるにせよ、最善の分散を変えてしまうこともある。寄付財産からの収入が減少したり、そのリスクが高まったりすることにより、望ましい分散投資から離れてしまうことは、オーケストラがその芸術目標を達成する可能性を狭めてしまうのである。

2005年のアメリカの非営利法人についての調査は、このような利益相反の可能性が非常に高いことを示している。予算1千万ドル以上の非営利団体のうち41%が、その調査前2年間のうちに、役員またはその関係会社から、商品を購入または賃借していたのである（我々の調査サンプルとしたオーケストラのうち3分の2が、この予算規模に該当する）。これらの組織のうち60%が、利益相反に関する方針を明文化していた。これらの非営利団体の大多数は、こうした取引において商品やサービスが市場価格を下回る価格で提供されたとしている。これが非営利法人の間に、こうした取引の完全な禁止に対して抵抗がある理由となっている（Ostrower 2007）。

こうした利益相反およびそれらがもたらすオーケストラへのダメージから、防衛する手段もある。2005年の調査において、役員との取引を報告した60%の非営利法人のうち、42%が役員に、非営利法人との取引において発生した財務利益を開示することを要請し、82%がそのような取引を、他の役員が事前に稟議の上承認することを必要としている。しかしながら、後者の承認については、最大規模の非営利法人においては、3分の2しか必須とされていない（Ostrower 2007）。現在では、内国歳入庁はオーケストラや他の非営利法人に、年次税務報告に自己取引を含めるように要請している。理事会自体も、利害関係を持つ理事が意思決定に関する投票を控えることや、理事との関係性、寄付財産投資内容、投資マネージャーの属性などを公に開示することを要請していることが多い。

表9-3　演奏収入ギャップを解消するために必要な寄付財産の規模　2005年

オーケストラの種類	寄付財産からの支出割合 4%	5%	6%	（百万ドル）実際の寄付財産
25%	98.4	78.7	65.6	8.7
中央値	188.0	150.0	125.0	22.3
75%	349.0	279.0	233.0	92.7

出典：全米オーケストラ連盟、オーケストラ統計報告（OSR）、筆者による計算

現在の寄付財産は財務収支を均衡させられるか

オーケストラの演奏収入ギャップを解消できる、確実な年間払い出しを行える寄付財産の規模はどのくらいのものであろうか。表9－3は、収入ギャップが全体の中央値、25％、75％に位置するオーケストラが必要とする寄付財産の規模を推測したものを示している[2]。必要とされる寄付財産の推定値は、支出割合を4％、5％、6％の3つの場合で算定し、またこの位置づけにあるオーケストラの実際の寄付財産の規模も示した。この表は、実際の寄付財産の大きさが、この支出割合であれば演奏赤字を補填するには不足していることを示している。別の観点からも同じことが言える。21世紀初頭における寄付財産の水準からは、中央値のオーケストラにおいて演奏収入ギャップを完全に解消するためには寄付財産から30％の支出割合が必要であったが、これでは寄付財産の持続が難しい。より広い範囲についても同じことが言える。サンプルとしたオーケストラの中で、持続可能な4％から5％の支出割合によって、演奏収入赤字を完全に解消できるだけの規模の寄付財産を持つところは、一つもなかった。短期的に赤字を解消で

きる支出割合は、寄付財産を食いつぶすほどに高く、寄付財産の運用方針を大幅に超えるものとなってしまうのである。

現在のオーケストラの寄付財産が、演奏赤字を解消できる将来の可能性は、表9-3に表れているよりさらに低い。演奏収入ギャップは、景気循環に関わらず時間とともに拡大する傾向があることを想起されたい。ある時点での、たとえば表9-3の2005年として、必要な寄付財産の規模の見積もりには、将来的な赤字の拡大に伴う、追加で必要な寄付財産の金額は含まれていないのである。

まとめると、オーケストラが寄付財産によってのみ財務安定性を追求しようとすれば、3つの問題に突き当たる。第一に、寄付財産を毀損しない支出割合によって演奏赤字を解消するには、莫大な規模での資産増加が必要であるということである。第二に、演奏赤字の増加傾向に対応して、それと同率で寄付財産も増加し続ける必要があるということである。第三に、オーケストラ間の投資収益の大きなばらつきは、多くのオーケストラにおいて寄付財産ポートフォリオの運用を改善することによって、芸術活動の資金源を増やすことができるはずであることを示しているということである。

今後の可能性と実践

アメリカのオーケストラにとっての寄付財産の位置づけは、きわめて様々である。20世紀末期から21世紀初頭にかけて、オーケストラ間の寄付財産の格差は、その価額の顕著な向上により解消されたと言われている。この期間については、その進捗を示す十分なデータが得られている。

寄付財産の増加は3つの要素の相互作用を反映する。寄付財産への新たな寄付、寄付財産からの収益、そしてそこからの支出割合である。寄付財産の増加および現在と将来の受益者が公平に扱われるかどうかは、オーケストラの理事会が決定する選択次第である。

本章で確認した証跡は、オーケストラの経営陣に、実効性のある投資戦略により寄付財産を増強することができる能力において、大きな格差があることを示唆している。寄付財産のポートフォリオを組み変えるだけで、多くのオーケストラがリスク（変動性）を増やすことなく、より高い収益を得られるはずである。また、オーケストラによっては、その寄付財産の投資収益と経費の増加傾向を勘案すると、持続困難な割合で支出を行っている事例も見られる。支出方針を見直さなければ、こうしたオーケストラは現在の受益者の利益のために、将来の従業員や後援者の利益を劣後させることになる。最終的には理事会がこうした利益相反に対峙し、長期的に望ましくない結果をもたらす現在の受益者の行動に対して、卓越した交渉力を持つ責任がある。

しかしながら、よりうまく運用されている寄付財産についても、演奏赤字をカバーするためには、桁違いの規模の資産が必要である。さらに、構造赤字は時間とともに拡大することから、寄付財産自体も目的達成のためには増加し続ける必要がある。本書で取り上げた他の事項と同様に、寄付財産も大きくなるほど助けとなるが、それだけでは演奏赤字の拡大という問題を解決できることは見込めないのである。

理事会の行動については、本書の範疇に収まらない重要な活動もあるため、さらに議論を進めることは十分にはできない。特に寄付財産に関する理事会の管理責任について強調してきたが、オーケストラのガバナンスに関する全体的な議論は不足している。この非常に重要な論点は、オーケストラの理事会、マネージャー、そして演奏者たちの責任と権限の分担にも関わりがある。この3つのグループの間に現在も続く緊張関係の解消は、経済的には関係ないように見えるが、オーケストラが抱える重要な課題の一つである（Wichterman 1998）。

本書の前半で描いた3つの重要戦略である、演奏収入の増強、経費の抑制、そして非演奏収入の増強だけでは、アメリカのオーケストラの財務収支を保つことができそうもないのであれば、なぜ我々は外国においてオーケストラの破産という事例を見ることが少ないのであろうか。世界のオーケストラはどのように収入と経費の問題を解決しているのだろうか。この挑戦的な問いについては、次章において論ずる。

第10章　外国のオーケストラ事情

管弦楽曲とオーケストラは、17世紀のヨーロッパで生まれた。宮廷や教会が、そこで上演されるオペラや祈祷文に伴う、初期のオーケストラに資金を出していた。こうした音楽組織への支援には闇の部分もあった。「宮廷と教会の音楽の華やかな発展の一方で、重税による下層階級への締め付けと搾取があった」（Bukofzer 1947, pp. 394–95）。

18世紀の初めには、オーケストラの当初のスポンサーは、増え続ける楽士や作曲家の経費を賄い続けることが難しくなっていた。音楽活動は、宮廷や教会から都市や街に移り、大衆の好みがより重要になった（Weber 2008）。交響曲は「貴族のサロンで100人程度の聴衆に聴かせるためではなく、大きな公会堂で1千人以上に聴かせるために」作曲されるようになった（Taruskin 2005, vol.2, p. 556）。交響曲のコンサートを開くにあたっての経済的負担は、定期演奏会を開く興行師へと移り、王族や聖職者にとって代わった新興中産階級の後援者が、主な資金調達源となった。音楽の知識に自信のない中産階級の人々は、音楽の質を、時間の淘汰を経たものと結びつけて考えた。1800年から1870年の間に、オーケストラの主要なレパートリーは、宮廷や教会において主に演奏されていた同時代の音楽ではなく、古い時代の作曲家のものへと移行していった（Weber 2008）。ある書き手の言葉によれば「コンサートホールは事実上博物館となった」（Taruskin 2005, vol.3, p. 680）のである。

ヨーロッパにおけるオーケストラの豊かな伝統も、経済的な打撃に対しては、アメリカのオーケストラを苦しめているのと同じく、ほとんど防御となっていない。世界中のどこにおいても、チケット売上、放送、録音によって、経費を賄えているオーケストラは存在しない。一方で、その演奏赤字を補填する方法においては、アメリカとヨーロッパのオーケストラは異なる。アメリカのオーケストラが主として民間支援によって赤字を補填しているのに対し、外国のオーケストラにおいては、第二次世界大戦後、政府の直接支援が非演奏収入の大宗を占めるようになっている。本章では、アメリカと外国のオーケストラの非演奏収入の源泉の大きな違いを取り上げ、その違いがもたらす結果について考察する。海外での経験をもとに、政府支援の設計と運営がどのように、オーケストラの財務収支に影響するかについても提示する。倒産のリスクのあるときだけではなく、政府がオーケストラに助成を行うこともあり、本章ではそうした国家の政策がどのように芸術活動に影響を与えるかについても検証する。

外国のオーケストラへの政府支援

外国のオーケストラにおいても収入によって経費を賄えないという点はアメリカと同様であるにも関わらず、アメリカのクラシック音楽界の歓迎されざる事態であるオーケストラの破産という現象は、まず外国では聞かれない。実際のところ、多くの外国のオーケストラは、さらに大きな赤字を抱えているところも多い。外国のオーケストラの破産事例がないということは、その非演奏収入源の違いを反映している。

ここまでの章において、アメリカの非演奏収入の大宗を占めるのは、民間支援であることを説明してきた。そしてそうした寄付が、拡大し続ける演奏収入と経費のギャップを解消し続ける保証はない。この寄付が演奏赤字を補填できなくなったときに、アメリカの一部の都市の音楽家やクラシック音楽支援者がよく知っているように、破産は起こりうるし、また実際に起こってきた。

このように、アメリカではとても重要な民間支援であるが、外国における役割は相対的に小さい。その代わりに、政府が文化団体に相当額の助成を行うということで、一致しているように見える。その結果、外国政府は、個別の文化政策の内容は大きく異なるものの、オーケストラやその他の文化団体を、消滅させることにはならなかった。全米芸術基金は、1990年代半ばに、先進国における芸術への直接支援が、GDP対比0・02%（アメリカ）から0・47%（フィンランド）までの幅があることを推定した（NEA 2000）。（これらの国家グループにおける中央値はGDPの0・23%であった。）より最近のデータでは、ヨーロッパの大多数の国における、2000年から2005年の間の文化への公的支援は、GDPの0・2%から1%となっている（欧州議会 2006a, p.28）。しかしながら2010年の後半には、一部のヨーロッパ諸国において、伝統的なオーケストラやその他文化団体に対する支援に、陰りが見え始めた。この動きについては本章の後半で、再び触れることにする。

もちろんヨーロッパ諸国の定義する「文化」は、オーケストラや舞台芸術団体にとどまらない広い意味を持つが、これらの政策によって、外国のオーケストラにおける非演奏収入の構造はアメリカのそれと大きく異なる。外国における文化活動や団体に対する民間寄付は非常に少ない。たとえば2000年から2005年にかけて、ヨーロッパにおける文化芸術への民間支援は、公的支援の0・13%（ブルガリア）から6・5%（イギリス）となっていた(欧州議会 2006a, p. 99)。

第4章で示した、アメリカとオーストラリアのオーケストラにおける収入比較は、世界中のオーケストラの収入原資がいかに異なっているかについて予見させた。アメリカにおける非演奏収入の大宗を占める個人、企業、財団からの寄付は、公的支援が赤字の大部分を補填するオーストラリアにおいては、ほとんど存在しない。しかし、どちらのパターンの方が典型的なのだろうか。オーケストラの収入に関する、より範囲を広げた国際比較によれば、オーストラリアの収入構造の方が、国際的な標準に近いことを示している(表10－1)。アメリカのオーケストラは、外国のオーケストラの収入の大きな部分を占める政府からの直接支援を受けられないという点で、むしろ例外なのである。ヨーロッパ大陸およびスカンジナビア諸国は、国や地方、自治体の政府機関からの助成においてオーストラリアと似ており、多くのオーケストラの収入の60%から90%を占めている。カナダとイギリスにおいては、収入の30%から40%と、中間的な位置にある。

アメリカのオーケストラにとっては重要な収入である民間寄付や投資収益は、このように多額かつ信頼しうる公的支援を持つ国々には、ほとんど存在しない。民間支援があまりにも少額なため、収入明細に登載していないオーケストラもある。諸外国では税金によって、アメリカよりもはるかに大きな金額が公的部門に移転されており、芸術に価値を見いだす人々でさえも、相対的に高い納税によって既に十分に支援をしていると感じているのかもしれない。

それぞれの国によって、個別のオーケストラの存続のための公的支援への認識は相当に異なる。オーストラリアにおいては各州でそれぞれ1つのオーケストラ、バレエに付属するオーケストラとオペラに付属するオー

表10-1　オーケストラの収入源（%）

国（コンサートシーズン）	事業収益	公的支援	民間寄付	その他*
オーストラリア（2003）	28	61	9	2
8オーケストラの幅	14 – 83	46 – 81	2 – 16	1 – 4
カナダ（2005–6）	32	41	26	1
3オーケストラの幅	19 – 42	20 – 61	1 – 9	0 – 7
フィンランド（2006）	12	87	0	1
14オーケストラの幅	5 – 24	75 – 95	0	0 – 7
フランス（1986–87）				
パリ管弦楽団	28	72	0	0
トゥールーズ管弦楽団	10	90	0	0
オランダ（2006–7）	21	75	4	0
3大オーケストラ	31	64	5	0
5地方オーケストラ	14	80	6	0
イギリス（1998–99）	58	33	9	0
4オーケストラ（ロンドン）	63	23	10	4
7地方オーケストラ	46	36	9	9
5BBCオーケストラ	46	52	1	1
アメリカ（2005–6）	37	3	43	13

出典：オーストラリア（2005、第2章）、英国オーケストラ連盟（2000、69頁）
フィンランドオーケストラ連盟、カルチュラルトレンド（1990、5、29頁）
全米オーケストラ連盟、オランダ教育省、カルチャーアンドサイエンス、カナダ統計2000
注：* 投資収益を含む

ケストラに対し、公的な支援が行われている。収入における公的支援の割合は、最低で48%（シドニー交響楽団）から、最高の81%（タスマニア交響楽団）までの幅がある。シドニーやメルボルンなど大都市のオーケストラは、コンサートへの来場数も多く、政府の補助金に頼る割合は小さくなっている。オーストラリアのオーケストラの収入における民間支援の割合は、平均9%である（オーストラリア環境水資源遺産文化省 2005年）。

ヨーロッパ諸国でもやはり、地方のオーケストラが、相対的に高い公的支援を受けている。オーケストラの収入のうち最も高率の公的支援を受けているのが、フィンランドのポリ・シンフォニエッタで収入の95％に達する。フランスもデータは限られているが同様の形態であり、それぞれの収入において、パリ管弦楽団の72％から、トゥールーズ管弦楽団の90％までが、政府の補助金となっている。オランダにおいては、コンセルトヘボウ、ロッテルダム・フィルハーモニー管弦楽団、ハーグ・レジデンティ管弦楽団といった、最も有名な3つのオーケストラに対する公的支援の割合は低いが、地方のオーケストラにおいては、それよりずっと高くなっている。

イギリスにおいては、オーケストラの3つのグループを比較することにより、公的支援の姿が明らかになる。ロンドンの4大オーケストラ、契約（地域）オーケストラのサンプル、そしてカーディフ、グラスゴー、マンチェスター、ロンドンにあるBBCの5つのオーケストラである。4大オーケストラ（ロンドン交響楽団、フィルハーモニア管弦楽団、ロンドン・フィルハーモニー管弦楽団、ロイヤル・フィルハーモニー管弦楽団）は自治型、つまり演奏者が運営を行っている。契約オーケストラは、アメリカの多くのオーケストラと同様に、団員と常勤契約を結んで給与を支払っている。BBCオーケストラは多くのコンサートを放送し、企業からの支援を相当に受けている。我々はここでも似たパターンを見ることになる。すなわち、収入における公的支援の割合は、ロンドンの4大オーケストラで最も低く、それが地域オーケストラでは倍になり、BBCオーケストラでは、さらにその倍となっている。つまり、芸術を支援する政府は、収益力の低いオーケストラに対して、より多くの支援を行う傾向にあり、この政策によって、大都市以外においても、人々のクラシック音楽への接点が増加することになるのである。

助成金の設計と運営

芸術に対する十分な助成が行われていない国のクラシック音楽愛好家たちは、政府による直接支援こそが、彼らのオーケストラが直面している経済的な問題の解決策であると考えがちである。補助金は、オーケストラのチケットを値下げすることにより聴衆の数を増やし、演奏者の給与を上げ、コンサート・シーズンをより長くすることができるかもしれない。また、大規模編成や合唱が必要な作品の公演も、可能にすることができるかもしれない。

しかし、オーケストラへの公的支援は、意図しない不都合な効果をもたらすこともある。財政破綻のリスクが減ったために、モラルハザードが起こり、非効率な運営が経費を圧迫することを、悪化させてしまいかねない。公的支援による演奏赤字の補填を当てにできるオーケストラは、収入と聴衆を増やすためのチケット価格設定の戦略や、マーケティング活動への動機付けが少なくなる。また破産が現実の可能性としてある国で検討されるファンドレイジング活動に対する動機も、より小さいものとなる。実際のところ、アメリカのオーケストラの生き残りのためにきわめて重要な、ファンドレイジングのスキルや活動も、十分な公的支援のある国にはほとんど存在しない。十分な助成を受けているオーケストラにおいては、コンサート制作や運営にかかるコストは、より高いものになりがちである。

政府による支援は、オーケストラ内の労働関係にも影響しうる。団体交渉による要求に対する経営の抵抗の表れである団員のストライキも、十分な公的支援のある国ではまれである（助成を受けるために組合と経営が協力する方が、より起こりやすい集団行動である）。補助金への安心が、演奏者や他の従業員の賃上げ要求に対する経営の抵抗を減じるため、アーティスト経費も高くなりがちである。一般的に言って、公的支援の充実した体制の下では、管理者はコストを抑制しようとして衝突するより、それを避ける方が簡単だと思いがちなのである。

どのように政府はオーケストラを助成するのか

表10－1の数字はあまりに印象的で、公的支援の設計や運営に関する多様な方法まで目が向かないかもしれない。しかし、そうした細部が、オーケストラの財務収支や芸術活動に対する支援の効果を決定するのである。いくつかの事例は、助成金の設計と適用が、モラルハザードによる助成の目的の毀損に影響することを示している。

オーストラリアの場合：オーストラリア放送局（ＡＢＣ）は、元々は各州都に設けられた放送局オーケストラを支援し、集中して経営する責任を負っていた。１９９０年代に、これらのオーケストラは「それぞれのオーケストラが自らの経済的および芸術的な成果を説明できるように」「地域の課題や機会により柔軟かつ効果的に応えられるように」することを目的に放送局の子会社となった（オーストラリア環境水資源遺産文化省 ２００５年）。

公式報告の慎重な表現の中でも、オーストラリアのオーケストラ経営が調整された経緯は、支援方針が「一部のオーケストラを、市場の影響や変化から孤立させてしまう結果となる可能性がある。加えて、オーケストラの財務状況や観客に対応したオーケストラの編成、場所によって異なる給与水準などに関して、十分な現実感がないようにも見受けられる。そうした構造に基づく基準や前提条件は、今日の市場やガバナンスの在り方の下では、今後も持続可能なものではない」としている。

21世紀初頭には、オーストラリア政府はこうした懸念への対応として、6つの州のオーケストラに年間の基礎助成金を定め、毎年経費上昇に対応して増額することにしようとした。上昇率は、当初他の政府機関と同じく2・27%に設定されていたが、「効率性の配当」、つまり「公的資金を得ている団体が、その運営を継続的に効率化できることを実証するため」1%減額された（オーストラリア環境水資源遺産文化省 2005）。オーストラリアのオーケストラは、もはや政府からの白地手形を当てにできなくなったのである。オーケストラの経費と公的支援との差額を、演奏収入の増加や民間支援でカバーしなくてはならなくなったというだけではなく、効率性の配当というものによって、公的支援の実質価値が年ごとに下落することを意味するのである。政府の報告書は、「もし政府補助金がオーケストラの総収入の60%を占め、経費増加が年間4%であるとすれば（近年の経費変動のおおよその平均値）、現状維持のためでさえも、政府以外からの収入を年間8%増加させなければならない。政府補助金への依存度がより高ければ、この課題はさらに大きくなる」（オーストラリア環境水資源遺産文化省 2005）。

オーストラリアの方法はオーケストラに対し、経費を抑制し、演奏収入を最大化し、民間からの非演奏収入を培う動機付けになるが、演奏収入と費用の差額は時間とともに拡大するという、コスト病の原理を軽視しているとも言える。たとえオーケストラが効率的な運営を行っていたとしても、コストは他の経済活動と比較しても速く増大し、それにつれて非演奏収入の必要性は常に増加していく。政府からの実質支援が縮小することは、芸術に対する公的支援に慣れた社会から民間支援を引き出すという、並外れた困難を生むことになるのである。

オランダの場合：オランダの事例もまた、補助金のシステムが経済効果に重要な影響を及ぼすことを示している。芸術補助金に関する2種類の方法に関する以下の記述を参照されたい。

80年代の半ばまで、補助金は舞台芸術団体の赤字見積額に応じて、前払いされていた。実際の赤字が見積より多ければ追加で補助金が出た。一方で、赤字が見積より小さければ、差額は返還しなくてはならなかった。

この仕組みは、舞台芸術団体が他の資金源から収入を得ようとする意欲を引き出すものではなかった。……1985年以降、オーケストラは年間赤字の補填ではなく、決まった予算を受け取るようになった。予算は一時払いで舞台芸術団体に支給され、団体がその活動や支払いに伴う余剰や不足のリスクを引き受けることとなった。1988年以降は、舞台芸術団体は4年間の固定予算を受け取るようになった。

（Goudriaan, de Haart, and Weide 1996, p. 1）

こうした政策変更に対応して、オランダのオーケストラはチケット収入を増やしたり、他の非演奏収入を探したりすることへの、強い意欲を持つようになった。オーケストラはチケット代金の値上げを行い、総収入に占める演奏収入の割合を高めた。1985年から1995年の間に、消費者物価が1・7％しか上昇しなかったのに対し、オーケストラのチケット代金は年間11%値上がりした（Goudriaan, de Haart, and Weide 1996）。オランダでは、他国と同様に、コンサートのチケットに対する需要は硬直的であり、チケット代金の値上げは演奏収入を増加させたのである。さらに、アメリカにおいてはきわめて重要な、個人寄付の文化がないことから、チケットの値上がりによって来場しないことを決めた客からの、個人寄付をも失うというリスクはなかったのである。実際、この期間におけるオランダのオーケストラ演奏会への来場数は増加しており、これらは、マーケティング活動の強化や、所得の増加、プログラムの変化などを反映していると考えられる（マーケティングやファンドレイジングといった非芸術的経費の割合も、政策の変化に伴って増加している）。

補助金の4年サイクルは、政府による「文化政策文書」発刊によりそれぞれの期間の文化方針の原則が打ち出されるところから始まる。専門家の委員会が、オランダの文化団体から提出される補助金申請を査定する。「品質がまず問われます……オランダのシステムにおいて、政治家や公務員が文化芸術の内容や品質を判定することは考えられません。専門家委員会の意見が決定的な要素です」（Bina 2002）。補助金申請の査定に続き、教育文化科学賞が、向こう4年間の補助金を割り当てる。オランダ国会における審議と通過を経て、一連の手続きが完結する。文化政策の主要な目的は、「文化の品質と多様性を高め、オランダ国民の文化への参加を促進する。最初の2つは、3番目に比べると、実現はずっと容易である。しかし補助金は、チケットの値下げを可能にすることにより、文化への参加に対する間接的な効果を持つ」（Bina 2002）。

ドイツの場合：ここまでの例とは異なり、地方政府が公的支援の主要な資金源であり、オーケストラの予算の80%を占める。劇場やオペラ座からの収入が、補助金のうち15%を占めるが、地方政府からの直接支出が、オーケストラや舞台芸術への支援の大部分を占める。その結果、地域の環境と政治家が、公的助成の額に影響するのである。

ドイツのオーケストラへの補助金は、その地域の人口と経済力によって変動するという研究がある。同じ研究において、富裕かつ教育水準の高い地域では、舞台芸術への公的支援がより支持されるのではないかという予想に反し、オーケストラへの補助金の規模と、地域の所得や教育水準との間には、相関は見いだせなかったとしている（Schulze and Rose 1998）。

フランスの場合：フランスの事例は、潤沢な補助金がオーケストラの赤字を悪化させるという、皮肉な結果を示している。1970年代から80年代にかけて、国がオーケストラの運営と管理を統制していた。大規模オーケストラの演奏会は、フランス音楽の名声を高める公共サービスとみなされた。オーケストラの演奏者には、雇用の保証と、公務員の給与と連動した給与が与えられた。オランダの初期の制度のように、補助金の額は赤字予想に基づいて、また同水準のオーケストラの財務収支や芸術的な序列によって拠出された。パリ管弦楽団の元マネージャーは、この制度はオーケストラの運営において経費が軽視され、補助によって何とかなると思わせるものだったと述べた。補助金の決定に、主観的な芸術的序列が用いられたことから、オーケストラは助成者への印象を高めるため、より費用のかかる公演を志向するようになった（Guillard 1985）。

要約すると諸外国の事例は、補助金が必ずしも財政問題に対する特効薬ではないことを示している。補助金政策は、さらなる補助金を誘発し、どこまで政府がオーケストラを支えるべきかという問いに発展する。オーストラリアの報告は、政府の補助金があったとしても、主要8オーケストラのうちの半分しか赤字を回避できておらず、オーケストラ全体で見れば総合的にも赤字であることを記した（オーストラリア環境水資源遺産文化省２００５年）。こうした事実に直面し、政府はさらに、オーケストラへの補助金政策の在り方の見直しや、他の財務モデルの検討を進めている。たとえば２０１０年の６月には、イギリスの新政府は、芸術を所管する省予算の、４年間にわたる25%削減を含む、緊急予算を発表した。同じ年に、オランダの新政府も、文化予算を５年間で２億７４００万ドル削減することを提案した。この動きに関連して政府は、オランダ放送局音楽センターおよび関連音楽団体であるラジオ交響楽団、ラジオ室内合奏団、ラジオ合唱団、ポップス・ジャズ・オーケストラの閉鎖も打ち出した（Service 2010）。

他の手段の模索の中には、これまでに見てきたアメリカ方式と似た、民間部門による財務関与の拡大も含まれる。アメリカでは、公的支援をオーケストラの財務上の課題の解決策として考える人が多いのに対し、他国のクラシック音楽愛好家は、アメリカにおいて多くのオーケストラを成り立たせている、民間支援に羨望を抱いているのである。

本章の残りの部分では、相当に補助金を支給している国と、アメリカの事例を比較する。非演奏収入源の大きな違いに関わらず、アメリカと他国のオーケストラに共通する経済的背景を分析することから始める。

共通する背景

世界各国政府がオーケストラを支援する手法があまりに異なっているため、世界中のオーケストラが共有する経済環境にはなかなか注意が向かないかもしれない。オーストラリアの報告書の言葉を借りれば、「何十年にもわたって、オーストラリアおよび世界の多くのオーケストラはいくつもの厳しい現実に対抗してきた。聴衆の減少傾向、高齢化、好みの変化、定期会員の減少、客演アーティストへの報酬の上昇、企業支援や個人寄付の減少、留保金の先細り、そして政府に対する説明責任の強化などである」（オーストラリア環境水資源遺産文化省 2005年）。

留意点として、アメリカ以外の外国においては、財務や運営に関する入手可能な情報が限られているということがある。数年間にわたる詳細なデータを出している国もあるが、多くの国では、オーケストラの財務健全性に関する分析を、一時的にあるいは時折行っているのみである。それでも入手できたデータは、一部の結論を補強するものである。

演奏赤字

諸外国のオーケストラは、その演奏会、放送、録音からの収入によって、どこまでその経費を賄えているのだろうか。入手可能な情報からは、こうした収入は経費のはるか後塵を拝していることがわかる。収入によって経費を賄えるという可能性が見えているオーケストラは、存在しない（表10-2）。

アメリカのオーケストラにおいて、収入によってカバーできている経費の割合は、1990年代初頭と2005-6年の比較では、46%から41%に減少している。イギリスを除く諸外国では、演奏収入が経費をカバーする割合はこれよりさらに小さい。その中での差異は劇的なほどである。フィンランドでは、平均の演奏収入割合が経費の11%と、その他の国における最低水準をさらに下回っている。個別のオーケストラ間で

表10-2　世界の演奏収入比率[a]（%）

	1998	2000	2004
オーストラリア	不明	不明	28[b]
シドニー交響楽団	不明	不明	44[b]
メルボルン交響楽団	不明	不明	30[b]
6地方オーケストラ	不明	不明	20[b]
カナダ	41	35	36[b]
フィンランド	11	11	11
	(5 – 22)	(5 – 28)	(5 – 25)
オランダ	40[c]	42	50
3大オーケストラ	75[c]	77	93
5地方オーケストラ	18[c]	21	24
イギリス	58	不明	不明
4オーケストラ（ロンドン）	67	不明	不明
7独立オーケストラ	54	不明	不明
5BBCオーケストラ	48	不明	不明
14室内/フリーランス	62	不明	不明
アメリカ	48	44	41

出典：表10-1と同じ

注：括弧内の数値は個別のオーケストラ間の幅を表わす

[a] 演奏収入の演奏経費に対する比率×100　[b] 2003　[c] 1997

表10-3　コンサート当たり聴衆、演奏収入および経費

	年	聴衆	収入	経費
オーストラリア	(2001–3)	505	$8,917	$41,207
カナダ	(2001–3)	1399	$45,213	$116,624
フィンランド	(2001–3)	576	$3,047	$53,213
オランダ	(2001–3)	990	$20,408	$141,700
イギリス	(1995–99)	943	$17,735	不明
アメリカ	(2001–3)	1470	$31,036	$86,153

出典：表10-1と同じ

は、演奏収入比率には相当なばらつきがある。経費に対する演奏収入の割合が最も大きいのは、大都市に近いオーケストラである[1]。

一般的にアメリカのオーケストラが、ほとんどの諸外国のオーケストラよりも赤字が小さいことを示す証跡は、一部の読者を驚かせるかもしれない。少なくともこのことは、潤沢な補助がある国々で起こりうるモラルハザードを暗示している。諸外国のオーケストラの演奏収入と支出を子細に検証すると、この目を引く赤字の要因の理解の助けになりうる。

収入の方から見ると、諸外国のオーケストラの聴衆は一般的に少ない。演奏会当たりの来場数は、アメリカの平均に対し3分の1から3分の2の割合である。演奏会当たりの収入はもっと少なく、アメリカの演奏会当たりの平均収入に対し、フィンランドの1%から、オランダの65%までの間である。収入の違いを来場客数の違いだけで説明できないのは、チケット価格戦略の重要性を物語るが、外国のチケット価格構造については、オランダを例外として、十分なデータがない。諸外国はコンサート当たりの経費もアメリカより少ない。カナダは、海外の状況と対照的な状況を示している。

停滞するコンサート来場

海外のオーケストラがより高い演奏収入を得ようとしても、一方で、アメリカと同様の問題に直面している。来場数が停滞しているということである。各種の調査によれば、15歳以上の人口のうち、クラシック音楽のコンサートに年1回以上行ったことがあるとする比率は、21世紀初頭の諸国で、驚くほど同じような数値となっ

表10-4　クラシック音楽コンサートに来場する人口割合（%）

	オーストラリア	カナダ		アイルランド		オランダ[d]			イギリス	アメリカ		
年齢層	(2005–6)	1992	1998	1994	2006	1983	1995	2007	2007	1982	2002	2008
全年齢	9	12	8	9	7	13	17	14	8	13	12	9
15–19	6[a]	-	6	-	4	-	10	7	3	11	9	7
20–24	-	-	6	-	-	-	-	10		-	-	-
25–34	7	-	6	-	7	-	14	-	4	13	9	7
35–44	8	-	7	-	5	-	21	10	6	16	11	9
45–54	12	-	11[b]	-	8	-	-	-	10	15	15	10
55–64	13	-	-	-	13	-	27	22	14	13	16	12
65歳以上	11		10[c]	-	13	-	18	23	12	10	11	11

出典：オーストラリア統計局（2009）、カナダ文化調査統計（2000）、アイルランド・アーツカウンシル（2006）、英国アーツカウンシル（2007）、全米オーケストラ連盟（2009）

注：[a] 18–24歳　[b] 45–59歳　[c] 60歳以上
[d] オランダの年齢層構成は12–19歳、20–34歳、35–49歳、50–64歳、65歳以上

ている（表10－4）（これらの調査において「クラシック音楽」とは、オーケストラ、室内楽、合唱のコンサートを含む）。実演のクラシック音楽コンサートへの来場が減少しているアメリカの状況は、国際的に見ても決して異常なことではない（オランダは例外で、突出してコンサート来場率が高い）。

どの国においても、クラシック音楽コンサートに来場した人数の比率は、1980年代と1990年代の方が、21世紀初頭よりも多い。1990年代には、ベルギーで31％、デンマークとオランダで16％、フィンランドで10％であったとされている（Bina 2020）。すべての国が、定期的に文化への参加状況を調査しているわけではないが、時期による比較が可能な限りにおいて、来場数は減少している。

諸外国のコンサート来場について、似たような統計は他にも見られる。来場率はどこでも、年齢と共に上がっているのである。一部の国では若い聴衆が増えて

いるとの噂もあるが、公式の調査で裏づけられてはいない。オーストラリアやオランダのように、高齢の聴衆が増えていることを示す証跡が時折認められるところはあるが、多くの国では聴衆の高齢化を明確に確認できるような調査は少ないのである。

すべての国の公式調査において、教育水準の高い富裕層がクラシックコンサートに来場する傾向が、より強いことは確認されている。それでも減少傾向は、すべての教育水準や年齢において観察される。アメリカと同様に外国においても、教育水準、所得、年齢に関わらず、クラシック音楽コンサートへの来場は、年々少なくなっているのである。また調査によると、女性は男性よりもクラシックコンサートへの来場が多いが、少数民族は白人よりも行かない傾向が強い。このことは、移民の人口が多い国での来場者を増やすことの難しさにつながる。

しかし各国の人口が増加する中、来場「比率」の低下は、来場者数の低下を意味するのであろうか。多くの国においてはその通りであり、人口増加が来場率の低下を補えていないのである。カナダでは、1992年から1998年で、成人の来場者数260万人から200万人と、23%減少している。同じ期間において、景気は改善しており失業率は10・6%から7・7%に下がっていることから、景気循環に伴う来場客増加が見られるはずだったのである。フィンランドとオランダの詳細データにおいても、20世紀末期と21世紀初頭におけるコンサート来場者数の減少を示している。フィンランドにおいては、主要14オーケストラによる演奏会の開催回数が、1994年の1760件から2008年の1121件と、36%も減少している。フィンランドのオーケストラへの来場者数も減少しているが、失業率の低下にも拘わらず、回数の減少速度よりは緩やかである。

つまり、来場者数全体は減っているものの、フィンランドのオーケストラは回数の減った演奏会において、より多い聴衆を得ているのである。

オランダの主要8オーケストラが開いた演奏会の数は、1997年から2007年で22％減少し、年間来場者数は24％減少した。結果として、演奏会当たりの来場者数にはっきりした傾向は見られない。演奏会の聴衆の減少に対し、オランダのオーケストラは、教育プログラムやその他の音楽活動を大々的に行っている。こうした活動への聴衆は同じ期間に増加しており、演奏会来場者の減少を埋め合わせることができている。

オーストラリアについて得られた3年分のデータは、はっきりした傾向のつかめない変動を示している。アメリカと同様に、定期会員の減少と、単独チケットの売り上げ増加が見られた。

したがって、アメリカにおける演奏会の聴衆に関する事例は、国際的に見ても例外ではないということである。クラシック音楽の鑑賞における態様の変化は、世界的な現象であり、それがオーケストラの演奏収入の枷となっているとみられる。世界中の来場者数減少を示す証拠は、ある国で影響をもたらすものは、他の国にも当てはまることを示唆している。アメリカの事例を検証する中で、我々は演奏会への来場が、時間とお金の両方を必要とすることを強調した（第5章）。時間コストの重要性は、ヨーロッパにおいても同様に見られる。ヨーロッパにおける文化活動への参加に関するある調査において、演奏会への来場の妨げになるものについての質問に対し、最も多かった回答（回答者の42％）は、時間がないということだった。時間の制約は、教育水準が高いほど大きく、時間当たりの機会損失が相対的に高いことを反映している。これに対し、演奏会のチケットが高すぎるとした回答は20％しかなかった。他の来場しない理由としては、興味がない（27％）、情報がない（17％）、十分な予備知識がない（13％）などが挙げられている（欧州委員会 2007, p.31）。

経費の上昇

第2章において、コスト病の議論における予言を裏づけるように、アメリカのオーケストラの経費が、いかに他の経済セクターよりも急速に上昇したかについて、詳細を論じた。もし世界のどこかで、オーケストラの生産性がアメリカを上回る速さで向上したり、あるいはオーケストラへの給与の伸びが抑えられたりしていれば、そのオーケストラはコスト病とそのもたらす結果を免れることができるはずである。

外国のオーケストラの経費に関する情報は乏しいものの、オーストラリア、フィンランド、オランダ、そしてイギリスについては、オーケストラの経費と、生産物1単位当たりのコストを計算するのに多くの政府によって採用されている、生産者物価指数（ＰＰＩ）とを比較することができる（表10－5）。第2章の表2－1ではアメリカにおける同様の情報が得られる。オーケストラの経費は、アーティスト経費とそれ以外の経費の両方を含む。

一つの重要な論点が表10－5に表れている。世界中で、オーケストラの経費増加は、製造業よりもずっと急速に進んでいるということである。演奏会の経費が、多くの消費財よりも急速に増加しているとすれば、それらの国では、財務収支を維持するためには、演奏会チケットの相対的価格を値上げするか、非演奏収入を継続的に増加させ続けなくてはならないことになる。

表10-5　オーケストラと製造業のコスト増加比較（%）

オーストラリア（2001–3）		
	コンサート当たり経費	10.5
	生産者物価指数	0.7
フィンランド（1994–2007）		
	コンサート当たり経費	114.0
	生産者物価指数	14.1
オランダ（1997–2004）		
	コンサート当たり経費	56.8
	生産者物価指数	13.7
イギリス*（1995–98）		
	コンサート当たり経費	7.0
	生産者物価指数	2.4
アメリカ（1994–2005）		
	コンサート当たり経費	67.3
	生産者物価指数	24.1

出典：ABO（2000、79頁）、フィンランドオーケストラ連盟、オーストラリア（2005）、全米オーケストラ連盟

注：* 独立系オーケストラ3団体

演奏家とアーティスト経費

十分な公的支援のある社会において、オーケストラの演奏者の経済的な地位は、どのようなものなのだろうか。外国とアメリカで演奏者の給与はどう異なるのだろうか。オーケストラ奏者は、その国の所得配分においてどのように位置づけられるのだろうか。これらの問いに対する答えは、オーケストラ奏者の処遇と、オーケストラにとってのアーティスト経費の両面に関わってくる。

演奏者の収入についての議論は、オーケストラでの職を求める熟達した演奏者の数が、世界中どこでも、実際に得られるポジションの数を大幅に超過しているという、基本的な事実から始まる。アメリカでは通常、演奏家組合とオーケストラ事務局や雇用者との間の団体交渉が、

クラシック演奏者の供給過多がもたらす、給与や待遇の引き下げ圧力に抗する。しかしながら交渉の形態は様々である。ある国では、アメリカで行われているように個別のオーケストラで、それぞれ交渉を行っている。原則として、中央集権的ではない交渉は、それぞれの地域の特徴を踏まえた交渉を行える利点がある。別の国では、業界全体として、演奏者の組合と雇用者の連合が、全オーケストラの給与と待遇を定めている。業界全体での交渉においても、オーケストラ内部あるいはオーケストラ間での若干の給与の差別化は行われる。年功や楽器セクションにおける首席のような特別な責務に対しては、外国のオーケストラにおいても給与の差がつけられる。

業界全体での交渉によって、演奏者の給与に対する市場の影響がなくなるということではない。オランダのオーケストラ間での給与の違いは、労働市場における違いを、ますます反映するようになっている。2006‐7年の労働協約において、オランダのオーケストラのうち4団体で演奏者が受け取る金額を基準とすると、他の3団体ではその110％を受け取った。オランダで2番目の水準とされるロッテルダム・フィルハーモニー管弦楽団では、115％だった。オランダのみならず世界の最高峰と評価されるコンセルトヘボウ管弦楽団では、EUのオープンな労働市場では、高給を支払うドイツのオーケストラに演奏者が抜かれることを懸念して、さらに高い給与となる。市場競争の激化に対応し、コンセルトヘボウは基準の150％の給与を支払うことに同意した。

地域ごとに交渉を行うイギリスでは、オーケストラ奏者の給与は相当にばらつきがある。オーケストラ間のある種の差異は、イギリスにおける組織形態の多様性を反映している。前述したように、ロンドンの主要4

オーケストラは自治方式であり、この形はアメリカでは破産後などのわずかな場合にしか存在しない。ロンドンの4オーケストラにおける演奏者委員会は、組織の戦略と運営について全権を持ち、それは音楽監督や事務局長の選出や留任についても及んでいる。この権限により演奏者たちは、その決定事項に伴う経済的な結果についても、責任を負うのである。

ロンドンのオーケストラの自治方式は、他のオーケストラと比較して、団内で相当に平等な給与を実現した。ロンドン交響楽団の演奏者給与格差に関する以下の記述は、アメリカやその他の国のオーケストラにおける給与の実態と対照的である。「ロンドン交響楽団の中心的な価値である平等の重要性は、オーケストラの報酬システムによって強化されている。あるカテゴリーの演奏者にはすべて同じ給与が支払われる。首席奏者や特別の責任を負う演奏者の報酬はより高くなるが、それ以外は演奏者の年功や腕前によって、基本給与に例外を設けることはしていない。さらに、給与水準は公開されており、すべての団員によって知られ、ほとんどの団員がそれを受け入れている」(Lehman and Galinsky 1994, p. 8)。

1998－99年のコンサート・シーズンに、ＢＢＣオーケストラの平均給与が最も高い水準にあり(月に2105ポンド、あるいは3445米ドル)、オペラ・バレエのオーケストラ奏者がこれに次ぎ(2046ポンド、あるいは3350米ドル)、個別契約オーケストラが続いた(1978ポンド、あるいは3235米ドル)。これらの金額は、1998年のアメリカ主要オーケストラの最低給与よりも低いものだった。

つまり、オーケストラ演奏者の給与は、市場における需給関係に加え、様々な組織的な要素の相互作用を反映する。表10－6は、1998年と2007年の5か国の演奏家の給与を示している。それぞれの国における、

表10-6　オーケストラ演奏者と事務局管理職の年収

	平均[a]	幅[b]	平均賃金に対する割合[c]
オーストラリア（2003）			
最低	$28,990	$24,325 – $41,728	65 – 111%
10年経験	$36,390	$30,475 – $50,075	81 – 134%
フィンランド（2005）			
セクション首席	不明	$30,840 – $52,440	105 – 178%
セクション次席	不明	$27,180 – $48960	92 – 166%
演奏者	不明	$25,500 – $42,660	87 – 145%
オランダ（2007）			
最低	不明	$35,820 – $41,196	86 – 97%
10年経験	不明	$46,140 – 53,040	109 – 125%
イギリス（1998–99）			
独立契約	$38,930	$36,005 – $41,845	137 – 160%
BBC	$41,426	$37,195 – $49,200	142 – 188%
アメリカ（2003）			
52週勤務			
最低	$86,315	$57,720 – $104,520	137 – 248%
平均	$100,480	$63,700 – $127,556	151 – 303%
大規模オーケストラ30団体			
最低	$71,497	$28,000 – $106,000	67 – 252%
平均	$84,168	$33,280 – $134,514	79 – 319%

出典：表10–1の出典および OECD 2009aの表1

注：[a] 全給与は対象期間の平均為替レートを用いて米ドル換算。データは Oanda.com

[b] データはオーストラリアの6つの州オーケストラ、フィンランドオーケストラ連盟に計数報告している15団、オランダの8オーケストラ、イギリスの6オーケストラ

[c] 購買力調整後

オーケストラ演奏者の年間給与は、対応する時期の為替レートを用いて米ドルに換算している。この表には、平均給与（平均が得られる場合）と、主要オーケストラ間の給与分布を登載している。対象となる年およびその他の詳細は、国によってデータの入手可能性が異なることから、様々となっている。オーストラリアとオランダについては、10年間の勤務経験を持つ演奏者の給与

と、最低給与を比較することができる。フィンランドについては、演奏者の基本給を、セクションの首席および副首席の給与と比較することができる。アメリカについては、最低給与と平均給与の比較に、年功とセクションにおける地位や責任の影響を勘案することができる。52週のスケジュールを持つ13のオーケストラと、30の大規模オーケストラについては、個別の情報も得ている。多くの外国のオーケストラが年間契約を結んでいることから、前者の情報は国際比較にふさわしいものとなる。

米ドルベースでは、外国のオーケストラ演奏者の収入が、アメリカの演奏者より相当に低いことが明らかである（1、2列）。アメリカ最高峰のオーケストラの演奏者の給与は、諸外国の最高峰オーケストラ、そのうち一部は世界最高峰とみなされているにも関わらず、その演奏者給与の少なくとも2倍となっている。明らかに、諸外国のオーケストラに対する公的支援は、演奏者に対し特段高い給与をもたらしてはいないのである。実際のところ、アーティストの給与が相対的に低いことが、外国のオーケストラにおける経費もまた低い理由と言えるかもしれない[2]。

追加の2つの観点によって、他国におけるオーケストラ演奏者の経済的地位が理解しやすくなるかもしれない。あらゆる職業において、働く個人が絶対的給与より相対的給与の方を気にすることはよくある。表10-6に示された給与水準は、演奏家たちを国の所得分配のどこに位置づけるのだろうか。2番目に、消費者から見た価格の水準と構造は、国によって様々であり、給与の購買力に影響する。各国のオーケストラ演奏者の給与を、購買力の面からは、どのように比較しうるのだろうか。こうした2つの観点は、オーケストラ演奏者の最低給与と最高給与が、米国の購買力平価に合わせて調整したそれぞれの国の平均賃金と比較した、表の3列目に表れている[3]。例えば、3列目に示される、2003年のオーストラリアのオーケストラ演奏者の最低給与は、アメリカの購買力平価との調整後、国の平均賃金の65%から111%に位置する。これに対し、アメリカの52週のスケジュールを持つオーケストラ演奏者の給与は、アメリカの平均賃金の137%から248%である。表上の他のデータも、同じように読み解くことができる。ここでもアメリカは突出して、給与水準だけでなく国の所得分布の中でも、オーケストラ演奏者が相対的に高い位置づけにあることがわかる。

表10-6のデータはさらに、オーケストラ内部の給与構造についても、限定的ながら国際的な比較を可能にしている。ある国々では、年功による割増が比較的高い。10年勤務に対して、オーストラリアとオランダでは、25から28%の昇給が行われており、これに対し52週のスケジュールを持つアメリカのオーケストラでは、年間給与に対し1から5%の上昇にとどまっている。しかし、ロンドン交響楽団について前述したように、年功についてきわめて平準的な扱いをするオーケストラもある。

各セクションの首席についても同じことが言える。アメリカのオーケストラにおけるコンサート・マスターは、オーケストラ演奏者の最低給与の2倍から3・5倍の給与を受け取っている（第6章参照）。外国のオーケストラにおける、地位ごとの給与の情報を得られる唯一の国、フィンランドでは、この比率はずっと低く、約40%の上乗せとなっている。

入手可能な情報によれば、事務局に対する給与も、諸外国ではアメリカよりも低い。1998-99年のコンサート・シーズンにおける、イギリスの4つの独立系オーケストラでは、最高経営責任者の給与が、平均で約6万ポンド（9万8160米ドル）以下であった。この給与は演奏者の平均給与の約2・5倍であり、多くのアメリカのオーケストラと比べると、ずっと少ない比率である（第6章参照）。財務責任者の給与は平均で約3万2千ポンド（5万2350米ドル）であり、マーケティングおよび資金調達（ファンドレイジング）の責任者は約2万8千から2万9千ポンド（4万6千から4万7千米ドル）の年間給与を得ていた。演奏者の給与と比較すると、それぞれ1・3倍、1・2倍である。イギリスの室内オーケストラ事務局の給与は、これよりさらに低い（英国オーケストラ連盟 2000年）。イギリスのオーケストラでは、ファンドレイジングの重要性が高まっていることを反映して、資金調達を担当する人員の給与が相対的に上昇傾向にあり、教育や地域活動を担当する人員の給与は下落傾向にある（英国オーケストラ連盟 2000年）。フィンランドにおいては、オーケストラのマネージャーの給与は、演奏者の給与の約1・5倍である。これらの給与構造は、アメリカの典型的なオーケストラよりも、差異が少ないことを示している。実際には、これらの国々では所得分布のばらつきも一般的に小さく、事務局の給与が相対的に低いのは、他の業界での報酬機会が少ないことを反映しているかもしれない。

補助金と租税支出

本章において、政府からの直接補助金に焦点を当てることにより、外国の政府はオーケストラを支援し、米国連邦政府はそれをしていないというような見方を広める危険がある。第7章で示したように、この見方に固執することは、租税支出の役割を無視することとなり、政府と舞台芸術団体の関係を歪めて見ることになる。表10－1や本書のその他の箇所で「民間支援」として記載されているものの一部は、そうでなければ政府に対して支払われるはずであった資金、すなわち「公的支援」とみなされるべきなのである。補助金による直接支援を強調し、租税支出による間接支援を排除することは、オーケストラに対する公的支援を過小評価し、民間支援を過大評価することにつながる。

直接支援の役割の重視が、オーケストラに対する支援の国際的な差を過大に見せているものの、多くの諸外国は、芸術に対する寄付に対して、アメリカと比肩しうる優遇税制を設けていないように見える。海外の租税支出に関する初期の研究では、「租税支出は他国においては財務上さほど重要ではない」「他国における効果は最小であるが、アメリカにおいて租税支出は芸術に対する重要な支援の源泉である」としている(Schuster 1985, pp. 44, 55)。

芸術への寄付に対する優遇税制が存在しているところでも、アメリカには存在しない制約によって限定されているようである。諸外国においても、拡大する赤字を直接補填することなく芸術への公的関与を模索しているのであれば、租税支出はより重要になっていくはずであるが、21世紀初頭にその傾向を確認できるだけのデータは出ていない。ヨーロッパにおける租税支出政策の範囲や制約について、公的文書がある程度の指針を示しているが、政府の直接助成と比較してどの程度見込めるかについては不明である(欧州議会2006年a、84頁)。

補助金、芸術、革新

国際的に、オーケストラやその他の芸術団体に対し、政府の補助金の方が民間支援より好まれるのは、市場の動向に晒される芸術の好みの品質に対する猜疑心があるからである。民間の選択は、低俗で洗練されないプログラムへ導きかねないという恐れや、クラシック音楽における革新への抑圧が、政府の直接支援を選好する原因となりがちである。しかしながら、公的支援が卓越した芸術的成果を生むという、有力な見方に異議を唱える2つの論点がある。

一つは、舞台芸術に対して、ほとんど直接支援を行っていない国における実績である。芸術に対する支援を分散しているアメリカが、主要な例である。アメリカのオーケストラは、民間支援の支配を受けることによって、品質が落ちただろうか。クラシック音楽評論家の国際的なグループが定期的に行っている、世界のオーケストラの演奏会と録音の評価は、そうではないことを裏づけている。グラモフォン誌において、世界の最高峰20オーケストラを問われて、音楽評論家たちはアメリカのオーケストラ7団体をそこに含めている。このランキングにおいて、アメリカは5位（シカゴ）、7位（クリーブランド）、8位（ロサンゼルス）、11位（ボストン）、12位（ニューヨーク・フィルハーモニック）、13位（サン・フランシスコ）、18位（メトロポリタン歌劇場）を占めているのである（グラモフォン 2008年）。

見識あるランキングに対しても議論はつきものであり、グラモフォン誌によるオーケストラのランキングも例外ではない。しかし、「どの」アメリカのオーケストラがリストに入るべきかについては、評論家たちの反対意見は常にあるものの、「そもそも」アメリカのオーケストラがリストに入ることについての異論はなかった。海外演奏旅行や外国での公演に頻繁に招かれることも、音楽と公演の質の高さを物語っているが、これらは分散化された支援の賜物なのである。確かに、民間支援はオーケストラのプログラミングの選曲の質を下げる（公的支援は質を高める）という仮説に対する、説得力ある反証は難しい。言えることは、経験豊富な評論家が世界を見渡したときに、経済的支援を誰が行っているかという違いに関わらず、公的支援または民間支援の両方の枠組みの中で、優れたオーケストラを見いだしているということである。

政府からの直接補助金の体制が、芸術的品質や革新を促進するという憶測も、実際には疑問符がつく。公的支援を管理するのが利害のある個人であれば、その個人の関心が芸術的な革新を進め、品質を高めるとは限らない。どのようにオーケストラへの公的支援が設計され運用されているかによって、何が芸術であり誰が芸術家とみなされるかということにも影響するのである。

実務的には、ヨーロッパの国々においては、補助金をオーケストラや他の芸術団体に配分する方法が3つある。最も中央集権的な支援システムにおいては、官僚や政治家が、芸術予算と、それをオーケストラや芸術団体にどのように配分するかを決定する。政治家と官僚の選択が、事実上、支援されるべき芸術を定めるのである。意思決定プロセスは通常透明性を欠いており、目立つ展示物や、「威信ある」プロジェクトが好まれる傾向がある（Van der Ploeg 2006, p. 1208）。中央集権化された補助金システムの議論に関し、全米芸術基金の前会長であったダナ・ジョイアは、このように述べている。

フランス、ドイツ、メキシコ、中国などの国では、ほとんどの芸術支援が、中央であれ地方であれ、政府から行われています。多くの場合、このシステムは中央集権的であり、大規模な文化省が置かれることもしばしばです。こうした組織は政治の影響も強く、芸術関連の人員は通常公務員あるいは与党の指名する人材です。こうしたシステムは、芸術団体にとって円滑で安定した計画を提供しますが、文化の世界を、内側と外側に分断してしまうリスクがあります。内側にいる組織は、年間を通し潤沢な補助金による支援を得るのに対し、外側にいる団体は危ういところで何とか生き延びるか、あるいは存続できないこともあるのです。（NEA 2007, p. 5）

一方では、官僚と政治家は芸術予算を決定するが、その配分の責任を、半自治組織であるアーツ・カウンシルにゆだねるという国もある。この制度は、イギリスで一般的なものであるが、配分の決定権を政治家や官僚から、競合する支援依頼の選別にあたって、アーツ・カウンシルが諮問する、芸術のエリートたちに移している。この方策は透明性を増すが、政治家や官僚から、特定の団体やプロジェクトに対し補助金の配分を決定する機会をなくす一方、政府が文化政策の総合的な方向性や幅広い選択基準などに、影響を及ぼすことの限界が生じる。

オランダで採用されている中間の方式は、政府が一般的な方向性を決定するが、支援の申請に対する芸術面の判断は、独立したアーツ・カウンシルが行うというものである。申請の審査に先立って、政府は、優先順位や基準、予算といったアーツ・カウンシルの決定に必要な情報を、方針文書として発刊する。その後、カウンシルは芸術面を勘案した支援推薦を政府の担当大臣に提出し、そこで最終的な配分の決定が行われる。大臣は、アーツ・カウンシルの決定が、方針文書に定める目的と合致していない場合には、その推薦に従わなくてもよい。しかし、この方式においては、様々な形の特別な誓願などに応じて、推薦に従わないことも出来てしまう。

どの方法においても、長所と短所があるが、いずれにおいても、芸術を選定するグループが、明らかに大衆を超越した嗜好を持っているとは言い切れない。選挙によって選出された政治家は、原則としては選挙民に応えるものであるが、実際には潤沢な財源を持つ利益団体に影響されがちである。

確立された、したがって本質的には文化に関し保守的なグループの関心が、革新的な文化を推すものより、声が大きくなる。後者は、一般的には、将来の、現時点では未知の文化を提示するものであることから、組織化されておらず、そのため政治的には弱いのである。（Frey 2000, p. 14）

政府における文化官僚は、その評価を守るために、過去の支援における選択を支持そして維持しがちである。新たな芸術様式への支援へと方向転換することは、過去の決定を行った知恵に対し、疑義を挟むことになるからである。

文化官僚にとっては、確立された芸術を守ることに利益がある。最も重要なことは、創造的、革新的な芸術の源泉である外部者を、締め出すことに動機づけされているのである。文化に関する決定を官僚にゆだねることは、著しく保守的な偏見がかかることになる。（Frey 2000, p. 15）

芸術の専門家（たとえば音楽評論家、音楽史学者、主要な支援者など）は、既存の芸術の中で教育や実践を行っているため、嗜好が保守的になりがちである。ヨーロッパの文化政策に関する最近の報告において、芸術を審査する専門家は、往々にしてその芸術分野に自ら属しており、自分に近い芸術分野の存続が、自らの生き残りにも関係するということを発見している（欧州議会 2006年b）。

音楽家およびその他の芸術家自身は、あまりにも自分の専門分野の様式や技能に特化しており、専門外の芸術についても公平な判断を行うことは難しい。さらに言えば、芸術家とは誰なのか。特定の学校を卒業した者だろうか（どの学校か）。特定の連盟（どの連盟）に加入している者か。芸術によって生計を立てている者か。自分でそうだと確信できれば芸術家であるのか。いずれの定義による芸術家も、芸術支援に関する決定に、それぞれ異なった観点を適用するであろう。

つまり、オーケストラやその他の芸術に対する、分散された支援方式を批判する者は、多数の公衆の選択が劣ったものであるという説得力のある事例を示すことは、出来ていないのである。別の観点から、オランダの教育文化科学省の前長官は、「専門家委員会の決定に従って補助金を供給するということは、少数エリートのためのハイ・カルチャーに偏りうるということを忘れてはならない」としている（Van der Ploeg 2006, p. 349）。

国内外のオーケストラ経済

アメリカの国外では、オーケストラの劇的な失敗事例はほとんどなかった。それでも、諸外国のオーケストラは、アメリカのオーケストラと同じ経済的な課題に直面している。本章では、世界的な傾向である、聴衆の剥落と増大する経費の圧迫について述べてきた。実際のところ、外国のオーケストラについての研究によって、一見逆説的な現象が表れてきた。比較的安定した財源を持つところが、比較的演奏赤字が大きいということである。外国のオーケストラは、演奏会、放送、録音から、経費を賄えるだけの十分な収入を稼ぎ出す秘策を持っているわけではない。この点では、彼らの経済状況は、アメリカのオーケストラよりも悪いのである。

その代わりに、非演奏収入の原資の違いが、同じ経済的課題に直面しながらも、財務安定性が異なることの理由となっている。多くの外国のオーケストラは、地域や州、国の政府からの相当な補助金を当てにすることができ、これはほとんどのアメリカのオーケストラには不可能なことである。補助金は、演奏収入と経費のギャップを、アメリカのオーケストラが主に依拠している民間支援よりも、より安定的に補填する方途となる。この大きな差異は、しばしば以下のように短絡的に表現される。すなわち、外国のオーケストラは公的助成によって恩恵を受けているが、アメリカにはそれがないというものである。本章および第7章は、アメリカのオーケストラは、租税支出という、別の形態による公的支援を受けていることを示すことで、この表現が誇張であることを明らかにした。

こうした、公的支援に関する異なったアプローチのもたらす結果は、先々まで波及する。直接支援は、安定的に演奏赤字を補填するが、もし補助金がすべての財務リスクを除去してくれるのであれば、演奏赤字はさらに拡大することもありうる。オーケストラが演奏収入を増やしたり、経費を削減したりする努力を、それほどしなくなるという、ある種のモラルハザードが発生するかもしれないのである。オーケストラを直接支援する国では、あからさまな失敗（破産）は避けられるかもしれないが、モラルハザードによる経済的な衰退がゆっくりと進むかもしれず、その結果、補助金が永続的に増え続けることになる。これは、どのように補助金行政が設計されるかにかかっており、芸術に直接支援を行う多くの政府は、芸術団体により大きな説明責任を求め、モラルハザードに対抗する手段を模索している。そのような手段を見つけるのが困難であることは、外国の文化官僚が、アメリカで普及している「民間支援」の仕組みに対し、羨望を語る声が増えていることにも表れている。

オーケストラや他の舞台芸術に対する、いずれの方式による政府支援も、財政赤字に伴う歳出削減の動きに晒されている。２０１１年までには、大規模な財政赤字を抱えた国が、防衛や社会保障の予算よりも、文化支出を大幅に削減する方が容易であることが、明らかになったのである。

第11章　オーケストラの未来に向けて

本書のタイトルにある「危機」という言葉は、多くのオーケストラが有している、卓越した芸術活動と困難な経済状況の間の緊張関係を意味している。管弦楽曲は今日、おそらく過去最高の水準で演奏されているにもかかわらず、あらゆるレベルのオーケストラが経済的な困難に直面している。本書は、その経済的課題を現実的に診断し、それらに対応するための主な戦略の評価を試みてきた。

財政困難を診断する

オーケストラの危機的な経済状況の診断結果は、生産性の向上の機会が限定的であることから始まる。公演に必要な労働力が、交響楽曲のレパートリーの作曲者たちによってほぼ固定されている状況下、他の多くの産業の生産性向上をもたらした技術革新の恩恵を受ける機会が、オーケストラにはほとんどないのである。一方で給与面については、オーケストラの被雇用者に対しても、生産性の高い業種とほぼ同じ割合で昇給させなければならない。さもないと、オーケストラが演奏者および事務局の人員を確保することはますます難しくなるだろう。生産性よりも給与の伸びの方が大きければ、公演を行うのに必要なコストは、高生産性業種における製造コストと連動して増加することになる。このことについては、第2章と第3章においてアメリカの場合、第10章においてその他の国々の場合について記載した。演奏および運営に伴う赤字はこのセクターで持続しているというだけではなく、時間の経過に伴ってさらに拡大していく。この状況を治癒または相殺できなければ、赤字拡大はオーケストラの存続をも脅かすことになる。

コスト病の分析が発表されてから45年が経ったが、この歓迎されざる不愉快な示唆は、今に至るまで芸術村の住人から、その有効性の否定や相殺が可能だとする主張を誘発している。しかし、20世紀末から21世紀初頭にかけて、オーケストラの財政におけるいかなる事実も、それらの主張を裏づけるものはない。反対に、第3章では、景気循環の影響を勘案しても、オーケストラの演奏収入によってカバーできる経費の割合が、容赦なく減少していることが明らかになった。さらに、世界中のどのオーケストラでも、コスト増を相殺できるだけの演奏収入を増加させることに、成功しているところはない。構造的な赤字拡大は、世界中のオーケストラにとっての既成事実であるのだ。他の舞台芸術、大学、政府系団体を含む、すべての生産性向上に限度のある組織は、収入と支出のギャップを埋めるための方法を見つけ出さなくてはならないのである。

診断はさらに、コンサートの聴衆とオーケストラのコストが原則として（生産性の問題とは別に）表裏一体の関係にあることに及ぶ。統計的にはクラシックのコンサートの聴衆となりうる大学進学者の数は増加しているにもかかわらず、オーケストラのあらゆる形態のコンサートにおいて1公演当たりの観客数は減少している。過去には最も支援をしていた階層からの来場も減っているのである。公演数を増やして聴衆を増加させようとする試みは、かえって1公演当たりの聴衆数を激減させる。実際、愛好者による定期的な鑑賞を勘案してさえも、コンサートの聴衆全体が減っているのである。さらに悪いことには、聴衆の減少は、チケットの定期購入が減って単独購入が増えることにつながり、このことはオーケストラのマーケティングコストの増加をもたらす。ごく一部のオーケストラは、本拠地での演奏収入を、演奏旅行や録音によって補っている。多くのオーケストラは、マーケティングや、コンサートの時期や内容の実験的な革新によって、この問題に対峙しようとしている。本研究におけるデータ分析結果は、これらの実験がコンサート聴衆にどのように影響したかを明らかにしている。これがなければ、聴衆はさらに減少していたことが推察されるのである。

演奏者の給与は、コスト病の理論で論じられたように、他の分野のそれと同じように増加したというだけではなく、むしろそれを上回る速度で上昇した。1987年以降、オーケストラ奏者の給与は、それ以外の労働者グループのそれよりも急上昇し、労働協約によって楽員への給与は変動費ではなく固定費となったのである。オーケストラの赤字の規模の大きさを考えると最も懸念されるのは、給与の変動に対し、オーケストラの収支状況がほとんど影響を与えていないことである。

コンサートの聴衆を増やし、経費の増加を抑えることにより、赤字の拡大を食い止めることは可能だが、前提となる生産性の問題を踏まえると、完全に赤字を消滅させることはない。ゆえに、オーケストラは営利組織として生き残ることはできない。自立は見果てぬ夢である。そのかわりに非営利法人として、寄付や補助金、寄付財産の運用益などで、演奏収入とコストのギャップを埋めようとするのである。

診断の最終段階として、非演奏収入がオーケストラの構造的な赤字を補填できるという展望について検討する。ここで肝心なのは、アメリカのオーケストラの非演奏収入を決定づける要素に、ほとんどの場合コントロールがきかないということである。オーケストラに対する非演奏収入の流れは、個人寄付者、企業、財団職員、政治家、アーツ・カウンシルの職員、オーケストラの理事たちの、それぞれの意思決定を反映したものである。非演奏収入のきっかけとなる多様な関心が、公演の赤字を埋めるだけのキャッシュフローをもたらす見込みは、驚くほど小さい。アメリカのオーケストラが、どんなに有名なところであっても、財務収支を恒常的に安定させているところがないという事実が、それを示している。

まず、オーケストラの支援としては、過小評価されている政府の役割について、考えてみよう。このトピックについては、政府からの直接補助金について論じられることが多いが、アメリカにおけるそれは1980年代後半以降大幅に削減され、他国の多くと比較して少ない水準となっている。しかしこれだけに焦点を当てることは、オーケストラに対する間接的な租税支出が、直接補助金を縮小した事実を見過ごすことになる。1987年から2005年にかけて、オーケストラに対する公的支援に占める、連邦の租税支出の割合は、75%から96%に増加しているのである。他国においては、このような間接支援は直接政府支援と比較して小さい。国際的に見ると、アメリカにおける直接間接合わせた政府の支援は、決して低い水準ではない。同時に、公的支援の大半を租税支出が占めるという事実は、補助金の額が政府の芸術機構によって中央集権的に決定されるのではなく、何千もの個人、企業、財団の意思決定に依拠するという点で、オーケストラの直面する財務の不安定さの原因ともなっている。

租税支出によって、オーケストラに対する政府の支援についての見方を変えるのであれば、民間支援に対する考え方も変えなくてはならない。オーケストラが民間支援として報告している数字は実は租税支出、すなわち本来は税金として政府が徴収して使うこともできた資金を、オーケストラの維持のために寄付することが認められたものであるからだ。オーケストラは、個人、企業、財団から直接受け取った寄付金を、その大部分が実質的には政府から供与されたものであるにもかかわらず、民間支援として分類しているのである。

このような「民間」の寄付は、アメリカのオーケストラの財務にとって重要な意味を持つ。たとえば1990年代後半に盛り上がった民間寄付の動きは、政府の直接補助金の削減とオーケストラの公演赤字の拡大を補填した。しかし、その1990年代後半は堅調な税率と実体経済があった時代である。所得の増大が、高額納税者層に参入する人々を増やしたことによって、オーケストラやその他の非営利事業に対する寄付が、より魅力的な選択肢となったのである。繰り返すが、寄付金が赤字を自動的に補填するメカニズムは存在しない。

非演奏収入の最後は、主として寄付財産から発生する投資収益である。これはオーケストラにとって重要な収益源となりうる一方、投資元本となる寄付財産は、前段で述べた通り、動機に左右され不確定要素をはらむ民間寄付金によって構築される必要がある。寄付財産が得られたとして、そこからの収益機会はファンドを運用する理事会の手腕にかかってくる。第9章においては、オーケストラの運用スキルの格差が大きいことが立証された。一部のオーケストラは同じリスクを持つポートフォリオを運用していても、他のオーケストラよりかなり低い収益しか上げていない。またあるオーケストラは、上がった収益を後先見ずに人件費や後援者への配当に回してしまい、将来に禍根を残すこともある。

本書のために分析したオーケストラの報告書類は、その財政基盤が実に多様であることを示していた。収支構造、寄付金の態様、投資収益、寄付財産からの配当状況などは、楽団によって大きな違いがある。これが競争的関係にある企業であれば、それぞれのオーケストラは、よりよい運営を求めて個別団体に対する貪欲な調査を行うであろうが、実際のところは、どれほどのオーケストラがお互いの方針や経験から学ぼうとしているのかは疑問である。こうした違いは、オーケストラの構造的赤字の規模や、それを非演奏収入で補填できる実力と、どのように関連しているのかを研究する手掛かりにもなる。

演奏赤字は、世界中のオーケストラにとって目新しいことではなく、多くのオーケストラは定期的に発生する財政危機を乗り越えてきた。しかしながら、近年の事例は、他の私企業と同様に、オーケストラも過去の経験からの推定に頼ることはできなくなっていることを示している。問題はオーケストラが存続できるかということより、過去と同じ水準で存続できるかということである。オーケストラの実演の機会は、より一層集約されたものになっていくであろうという展望を裏づける実態があるのである。

本書の分析によって、地域の経済規模も、赤字とそれを補填する非演奏収入の規模に、影響することが明らかになった。人口が少なく所得の低い地域では、鑑賞機会もチケット価格も低くなる結果、オーケストラの収入は減り、期待できる非演奏収入も限られたものになる。経済規模が限られた地域の、演奏収入も非演奏収入も低いオーケストラは、同様にコストも低く抑えられた場合にのみ存続が可能である。

この前提に立つと、オーケストラ間で処遇を均等化しようとすることは、経済的に弱い地域のオーケストラの存続を危うくしかねない。処遇の均等化は、最も低い処遇を引き上げることになるからである。第6章で論じたように、このような動きが進むと、オーケストラの処遇は、その楽団の財務状況を反映しなくなるのである。

アメリカにおけるオーケストラの破綻の態様もまた、地域の経済的基盤の重要性を示している。大都市の最高峰のオーケストラであっても、特に景気減速の局面では、経済的な緊迫とは無縁ではないが、多くの破綻はより小規模な自治体で発生している。これらの地域の多くでは、オーケストラはやがて再結成されるものの、演奏者や支援者にとって元の姿に復元されるわけではない。典型的には、新たな組織はより短いコンサート・シーズンで演奏し、より低い給与を支払い、より少数の常勤演奏者を雇うのである。多くの外国では、補助金行政の方針として破産を認めず、地域のオーケストラは経済の弱体化に対応するためより多くの補助金を求めるようになる（第10章）。赤字を背負ったオーケストラに対して、政府が合併を奨励することによって、補助金を削減した事例もある。

より貧しい地域では、どのようにしてこうしたリスクに対応するのだろうか。経済的基盤は、運営費や寄付財産となりうる、個人や企業の寄付の額の制約要因となる。最も強力な税制インセンティブは、高収入、高税率の地域で発生する。政府の直接支援は、増加よりも減少傾向にある。残るのは財団助成だが、これは通常プロジェクトに対して支援される。財団は地域ごとの経済条件を勘案することにより、地域による不利益を相殺することを考慮するだろうか。短期的な昇給ではなく、長期的なオーケストラの目標を支援するような補助金プログラムは、どのように構築できるのだろうか。ファンドレイジング活動を増やすというのが、自然な回答だが、1998年以降、小規模オーケストラで支出されたファンドレイジングの経費と、寄付金との間に有意な相関は認められない。

財政困難についての議論

本書で報告した調査は、いかにオーケストラがこれまで述べてきたような経済的な苦境にあるのかを明らかにしている。オーケストラはまず、経済的悪条件から発生する一時的で回復可能な困難と、構造的な演奏赤字との違いを認識すべきである。景気循環から発生する赤字については、第3章において論じた。この章に記したように、構造的赤字は時間の経過とともに拡大し、オーケストラが通常の経済条件に戻ったときにも、継続するものである。構造的赤字を治癒するためには、これから論じるように、オーケストラのビジネスモデルをある意味で変革することが必要なのである。

次にオーケストラが認識すべきなのは、赤字の解消のために提案される様々な方策の多くには、この赤字の重要な性質――時間の経過とともに拡大するという点――について言及していないということである。オーケストラの財政危機の際によくある提案を思い出してみよう。ホールを満席にする、もっと大きなホールを建てる（それを満席にする）、人件費の支払いを凍結するまたはカットする、新しい寄付者を募るか既存の寄付者からより多くの寄付をしてもらう、などである。こうした提案は、その年の危機を回避するためには有効かもしれないが、いずれもその年度にしか効果が持続しない。もしオーケストラの構造的赤字がどの年度でも恒常的なものであれば、これらの提案は、単独でも組み合わせでも、恒久的な解決に役立つものかもしれない。残念ながらオーケストラはもっと深刻な困難に直面しているのである。

第2章、第3章において説明したように、コスト病はオーケストラの財務に、継続的かつ累積的な影響を及ぼしている。演奏収入が公演にかかる経費を部分的にしかカバーできず、しかもその額が景気循環影響を勘案しても、年々減っていることから、オーケストラは構造的な赤字の拡大に直面しているのである。経済的な安定は、赤字と共に拡大する解決策を必要とする。増え続ける聴衆（または値上がりし続けるチケット代を払い続けてくれること）、コストの継続的な削減、増え続ける寄付、増大し続ける寄付財産というように。

最後に、オーケストラに適用しうる3つの大きな戦略――演奏収入の増加、コスト削減、非演奏収入の増加――のいずれも、単体では構造的な赤字を解決しえないということを認識すべきである。多くのオーケストラは、コスト削減努力に必然的に伴う、団員や後援者との摩擦を避けるために、第1と第3の戦略を好みがちである。しかしこのうちのどれかを議論から外すことは、オーケストラがさらされている危機を増幅させることになる。それぞれの戦略の効果と限度については以下に述べる。

演奏収入の増強

オーケストラは、新たな世代の聴衆を惹きつけることにより演奏収入を増やそうと様々な実験を行ってきた。指揮者が観客に対し、プログラムの背景などを直接解説することもある。午後遅い時間や夕方に、時間を短縮したコンサートを行って、通勤途上の会社員を呼び込んだり、若者向けにクラシック音楽とその公演に興味を持たせるような、教育的なコンサートを行ったりすることもある。時には、マイケル・ティルソン・トーマスとサンフランシスコ交響楽団が制作するKeeping Scoreシリーズのようなテレビ番組で、オーケストラの主要な作品に光を当て、幅広い層に対し公演への興味を掻き立てる。こうしたアプローチは、オーケストラへの興味を深めるためのものと、オーケストラを聴きに行くことによる時間コストを節約するためのものに大別される。

しかし第5章で検討したように、こうした聴衆へのアプローチにおいて直面する現実とは、これらの試みが成功してホールを満席にすることができたとしても、現状のチケット代では、多くのオーケストラにおいては採算が取れないということである。アメリカのオーケストラの大部分にとって、増加の一途をたどる公演の経費を演奏収入によって賄おうとするならば、チケット代を値上げし続けつつ、かつ満席にすることが必要なのである。オーケストラの採算をとるための聴衆獲得の方針としては、チケット価格の影響が比較的少ない交響曲を嗜好する層を狙うべきなのである。

いくつかのオーケストラはチケット代の階層を広げることにより、演奏収入を増やしている。ボストン交響楽団が20世紀初頭に行っていたように、個別の席のチケットをオークションにかけるやり方には、難色を示すオーケストラもあるだろうが、チケットの価格をより精緻に、特定の席に対して愛好家が払っても良いと思える金額と合致させること、すなわち最も好まれる席はより高額のチケットとし、最も好まれない席はさらに値下げすることにより、演奏収入の増加は見込めるであろう。第5章においては、このようなチケット代の差別化方法をいくつか提示した。こうした先見性ある施策によって、嗜好に合わせたチケット価格の階層は増加することになる。現状においてチケット価格の階層が少ないオーケストラにとっては有効なアプローチとなりうるだろう。

過去においては、多くのオーケストラが、コンサートを増やすことによって演奏収入を増加させようとした。

この一見当たり前に見えるアプローチには、2つの問題がある。1つ目は、コンサートを増やすことはその分のコスト、公演に伴う経費も増えるということである。2つ目は、追加したコンサートからの収益は、それまでのものより減ってしまうということである。オーケストラが提供するコンサートの回数や種類が増えるほど、コンサート1回当たりの観客は大きく減る。さらに、コンサートの回数が増えると、シーズンごとの定期購入ではなく、単独購入をする客が増えるのである。このように、コンサートの回数を増やすことは、聴衆および収入を減らすことにもなり、追加されたコンサートの採算改善への寄与は少なくなっていくのである。

まとめると、演奏収入の増加は構造的赤字を縮小しうるものの、多くの増収策は現時点での赤字を縮小することはできても、将来的な赤字の拡大を防ぐことができない。コンサートホールが満席になれば、その年の赤字を減らすことはできるが、そのこと自体が翌年のさらに増幅した構造的赤字まで減らすわけではない。同じことがチケット価格構成についても言える。ホールの席が埋まり、新たなチケット価格階層がうまく当てはまったところで、演奏収入はチケット価格が毎年上昇しない限りは伸びない。現在のチケット価格帯でさえもホールを満席にできないオーケストラが多い現状、チケット代の値上げが将来的な赤字を縮小させることは考えにくい。つまり、聴衆を増やしチケット価格構造を改革しても、それだけでは、構造的な赤字を減らすことはできても消滅させることはできない。これを補完する戦略が必要なのである。

経費の抑制

経費の伸びを抑制する方針は、演奏収入増加の努力を効果的に補填しうる。本書のいくつかの箇所で、オーケストラの活動の効果とコストの「増分」を査定することにより、効率を高めることができることを指摘した。第5章では、マーケティングの支出の増分に対し来場数が減少しているとすれば、マーケティング活動がその費用に見合う効果を挙げていないリスクとして捉えられる事例を示した。この増分に着目したアプローチにより、オーケストラに対する寄付金は、ファンドレイジング活動よりも、その地域の経済規模と芸術への関心を反映することが明らかになっている。さらに言えば、ファンドレイジングの費用と、どのような形態であれ政府からの補助金額との信頼しうる関連性は見いだせない。ファンドレイジング活動の効果は多くのオーケストラで認められるものの、しばしば主張されるよりもその効果は小さいのである。

演奏者の人件費は、オーケストラの経費の最大の要素である。給与水準や昇給に関する交渉は、熟練した専門家にとっては収入であるものが、組織にとってはコストであるという意味で、本質的に争いをはらんだものになる。本書は、アメリカのオーケストラにおける昇給についての議論に関する、いくつかの事実を立証した。ここ数十年ほどの間、熟練したクラシック音楽家に対する需要よりも供給の方が多いにもかかわらず（第6章）、アメリカのオーケストラ奏者に対する給与は、一般社会のその他のグループにおけるより速い水準で上昇してきた。現状の水準は、評論家がトップレベルと認めるような他国のオーケストラの給与水準を上回っており、国内の所得分配状況を見ても、アメリカの音楽家は高い処遇水準となっている。これまで、演奏者の給与はオーケストラの財政状況とは連動していない――それは景気後退時における、演奏収入比率の低下に追い打ちをかける。その一方で、オーケストラに対する寄付が給与に反映されることがあり、その寄付が財務諸表を改善することを難しくしている。オーケストラの財務状況を考慮した団体交渉は、破産およびそれによって困窮する団員や後援者が発生する可能性を減らすことになるだろう。

交渉の方法やテクニックは、団体交渉の結論に大きく影響する。団員と運営の争議がうまく対処されなければ、ストライキという、支援者にも団員にもオーケストラ自身にも不利益をもたらす結論に至ることもありうる。一見小さなことに見える事柄が、重要な意味を持つこともある。争議の度合いや交渉の最終結果は、双方がどこに落としどころを見つけるか、蓄積した怒りを契約上の権利に昇華することができるか、言いたいことを主張するだけでなく論拠を提示することができるか、契約締結に至る段取りはどうかといった要素にかかってくる[1]。

多くのコンサートは客演ソリストを招くが、その報酬は非常に高額になりうる。そのソリストの出演は、支出を正当化できるほどの聴衆の増加またはチケット価格の上昇をもたらすものだろうか。オーケストラはそれに答えられるのだろうか。そもそもそのような疑問を感じているだろうか。この章で論じた他の戦略と同様、客演ソリストを減らすことは、オーケストラの経費のうち占める割合が小さいため、それだけでオーケストラの採算を改善させることはない。しかしソリストに支払っただけの価値がないのであれば、それを減らすことは赤字を縮小する効果がある。

オーケストラと他の舞台芸術は、ある意味で、時間の制約のある愛好家を奪い合っている関係にある。このような競合は、それぞれの組織におけるコストを上昇させることになる。こうした競合関係の範囲や結果については、先行研究においては見過ごされてきた。本書の研究では、伝統ある舞台芸術のうちの2つである、オーケストラと歌劇団の間の競合的な相互作用について調べたところ、一方が聴衆や寄付を得ることにより他方がそれを失うという事象は、統計的には存在するものの、数としては少ないことが明らかになった。現時点では、オーケストラのマーケティングやファンドレイジング活動によりもたらされた収入のうち、オペラに対するそれが振り替えられたと認められるものは、ごく少額でしかない。

それでも舞台芸術全体としては、後援者や寄付者の時間を消費する他の余暇活動と競合している。アメリカにおける芸術鑑賞頻度に関するＮＥＡの調査や世界中で行われている同様の調査（第5、10章）によると、より重要な競合の要素は、舞台芸術以外の余暇時間の使われ方であり、これについてはさらなる調査の価値がある。現在、余暇活動や慈善活動の対象に舞台芸術を入れていない層に対して注意を引くために、舞台芸術団体のいくつかでグループとして協働することは、生産的かつ効率的なアプローチとなりうる。規模の経済がはたらく余地があるからである。個別の芸術団体で現状それぞれの中で発生している寄付や後援を、他の芸術から奪い取ったり、あるいは奪われるのを防いだりするのに使われているコストを減らすことができるということである。また個人の芸術愛好家が、まとまった形で芸術に接することにより、興味の幅を広げる機会にもなりうる。芸術の一つの形態に惹きつけられた愛好家は、やがて別の形態の芸術にも、楽しみを見いだすようになるからである。このようなやり方に、特定の芸術団体において、こうした業務のために雇用されている人々からは反対があるかもしれない。規模の経済とは、担当職員の削減を意味し、芸術への支援を獲得するという総論よりも、人事上の懸念の方が重く捉えられるからである。

経費の増大を抑制することは、構造的赤字が拡大する速度を弱めるが、ある種の方策は、現時点での赤字を縮小することはできても将来的な赤字拡大を防ぐことはできない。オーケストラの経済的な安全性を高めるために有効であることは明白であるが、有能な職員の離脱を伴わない給与の削減には限度があることから、それだけでは構造的赤字を消滅させることはできない。

非演奏収入の増強

オーケストラが演奏収入を増やし、経費を抑制するためのあらゆる手段をとったとしても、演奏収入と経費のギャップは拡大を続け、それを補うための非演奏収入の増強が必要である。アメリカのどのオーケストラも、そのギャップを埋めることのできた年度と、できなかった年度の両方を経験している。しかしオーケストラは、単純に非演奏収入に依拠することにより、他の二つの戦略に伴うコストや軋轢を避けることができるのであろうか。

最初に政府による支援の展望について考えてみよう。芸術に対し政治が支援することの是非は、アメリカでは常に議論の対象となってきており、少なくとも1987年以降は直接補助金に対しては否定的な傾向にある。オーケストラに対する政府の支出が減ったことは、演奏収入の増強や経費の抑制、投資収益や寄付の増強などの計画の重要性を引き上げる効果があった。21世紀最初の10年間には、政府のあらゆる局面での大幅な予算不足に直面し、オーケストラや舞台芸術に対する公的支援が増加する見込みは、かつてないほど微かなものとなった。財政赤字の中で政府は、国内所得分布の中で上流にいる比較的少数の人々が楽しむような、芸術やその他の活動に対する支出は削減しがちである。

多くの外国は、オーケストラに対し、より気前よく直接支援を行っているが、それらの政府の多くはこの補助金行政によって困難に面している。どのように恵まれた条件下であっても、業界の拡大し続ける構造的赤字を補填するための支援政策が、増加し続ける支出を意味するとは、ほとんどの政府にとって予想外だったようである。さらに補助金行政を描くにあたって、オーケストラの経済的安全性を保ちつつ、モラルハザードを回避することの難しさは、ほとんど理解されてこなかった。十分な政府補助金を得られる国のオーケストラは、破産のリスクはほとんど無視できるほどであるが、適正な財務収支を実現するために行動を起こすインセンティブも少ない。結果として、政府が大幅な一般財政赤字に対処しなくてはならなくなると、拠出の負担はますます大きくなる。たとえば2010年にオランダの新政権は、3つの国立オーケストラの閉鎖を打ち出し、2011年にはイギリスのオーケストラが、2014-15年のコンサート・シーズンのためのアーツ・カウンシルからの支援を11%も削減された。

さらに評価が困難なのは、アメリカにおける民間寄付に対する優遇税制の行く末である。先に述べたオーケストラへの直接補助金の削減の原因となった、政府のあらゆる局面における財政赤字は、より多くの税収を必要とするということを意味する。ある意味で、将来的な民間支援の金額は、いかに公的セクターが税収の増加を図るかということにかかってくる。包括的な税率の上昇は、寄付へのインセンティブを高める。なぜなら、オーケストラの支援者による寄付の大きな部分を、控除によって政府が合理的に支払うことになるからである。しかし、もし政府が、公益団体への寄付金控除を減らすかなくすかによって、税率を維持しようとするならば、寄付への意欲を落とすことになる。本書の発行時点においては、優遇税制が寄付を鼓舞する見通しよりも、民間支援がより必要になる見通しの方が、より明白である。

究極的には、政府からの直接であれ（芸術に対する直接支援が行われている国々のように）、オーケストラに支出された金額が税金に転嫁される形であれ（アメリカのように）、舞台芸術の赤字を社会が支払うのである。前者の社会では、民間支援に依存しなくてはならない国に比べ、好みの変化が影響することが遅いため、オーケストラは直接的な窮迫に面することは少ない。

大まかに言えば、オーケストラに対する個人、企業、財団の寄付は、オーケストラが関与しえない影響を受ける。前提となる税制が一定のものだとして、寄付金額は個人の所得に依拠し、それは一般経済情勢やその地域の経済規模を反映する。前者には連邦政府の金融財政政策が影響し、地域の人口や産業構成が後者に影響する。寄付に関してオーケストラが唯一コントロールできるファンドレイジング活動は、比較的大規模のオーケストラに限って、二次的な影響を及ぼす（第8章）。

寄付財産の投資収益も、アメリカのオーケストラにおける非演奏収入の重要な財源である（十分な政府の支援がある国々のオーケストラには該当しない）。現状では、構造的赤字を相殺しうるほど、十分な投資収益を挙げているアメリカのオーケストラは存在しない。さらに重要なことに、将来にわたって拡大し続ける赤字に、無理なく一定の割合で取り崩すことで資金供給できうる金額を、寄付財産として保有しているオーケストラも存在しない（第9章）。寄付財産の運用によって「のみ」財務安定性を追求しようとするオーケストラには、3つの課題がある。まず、寄付財産を一定の安定的な割合で取り崩して、現存する赤字を相殺しようとするためには、現状の寄付財産を大きく増額する必要がある。次に、寄付財産は、赤字の拡大を、無理のない取り崩しによって補うに足る成長率で増加していかなくてはならない。3点目としては、オーケストラの経営陣が、高度に分散された投資リターンによって芸術活動の原資を増やすために、寄付財産のポートフォリオ運用を改善していく必要がある。

あまり認めたくない結論であるが、非演奏収入は、演奏収入を増やし経費を抑制することによって赤字を縮小する行動を補足する形でしか、将来にわたる構造的赤字を補填することは望めない。

オーケストラと大学

アメリカのオーケストラが直面している経済的な問題は、なぜ大学が同じような危機を抱えていないのかということを検証することによって、明らかにできるかもしれない。大学もまた、オーケストラやその他の芸術団体と同様に、関連経費の上昇と僅少な生産性に起因する、構造赤字に直面しているからである。どのようにして大学は、赤字や破綻懸念に脅かされるぎりぎりの状況から免れているのであろうか。

サービスに対する需要の違いは、これに対する答えの重要な要素である。オーケストラの聴衆が、平均して席数の70％であり、最も有名なオーケストラでさえ、ほとんどのコンサートで満席にすることができないのに対し、多くの大学では需要過多の状況にある。入学願書は通常の場合、定員を超過しており、トップクラスの大学では志望者のわずか10％が入学を許可される。需要過多であれば多くの大学は、市場をなくしてしまわない程度には、授業料を値上げすることができる。所得が向上した結果、社会はクラシック音楽に対してよりも、高等教育に対してお金を使う方に意欲的だったのである。

しかしながら、高等教育に対する比較的旺盛な需要をもってしても、大学の運営にかかるコストを授業料、研究費、特許料等の運営収益で賄うことは困難である。大学もまた、採算を確保するためには、政府の補助金、民間支援、資産運用収益が必要である。オーケストラと同じように、その使命を支えたいと考える支援者の寄付に多くを頼っており、ファンドレイジング活動によってそれを増やすことを模索しているのである。

大学はさらに、運営上の赤字を補填するための「非演奏」に相当する収入を追求する上でも有利な点を持つ。教育や研究に対する公的支援は、文化に対するそれよりも批判の対象とはなりにくく、オーケストラやその他の芸術団体に対するよりも、潤沢で安定した資金源が確保されていることになる（歴史上、公立大学の存在について異なる政治的立場が示された例は一度しかない）。その上、大学はオーケストラに比べると、より幅広い寄付者層を持つ。毎年輩出される卒業生たちは、自分たちが受けた教育コストの、一部しか支払っていないことを認識している。これらの卒業生の多くは、キャリアを積むにつれ、忠誠心や公平感から、定期的に寄付を行うようになるのである。毎年卒業生の層は更新され、死亡率の低下とともに拡大していく。

対照的にオーケストラには、これよりずっと限られた非演奏収入の手段しかない。第7章において、公的支援がどのように削減されてきたかを検証した。民間支援は主としてその地域に限定され、外国への演奏旅行やテレビ出演などの特殊な場合にのみ、地域外からの支援も得られることがある。その地域の性格の影響は顕著であり、これを機動的に変えるのは難しく、特に音楽団体に対するそれを変えることはなかなかできない。ある意味、どの地域で産まれたオーケストラであるかは、運なのである。

これらの議論は、主として寄付財産の投資による運用益についてもあてはまる。民間支援が寄付財産を構築することから、オーケストラの寄付財産はその地域の支援基盤を強く反映する。大学の寄付財産が、オーケストラのそれを凌駕することは驚くにあたらない。良かれ悪しかれ、両者とも寄付財産の運用に関しては、様々な歴史的事例を持つ。第9章では非効率的な運用を行っている、いくつかのオーケストラについて注意を向けた。寄付財産の運用に関する最も早い文献は、大学から発せられたが、運用の失敗事例も多く紹介されている。

結びの考察

オーケストラが直面している経済的課題はアメリカだけのものではない。多くの国でオーケストラは構造的赤字と聴衆の減少と向き合っている。諸国の政府はこうした課題に取り組むためオーケストラを支援しているが、支援の形態は国によって大きく異なり、将来的な公的支援の先行きは不透明である。

未だ発見されざる「銀の弾丸」、つまり課題を一発で解決できる方策などは存在しないことが、これまでの各章で検証したアメリカのオーケストラの財務および運営のデータからわかっている。実際のところ、本書全編にわたって、単発の対策では役に立たないことを文書化したようなものである。多くのオーケストラは、コンサートホールを売り、マーケティングに費用をかけ、寄付財産から計画的に取り崩し、政府の補助金を頼るといった方法の、どれか一つだけによって、経済的な安定を確保することはできない。読者にとっては明白なことと思うかもしれないが、それではなぜ、多くのオーケストラが、聴衆の獲得や大口の寄付者を見つけることに、議論を単純化してしまうのだろうか。

アメリカのオーケストラをとりまく軋轢に満ちた世界において、単独の施策が無益であるということは、オーケストラの苦境の原因を作っている「悪魔」は一人ではないことを意味する。同時に、本書における分析は、事務局、演奏者、理事に対して「フリーパス」を提供するものではない。単独での施策では課題を解決できないという前提のもとに、オーケストラの経済的安定に、それぞれが寄与しうる活動を示唆しているのである。

補遺

第1章の補遺

分析の対象としたオーケストラ

アラバマ、アトランタ、ボルティモア、ボストン、バッファロー、シャーロット、シカゴ、シンシナティ、クリーブランド、コロンバス、ダラス、デイトン、デンヴァー、デトロイト、フロリダ・オーケストラ、フロリダ・フィルハーモニック、フロリダ交響楽団、フォートウェイン、フォートワース、グランドラピッズ、グラントパーク、ハートフォード、ホノルル、ヒューストン、インディアナポリス、ジャクソンヴィル、カンサスシティ、ノックスヴィル、ロサンゼルス、ロサンゼルス室内合奏団、ルイスヴィル、メンフィス、ミルウォーキー、ミネソタ、ネイプルズ、ナッシュヴィル、ナショナル、ニュージャージー、ニューメキシコ、ニューワールド、ニューヨーク、ノースカロライナ、オマハ、オレゴン、パシフィック、フィラデルフィア、フェニックス、ピッツバーグ、リッチモンド、ロチェスター、サクラメント、セントルイス、セントポール、サンアントニオ、サンディエゴ、サンフランシスコ、サンノゼ、シアトル、シラキュース、トレド、タルサ、ユタ、ヴァージニア。

これらのオーケストラは、1987-88年と2005-6年のコンサート・シーズンの間で、少なくとも2年、予算規模の上位50団体に入っていた。

第3章の補遺

オーケストラ財務のトレンドおよびサイクル分析

この補遺は、第3章における、オーケストラの収入と経費の、トレンドおよびサイクルによる動きについての議論の基礎となった統計的分析を示す。最初に、演奏収入の演奏経費に対する比率（演奏収入比率）が、どのようにトレンドやサイクルに影響されて変化するかを分析する。サイクルによる影響とは、経済全体の変動によるものを指し、トレンドとは、経済状況に関係なく構造的な要因によるものをいう。構造的要因の第一に来るのが、オーケストラにおける生産性向上の限界である（第2章にて論じたもの）。

統計分析は、本書の全体を通じて使用した、63オーケストラの19シーズン（1987年から2005年）にわたる年次パネルデータに基づいて実施された。本章および他の章に示した統計的証跡は、パネルデータの固定効果分析によって導かれたものである。固定効果の推定値は、時間の経過とともにどのように、それぞれのオーケストラの変数が変動するかということに依拠している。これらの値は、オーケストラ間での、変数レベルの違いは無視している。このアプローチによって、たとえばオーケストラによる計測や報告等の違いから発生しうる偏りを排除している。オーケストラ内部において起こっている変化の効果に焦点を当てることにより、固定効果分析は、個別のオーケストラの方針変更の効果を査定することを可能にする観点を供給している。

表A3-1の最初の列は、演奏収入比率（演奏経費のうち演奏収入によってカバーされる割合）に対する、そのオーケストラが位置する地域の失業率（一般的な経済状況を示すものとして）の固定効果回帰分析した結果と、ボウモルとボウエンによるコスト病およびその他の構造的要因が、演奏収入と経費の収支に及ぼしている継続的な影響の、線形時間トレンドを示している。さらに2000年以降の比較も登載している（9月11日の悲劇以降、オーケストラの財務に異常な変化があったとする主張を評価するため）。もし、コスト病のシナリオがオーケストラに関係ないとすれば、時間的なトレンドには有意性はないことになる。実際には、分析によって、演奏収入比率に対し、サイクルおよびトレンドのいずれも、はっきりした影響があることが明らかになった（括弧内の数値はロバスト標準誤差、アステリスクは統計的有意水準、アステリスクのない結果は、統計的有意水準に達していないことを示す）。第3章ではこれらの発見が意味することについて論じている。

表A3-1の残りの回帰分析は、オーケストラの主要な収入源が、サイクルとトレンドに対してどのように変動するかを調べたものである（収入と経費は、名目数値に対しGDPデフレーターを用いて、2000年の貨幣価値に換算している）。これらの回帰分

表 A3-1　オーケストラ収入のサイクルとトレンド　1987-2005年

従属変数	失業率	時間トレンド	2000年以降トレンド	R^2
演奏収入比率	-0.695	-0.223	-0.030	0.12
	(0.209)*	(0.067)*	(0.008)*	
総収入の自然対数	-0.014	0.029	0.001	0.40
	(0.007)***	(0.002)*	(0.0002)*	
演奏収入	-0.038	0.019	-0.0001	0.19
	(0.008)*	(0.002)*	(0.0002)	
非演奏収入	-0.015	0.035	0.002	0.50
	(0.008)***	(0.003)*	(0.0003)*	
政府補助金	-0.042	-0.044	0.001	0.14
民間支援	(0.015)*	(0.005)*	(0.006)**	
	-0.011	0.044	0.0001	0.54
	(0.007)***	(0.002)*	(0.0002)	
個人	-0.006	0.048	0.001	0.48
	(0.010)	(0.003)*	(0.0003)**	
法人	-0.017	0.017	-0.0007	0.05
	(0.011)	(0.004)*	(0.0004)***	
財団	-0.015	0.087	-0.002	0.25
	(0.023)	(0.008)*	(0.001)**	
投資収益	-0.086	0.055	0.005	0.17
	(0.034)**	(0.011)*	(0.001)*	

固定効果分析による推定値
収入はすべて2000年のドルベース
演奏収入比率＝ (100)(演奏収入)/ 演奏経費
* p<0.01 **p<0.5 ***p<0.10

析において、それぞれの収入種別の自然対数は、地域の失業率および線形時間トレンド、2000年以降の変数に回帰される。

失業率の欄の各回帰係数は、時間トレンドを一定に調整の上、各地域の失業率が1%変化したときの、関連する従属変数の反応割合を示している。時間トレンドの列における各係数は、地域の失業率を一定に調整した上での、1年間の変化に対する従属変数の感応度を示している。統計的結果は、地域の失業率が1%上がるごとに、サンプルの平均的オーケストラの演奏収入比率が、0・7%と明らかに下がることを示した(回帰分析1)。この結果は、演奏収入と演奏経費の、景気変動に対する感応度の、重要な差異を示すものである。失

表 A3-2　オーケストラ経費のサイクルとトレンド　1987-2005年

従属変数	失業率	時間トレンド	R^2
総経費	-0.011	0.027	0.49
	(0.004)*	(0.001)*	
演奏経費	-0.012	0.027	0.49
	(0.004)*	(0.001)*	
アーティスト経費	-0.004	0.021	0.37
	(0.004)	(0.001)*	
コンサート制作費	-0.013	0.055	0.64
	(0.007)***	(0.001)*	
一般管理費	-0.018	0.024	0.24
	(0.007)*	(0.001)*	
マーケティング費用	-0.028	0.042	0.48
	(0.007)*	(0.001)*	
ファンドレイジング費用	0.002	0.041	0.22
	(0.012)	(0.003)*	

固定効果分析による推定値
経費はすべて2000年のドルベース
全ての従属変数は自然対数で示している
* $p<0.01$　*** $p<0.10$

業率が１％上がると、実質演奏収入は３・８％下がるが（回帰分析３）、実質演奏経費は１・２％しか下がらない（表Ａ３-２における回帰分析２）。演奏収入が、景気変動に対してより感応度が高いということは、演奏赤字は景気後退時に悪化し、景気拡大により失業率が下がれば改善する。実質演奏経費の伸び率は、実質演奏収入の伸び率に対し、約１・５倍であり、この期間に演奏赤字が拡大する。平均的なオーケストラにおいて、サイクル要因調整後で、演奏収入比率は年間０・２％ずつ下降していた。

表Ａ３-１に示されたその他の発見事象は、拡大する演奏赤字のために使われる、民間支援や政府支援、投資収益等の非演奏収入源の、サイクルとトレンドによる動きを明らかにしている。演奏収入と同様に、これらの３つの資金源は、景気後退時には減少し、景気拡大時には増加する。非演奏収入は、オーケストラがそれを最も必要とするときに減少するのである。非演奏収入全体のトレンドは、政府支援と民間支援の動向の大きな違いを見えにくくする。サンプルとしたオーケストラの平均で、実質政府支援は年間４・４％下落している（表Ａ３-１における回帰分析５）。個人、企業、財団からの民間支援の増加がそれよりずっと大きく、政府支援の減少を補って余りある結果となっている。年間5・5%という投資収益の上昇も、演奏赤字の悪化の解消に一役買っている。

表A3-2に示した発見事象は、サイクルに対して比較的感応度の低い演奏経費を明らかにしており、これが景気後退時に赤字を拡大させているものである。演奏経費のあらゆる種別は、その最大のものであるアーティスト経費を除けば、景気循環に反応する。アーティスト経費がオーケストラの経費における、景気循環への鈍さの最大要因である。ファンドレイジング費用も、オーケストラの予算においてはずっと小さい割合ではあるものの、やはり一般経済状況との有意な相関は見られない。

オーケストラの総収入（演奏収入と非演奏収入の合計）と総支出は、全体として景気循環に伴って変動するものの、総収入は、総支出に比べて感応度が高い。結果として、オーケストラ全体の収支もまた、景気循環への感応度が高いということになる。失業率の上昇に伴って赤字が拡大し、失業率が下がれば黒字に向かう。総収入の構造的トレンドは、総支出のそれより若干上回っており、従って、全体の財務収支は1987年から2005年にかけて、景気循環影響を調整すると、若干改善したと言える。

第5章の補遺

第5章では、演奏収入を増加しようとするオーケストラが、遭遇する諸問題について論じている。この補遺は、コンサートへの来場のサイクルおよびトレンド、コンサートの回数の来場者数への効果、そしてコンサート当たりの来場数についての議論の、基礎となる統計的分析を示すものである。

コンサートと来場客

コンサートへの来場動向についての議論には、しばしば短期的な景気循環の影響と長期的なトレンドが混在しがちである。疑いなく、経済状況が悪化すれば来場は減り、改善すれば増えることにより、来場客数は変動する。どの年の来場客数にも、サイクルとトレンドの両方があるため、経済環境の変化は、本当の来場客数のトレンドを見えにくくしがちである。来場のトレ

表 A5-1　オーケストラ来場者のサイクルとトレンド　1987-2005年（係数と標準誤差）

	1	2	3	4
失業率	-0.038 (0.009)*	-0.041 (0.008)*	-0.044 (0.009)*	-0.038 (0.009)*
時間トレンド	-0.011 (0.002)*	-0.019 (0.002)*	-0.016 (0.002)*	-0.018 (0.002)*
コンサートの自然対数		0.466 (0.025)*		
コンサートの数			0.001 (0.0001)*	0.003 (0.0002)*
コンサートの二乗				-0.000019 (0.0000018)*
R^2	0.039	0.288	0.126	0.214
年間コンサート回数	1,041	1,041	1,041	1,041

従属変数：総来場者数の自然対数
固定効果分析による推定値
* p<0.01　**p<0.5 ***p<0.10

ンドを把握するためには、サイクルの影響を平準化した統計的技術が必要であり、それには重回帰分析が有効である。

第5章で論じたコンサートへの来場動向は、アメリカの63オーケストラの、1987年から2005年までの年次パネルデータの、固定効果回帰分析に基づいて推定している。従って、報告されている結果は、個別のオーケストラ内部での年次の変化であり、オーケストラ間の違いは無視している。従属変数は、コンサート・シーズン全体の来場者数の自然対数である。表A5-1の最初の回帰分析は、統計的に明らかな景気循環の影響（地域の失業率の係数に反映されているもの）と、景気循環影響を調整後の来場総数における明らかにネガティブなトレンド（トレンド変数の係数）とを、分離して行っている。この分析により、平均的に、地域の失業率が1%上がると、来場数は3・8%下がり、それに加えて、他のすべての要素を平準化すると、トレンドとしても年1%ずつ下降している。しかしながら、来場数に係る多くの変数は未解明であり、他にも重要な変数によって説明できる可能性はある。

1987年から2005年のコンサート・シーズンにおいて、多くのオーケストラは、来場数と演奏収入を増加させるために、コンサートの回数を増やした。回帰分析1におけるトレンド推定値の一部は、コンサート当たりの来場数よりも、コンサート回数そのものの増加を反映しているかもしれない。このことを確かめるために、表A5－1の2番目の回帰分析には、新たな変数を加えている。コンサートの総回数の自然対数である。統計的に有意な結果として、コンサート回数1回の増加は、景気循環影響の調整後、0・5％の来客数増加に繋がる。コンサート回数要因を調整すると、来場数減少のトレンドは残るが、回帰分析によってコンサート来場に関する変数について、より説明できるようになった。コンサート当たりの来場数は、明らかにこの期間に減少している。

さらに、コンサートの追加に伴う来場獲得効果の減少について確認するためには、2つの回帰仕様を取りうる。回帰分析3では、実際のコンサート回数を線型で捉え、回帰分析4では、線型ではなくリターンの増加もしくは減少に対応したものとしての、二次で捉えている。後者の仕様による方がデータへの適合度が高い。さらに、回帰分析4に表れる兆候のパターンは、コンサート追加による来場獲得が減少していくことの重要性を確認させるものである。

来場数への影響

第5章は、オーケストラの方針、演奏する地域の経済的特性、地元の歌劇団との競合などが、定期演奏会やポップス・コンサートへの来場に、どのように影響するかについて考察した。基盤となる回帰分析に用いた従属変数は、コンサート当たりの来場数である。オーケストラの方針の変数には、個別のコンサートの平均チケット価格やマーケティング支出が含まれる。平均チケット価格は、チケット収入を販売枚数で除した数値である（定期演奏会とポップス・コンサートは別々に）。地域の経済的特性には、人口、一人当たり所得（合衆国経済分析局 2006年）、地域の失業率（合衆国労働統計局 2006年a）を含む。同じマーケットにおけるオペラのチケット価格と、歌劇団のマーケティング支出は、オーケストラとオペラの間に起こりうる競合を検証するために用いた（オペラ・アメリカ）。すべての変数の年次データは1987年から2003年まで入手可能であった。

定期演奏会とポップス・コンサートについて、コンサート当たりの来場数が、ランダム効果モデルおよび固定効果モデルの両方によって、推定された。長い線型モデルは、データに対し優れた適合性を示した。その結果は、価格設定方針とマーケティング支出のいずれにも、定期演奏会（表A5－2）とポップス・コンサート（表A3－3）への来場に、統計的および経済的な有

表 A5-2　定期演奏会への来場者分析　1987-2003年（回帰係数と標準誤差）

	1	2	3	4	5	6	7
チケット価格	-0.535 (0.039)*	-0.549 (0.042)*	-0.554 (0.038)*	-0.571 (0.042)*	-0.632 (0.045)*	-0.516 (0.039)*	-0.633 (0.047)**
メディア広告	0.00013 (0.00004)*	0.00012 (0.00004)*	0.00034 (0.00008)*	0.00033 (0.00008)*	0.00019 (0.00008)*		0.00020 (0.00009)*
（メディア広告）二乗			-1.37E-07 (4.39E-08)*	-1.33E-07 (4.42E-08)*	-7.22E-07 (4.20E-08)*		-7.28E-08 (4.35E-08)***
電話／メール	0.00016 (0.00003)*	0.00014 (0.00003)*	0.00040 (0.00006)*	0.00035 (0.00006)*	0.00034 (0.00006)*		0.00035 (0.00007)*
（電話／メール）二乗			-7.09E-08 (1.71E-08)*	-6.13E-08 (1.77E-08)*	-6.02E-08 (1.66E-08)*		-6.20E-08 (1.71E-08)*
マーケティング経費						0.143 (0.025)*	
人口	0.105 (0.036)*	0.280 (0.176)	0.068 (0.037)***	0.205 (0.175)	0.315*** (0.193)	0.221 (0.150)	0.390 (0.206)***
実質所得	0.277 (0.132)**	0.192 (0.170)	0.128 (0.133)	0.037 (0.171)	0.109 (0.182)	0.019 (0.125)	0.137 (0.198)
オペラチケット価格						0.029 (0.015)***	0.018 (0.016)
オペラマーケティング経費					0.028 (0.017)***		
（マーケティング経費）二乗					-3.90E-08 (6.67E-09)*		
R^2	0.194	0.295	0.253	0.322	0.402	0.353	0.404
年間コンサート数	591	591	591	591	421	511	379
推定方法	ランダム効果	固定効果	ランダム効果	固定効果	固定効果	固定効果	固定効果

従属変数：定期演奏会への来場客数の自然対数
* p<0.01 **p<0.5 ***p<0.10

意性が認められた。座席の需要の価格弾力性は、定期演奏会で約マイナス0・5、ポップス・コンサートで、約マイナス0・3であった。メディアによる広告と、電話・メールによる勧誘は、定期演奏会への来場増加に繋がったが、活動ごとに効果は漸減した。この結論を支持する二次仕様（表A5-2における回帰分析3と4）は、線型仕様（回帰分析Iと2）よりも、データに適合している。ポップス・コンサートへの来場数は、電話・メールによる勧誘のみと有意

表 A5-3　ポップス・コンサートへの来場者分析　1987-2003年（回帰係数と標準誤差）

	1	2	3	4	5	6
チケット価格	-0.263	-0.33	-0.278	-0.344	-0.286	-0.34
	(0.046)*	(0.053)*	(0.047)*	(0.052)*	(0.050)*	(0.055)
メディア広告	-6.99E-06	0.00004	0.00022	0.00020	-0.00020	-0.00029
	(0.00007)*	(0.00007)*	(0.00015)*	(0.00016)	(0.00018)	(0.00018)
（メディア広告）二乗			-2.07E-07	-2.16E-07	-7.27E-08	-1.37E-07
			(1.31E-07)*	(1.33E-07)*	(1.34E-07)	(1.37E-07)
電話／メール	0.00013	0.00011	0.00035	0.00035	0.00048	0.00051
	(0.00005)*	(0.00006)*	(0.00013)*	(0.00014)*	(0.00013)*	(0.00014)*
（電話／メール）二乗			-9.49E-08	-9.76E-08	-1.45E-07	-1.59E-07
			(5.20E-08)***	(5.40E-08)***	(5.20E-08)*	(5.48E-08)***
人口	0.019	0.756	-0.025	0.715	0.101	0.338
	(0.058)	(0.268)*	(0.061)	(0.267)*	(0.085)	(0.303)
実質所得	-0.063	-0.268	-0.123	-0.366	-0.085	-0.046
	(0.193)	(0.276)	(0.196)	(0.278)	(0.231)	(0.309)
オペラマーケティング経費					0.053	0.040
					(0.024)**	(0.027)
R^2	0.067	0.124	0.075	0.136	0.094	0.211
年間コンサート数	487	487	487	487	326	326
推定方法	ランダム効果	固定効果	ランダム効果	固定効果	ランダム効果	固定効果

従属変数：定期演奏会への来場客数の自然対数
* p<0.01 **p<0.5 ***p<0.10

な相関があったが、これもまた、効果は漸減する。地域の経済的特性については、通常は、人口のみ来場数と有意な相関があった。地域失業率については、検証において有意な相関は見られず、回帰分析からは除外している（人口のうち大卒以上の学歴が占める割合も、オーケストラ音楽への嗜好を測る重要な指標と思われたが、データを得られた年度が少なすぎた）。

他の舞台芸術との競合を見ると、歌劇団の存在や、オペラへの来場数のいずれも、定期演奏会への来場との間に、有意な相関はなかった。地域の歌劇団によるマーケティング支出には、わずかに相関が認められたが、定期演奏会への来場数とは正の相関関係にあった（表A5-2の回帰分析5）。地域の歌劇団のチケット価格設定の、オーケストラ定期演奏会への来場に対する影響は、どのようにオーケストラのマーケティング支出を分析に組み込むかによって変わってくる。回帰分析において、すべてのマーケティング支出を平準化すると（回帰分析6）、オペラのシーズン・チケット価格の相対的に上昇（すなわちオーケストラのチケット価格が相対的に下落）が、おそらくオペラに来場していた愛好家が代わりにオーケストラに行くようになることにより、オーケストラへの来場数増加に結び付く。この結果は、統計学的に有意ではあるものの、量的には少ない。しかしながら、分析において、メディアによる支出と、電話・メールによる支出を別々に調整すると、オペラのチケット価格は、オーケストラへの来場数に、統計的に有意な決定要因ではなくなる（回帰分析7）。オペラのチケット価格とポップス・コンサートへの来場数の間には有意な相関は見られない。

第6章の補遺

この章においては、演奏家や指揮者、オーケストラの上級職員の給与と労働条件について論じた。国際交響楽団管弦楽団演奏家連盟（ＩＣＳＯＭ）に加入しているオーケストラ演奏者の、給与と労働条件に関する情報は、ＩＣＳＯＭの機関紙である「センツァ・ソルディーノ」のアーカイブ、http://www.icsom.org/senza/ より得られる。全米オーケストラ連盟も、会員オーケストラの、演奏者給与および労働協約の条項に関するデータの収集を行っている（これら2つの情報源は概ね一致している。最低週給についてのオーケストラ間の相関についての、これらの情報源からのデータは、どの年度でも0・99％以上合致しているため、ＩＣＳＯＭ非加盟のオーケストラも含むより包括的な、連盟のデータを使用することとした）。

第6章では、表Ａ6‐1に示したデータに基づいて、2005年の大規模オーケストラと小規模オーケストラにおける、年間給与構造についても論じた。オーケストラ演奏者の、最低および平均年収の推定にあたっては、それぞれのオーケストラにおいて、報告されている週給に、年間勤務保証週数を乗じたものを使用した。大規模オーケストラのすべてが、52週の勤務を保証していたが、小規模オーケストラにおいては、保証週数はより少なかった。

本章の4項では、演奏者の給与と所属するオーケストラの財務状況との関連性を検証した。ここでは、63のオーケストラの1987‐88年シーズンから2003‐4年シーズンまでの不均衡パネルデータの回帰分析の結果を示している（Flanagan 2010）。

この分析における従属変数は、オーケストラiのt年における交渉後最低週給の自然対数である。これにより、オーケストラの財務体力に対する演奏者の給与の感応度を、オーケストラ間あるいは同一オーケストラの年次ごとにわたって、検証している。経済力の最もわかりやすい指標は、総収入から総支出を引いた財務収支であり、これによって、赤字を解消するために必要な非演奏収入の規模が把握できる。総合収支を分解することにより、個別の演奏収支または非演奏収支が、賃金交渉に果たす役割の検証が可能になる。この方法により、財務的な強さを、演奏収入と経費のギャップと、民間および公的な支援がそれぞれ演奏経費にに占める割合を検証する。この分析はさらに、地域の失業率等の経済条件が、そのオーケストラの財務体力とは別に、演奏者の給与に影響するかどうかを検証した。

オーケストラ間の演奏者の給与の違いと、一時的あるいは多年にわたるオーケストラの財務収支または演奏赤字（演奏収入と経費のギャップ）との間には、いずれも有意な相関はなかった。その代わりに、オーケストラ内部での給与の違いには、はっきりと、オーケストラのアーティスト以外の予算（総経費）の規模との相関が見られた（アーティスト経費については、給与に対して給与の回帰を避けるため除外している）。総支出の変動は、1987年から2003年のオーケストラ間の給与の違いの約63％から86％を占め、アーティスト以外の予算に対する週給の弾力性は約0・45であった。オーケストラ間の給与格差の決定要因としては、現在または過去の財務体力よりも、運営規模がより重要であるようだ。

オーケストラ相互の相関は、個別のオーケストラの財務環境の変動に対し、どの程度給与水準が変わりうるのかについて、ほとんど参考にならない。オーケストラのパネルデータの固定効果分析を行うことにより、個別のオーケストラの財務環境に対する、賃金交渉の感応度について、より強固な検証となった。統計的なモデルは、

$$W_{it} = a_0 + a_1 \text{収支}_{it} + a_2 \text{支援}_{it} + a_3 \text{失業率}_{it} + \varepsilon_{it}$$

となる。この中で「失業率」はオーケストラiのt年における地域失業率、オーケストラの総合収支と演奏赤字は「収支」、民間および政府支援は「支援」で表される。従属変数は、演奏者に対する給与支払総額ではなく賃金率（の自然対数）であるが、演奏者への支払いは財務収支指標にも影響を与えるため、給与と財務収支の因果関係が曖昧になっている。この問題に対応する

ため、現在および遅行を考慮した財務収支を代替回帰により検証した（Flanagan 2010）。第6章はその結果を記している。対照的に、個人や企業、財団からの民間支援は（演奏経費にそれぞれ占める割合）、契約上の最低賃金と、遅行の有無に関わらず、有意な正の相関が見られた。この結果は、オーケストラの給与交渉において、財務収支よりも民間支援の水準の方が、給与に影響を与えるという解釈と合致するものである。これについては因果関係に関する問いが発生する。寄付による支援が組合の要求を引き出すのか、団体交渉がファンドレイジングの目標を定め、すなわち寄付金額を決定するのかということである。最後に、給与上乗せ（平均週給の最低週給に対する割合）の回帰分析においては、独立変数との有意な相関は見られなかった。第6章で論じたように、これらの上乗せ（主に年功および技能給）は、オーケストラの演奏者の資質によって左右されるため（たとえば年次構成や各セクション首席の人数など）、オーケストラの財務状況に対しては感応しないのである。

第7章の補遺

第7章は、アメリカのオーケストラに対する政府支援が、どのように20世紀末期から21世紀初頭にかけて発展したかを検証した。この分析に用いられた政府支援の定義は、政府芸術支援の議論によく用いられる法的な配分とは異なるものである。本章に述べた理由により、法的配分は、オーケストラや他の芸術団体が実際に受け取っている政府支援の基準としては信頼しがたいのである。

本章では、政府の3つの階層による支援を分析し、比較している。オーケストラは地域の助成金またはそれと同等の支援を、市、郡、教育委員会などから受け取る。州の支援は、アーツ・カウンシルや立法府からの助成を含む。全米芸術基金やその他の連邦機関による助成が、連邦による助成の主なものである。その他、連邦所有物件の利用などのサービス供与もある。

本章の2項目においては、3階層の政府からの名目および実質（名目の値をGDPデフレーターによって調整したもの）支援額の、景気循環や構造的要因による変動について論じた。一般経済状況の変化は、政府の歳入に影響するため、公的支援のサイクル的変動を引き起こしうる。統計的分析においては、地域の失業率をオーケストラにとっての一般経済状況の指標として用いた。公的支援は、長期的な、景気循環とは別の、政府による芸術支援意向の変化をも反映する。時系列での検証が、前向き後ろ向きいずれであれ、公的支援のこうしたトレンドを明らかにする。

以下の固定効果統計モデルが、政府支援におけるサイクルとトレンドを推定する。

$$\ln(\text{政府支援})_{it} = a_0 + a_1 \text{失業率}_{it} + a_2 \text{トレンド}_{it} + u_i + e_{it}$$

従属変数は、オーケストラ i の t 年における政府支援の自然対数である。独立変数は、地域の失業率と時間的トレンドである。変数 u_{it} は、オーケストラ固定効果であり、継続的な測定誤差やオーケストラ間の政府支援の継続的な差異を捕捉するものである。誤差は e_{it} で表される。係数 a は、63のオーケストラの1987年から2005年までのパネルデータの固定効果回帰分析によって推定されたものである。表A7‐1は、政府の各階層から受けた支援について別々に分析した結果を示している。実質政府支援の回帰分析結果は、地域の失業率が1%上がると、オーケストラが受け取る公的支援は平均2・9%下がることを示している。一般経済状況を平準化すると、政府支援総額は、年約3・6%ずつ下がっている。いずれの結果も統計的有意性の標準を満たしている。

その他の回帰分析により、州や地方自治体のオーケストラへの支援が、サイクル的な動きの大部分の要因となっており、連邦の支援はサイクルとは逆の動きをしていることがわかった。それにも拘わらず、連邦からの実質支援は長期的に低下しており（年間9%以上）、それが政府支援全体トレンドの減少の最大の要因となっている。州からの支援もまた、毎年3・6%の割合で減少している。地方自治体からの実質支援は、微小に増加しているが、全体の縮小を部分的にしか補えていない。すべての政府階層において名目割当額の変動が、政府支援の全体的トレンドに影響している。

本章の3項目においては、政府階層ごとの、オーケストラへの公的資金の配分を、決定しうる基準について論じた。サイクルとトレンドに関する分析は、配分基準の可能性にまで広がったのである。本章は、下記のランダム効果回帰モデルの結果について論じている。

表 A7-1 政府支援のサイクルとトレンド 1987-2005年（係数と標準誤差）

	実質政府支援				名目政府支援			
	総合	連邦	州	自治体	総合	連邦	州	自治体
失業率	-0.029 (0.014)**	0.05 (0.017)*	-0.066 (0.017)*	-0.047 (0.021)**	-0.026 (0.014)***	0.053 (0.017)*	-0.064 (0.017)*	-0.045 (0.021)**
時間トレンド	-0.36 (0.003)*	-0.093 (0.004)*	-0.036 (0.004)*	0.007 (0.004)***	0.014 (0.003)*	-0.071 (0.004)*	-0.014 (0.004)*	0.029 (0.004)*
R^2	0.14	0.48	0.10	0.01	0.02	0.36	0.03	0.07
オーケストラ年度数	1,042	859	980	844	1,042	859	980	844

従属変数：定期演奏会への来場客数の自然対数
固定効果分析による推定値
* p<0.01 **p<0.5 ***p<0.10

$$政府支援_{it} = a_0 + a_1 実質所得_{it} + a_2 人口_{it} + a_3 演奏収入比率_{it} + a_4 予算_{it} + a_5 営業支出_{it} + a_6 失業率_{it} + a_7 トレンド_{it} + e_{it}$$

オーケストラの市場となる地域の、一人当たり実質所得は、その地域のオーケストラを支えることのできる経済力を表わす。この変数は、政府支援が、オーケストラが利用できる可能性のある民間資源の不平等を均等化するか、悪化させるかを判断するために含まれている。もし政治的なプロセスが、一人当たり給与の均等化に有利にはたらくのであれば、政府支援は、オーケストラの所在する地域の人口と正の相関を持つであろう（$a_2>0$）。もし支援が、オーケストラの非演奏収入の不均等を平準化するのであれば、人口の多い地域は通常より多くの民間寄付を得られるため、$a_2<0$となる。

演奏収入比率（演奏経費に対する演奏収入の比率）は、オーケストラiのt年における演奏赤字を示し、オーケストラのニーズが公的支援の配分を決定する度合いを表している。オーケストラの予算規模は、公的支援が大規模な組織に有利にはたらくかどうかを示す（「予算」とは、ファンドレイジング余力の差とは別に規模の効果を判定するため、総経費からファンドレイジング経費を差し引いたものとして定義している）。それと別にした営業費用の変数は、オーケストラのファンドレイジングの効果が政府支援の導入にどのように影響するのかを検証するものである。演奏収入比率、失業率、トレンド以外のすべての変数は、自然対数の形で表される。表A7-2は、本章においては文章で説明している分析結果である。

表 A7–2　連邦、州、自治体の政府支援の決定要因　1987–2005年

独立変数	連邦	州	自治体	全階層
一人当たり所得 [a]	-1.160	-0.188	1.504	-0.074
	(0.335)*	(0.546)	(0.623)**	(0.394)
人口	0.159	0.054	0.272	0.143
	(0.060)*	(0.103)	(1.22)**	(0.076)***
演奏収入比率 [b]	-0.002	-0.010	-0.004	-0.006
	(0.002)	(0.003)*	(0.003)	(0.002)*
予算 [a,c]	0.806	0.575	0.267	0.382
	(0.082)*	(0.135)*	(0.161)***	(0.099)*
開発費 [a]	0.021	0.001	-0.022	0.170
	(0.054)	(0.061)	(0.078)	(0.046)*
失業率	0.011	-0.062	-0.009	-0.036
	(0.016)	(0.019)*	(0.022)	(0.014)**
時間トレンド	-0.101	-0.051	-0.032	-0.055
	(0.007)*	(0.011)*	(0.012)*	(0.008)*

従属変数：　実質政府支援の自然対数

ランダム効果回帰分析。演奏収入比率、失業率、時間トレンドを除くすべての変数は自然対数。

[a] インフレ影響勘案後

[b] 演奏経費に対する演奏収入の比率

[c] 総経費から開発費を減じたもの

* p<0.01 **p<0.5 ***p<0.10

第7章は、アメリカのオーケストラが、納税者がオーケストラへの寄付金を控除できる仕組みによる、間接支援の恩恵をどのように受けているかについても論じた。表7－3は、オーケストラに対する連邦の租税支出の推定値を挙げている。租税支出推定値（連邦政府が寄付者の控除によって得られなかった税収分）は、全米オーケストラ連盟に報告されている寄付金額に、対応する限界税率を乗じたものである。この表は、個人と企業の租税支出推定値を、それぞれの寄付金水準と税率に基づいて、別々に示している。

どの限界税率が用いられるべきなのであろうか。個人も企業も、税法は所得水準によって税率が上がっていく方式である。しかしながら、オーケストラに対する寄付金のデータには、寄付者の所得水準に関する情報は含まれていない。本章では、個人と企業の平均税率として28％および34％が、妥当な推定値をもたらすこととしている。この税率に基づき、表7－3は、オーケストラへの個人寄付が、1987年に1770万ドル、2005年に8830万ドルの連邦租税支出を、それぞれもたらしたことを示している。これらに、企業からの寄付（限界税率を34％として）と直接政府支援を加えると、政府支援総額が推定される（1987年に4440万ドル、2005年に1億1910万ドル）。

表7－3は、別の限界税率を適用した場合の、個人寄付に関する租税支出の推定値も示している。別の税率で推定をやり直しても、根底にあるメッセージは不変である。租税支出はオーケストラに対する政府支援の大宗を占めるのである。限界税率を15％とすると、連邦の政府支援総額に占める直接支援の割合は、1987年に24.8％、2005年に30.4％に上昇する。限界税率が28％以上なら、直接支援の割合はもっと小さくなるのである。

第8章の補遺

第8章は、アメリカのオーケストラに対する民間公益支援の構成と決定要因について論じている。全米オーケストラ連盟に報告されているオーケストラの年次統計報告は、個人や企業、財団、その他からの支援についての情報を登載している。1998年より前には、それぞれの資金源からの「民間支援」は、（制限なしの年次）一般寄付、プロジェクト（特定目的）寄付、そしてコンサートの引き受けの合計として示されていた。1998年からは、これらの種別は残したまま、報告に、ファンドレイジング収入という新たな項目が加わった。ファンドレイジング収入は、上記の定義による民間寄付と政府支援とその他の支援（ボランティアや物品寄付）を足したものと、ほぼ同額になる。2002年以降には、民間支援の概念はさらに広がり、無条件の運営費寄付、理事会に使途を一任する寄付、使途や時期について一時的な制約を設けた寄付、寄付財産への組み入れを含む使途を恒久的に限定した寄付を含むようになった。1987年から2005年の間の民間寄付の定義を一定に保つため、この分析においては、2005年まで運営費用への寄付に限定している。ファンドレイジング収入は、無期限制約付きの基金も含む。

第8章の3項においては、これらの2種類の寄付（2000年のドルベースに換算）が、どのように、オーケストラの方針や地域の経済力、他の舞台芸術との競合に感応するのかという、固定効果回帰分析の結果について論じている。ファンドレイジング費用と年間コンサート来場数は、オーケストラの施策の重要な変数となる。探索的分析では，ファンドレイジング支出と、ファンドレイジング収入および民間支援との間に、それぞれ線型および非線型の関係があることを検証した。（非線型の分析は、ファンドレイジング支出の増加が寄付金に及ぼす影響が、ファンドレイジング支出全体の水準に依存する可能性を検証したものである）。線型の分析は素晴らしい統計的な結果を得た。コンサート来場数という変数は、コンサート愛好家が、オーケストラへの寄付の大きな流れを生み出すことを検証した。この見方が正しければ、聴衆構築という方策は、チケット売上と寄付の増加という、二重の意味で利益をもたらすものとなる。地域の一人当たり所得と人口は、寄付を行いうる経済力を計るものとなる。本文での議論は、大規模オーケストラ（1999年において総支出が9百万ドル以上）と小規模オーケストラに分類した、すべてのオーケストラについての分析結果を登載した、表A8-1における推定値に依拠している。

この分析は、オーケストラの規模の大小によらず、地域の一人当たり所得が民間支援にとって重要な要素であることを確認した。オーケストラは長期的な所得の伸びに恩恵を受けるが、景気後退や拡大によって所得が変動すれば、支援もまた変化に晒される。しかしながら、地域の人口と、オーケストラが受ける支援額との間には、有意な相関は見られなかった。

オーケストラの施策について見れば、民間支援とコンサート来場数の間には、有意な正の相関があるが、統計的結果の多くは小規模オーケストラの事例によってもたらされている。それでもファンドレイジング収入は、政府支援やオーケストラの運営用資産に特定した寄付などと同様に、コンサート来場数との間には有意な相関は見られない。聴衆構築の努力は、運営に対する民間支援にとって最も効果があるとみられる。

表A8-1は、ファンドレイジング費用と、オーケストラが受け取る民間支援およびファンドレイジング収入との関係について、推定を行っている。根底にある問いは、ファンドレイジング費用は、それに見合うものを得ているのかということである。この問いに対する答えは、オーケストラの規模によって異なり、また非演奏収入の定義によっても異なる。大規模オーケストラによるファンドレイジング費用の追加は、採算は取れているものの、それによって増加する民間支援は、単純な費用と寄付金の比較から期待されるものよりはずっと小さい。1998年から2005年にかけて、大規模オーケストラの平均で、ファンドレイジングに1ドル費やすのに対して得られるファンドレイジング収入は、約4・74ドル（民間支援は2・34ドル）であった。同じ期間に、小規模オーケストラではファンドレイジング費用と、そこから得られる収入との間には有意な相関は見られなかった。

表 A8-1　アメリカのオーケストラに対する外部サポート分析（回帰係数と標準誤差）

オーケストラ	従属変数	実質一人当たり所得	地域の人口	コンサート来場数	ファンドレイジング費用	オーケストラ年度数	R^2
すべて（1998–2005）	ファンドレイジング収入	693.98 (240.52)*	0.64 (0.263)**	-5.99 (4.64)	4.02 (1.00)*	422	0.10
すべて（1998–2005）	民間支援	136.11 (49.97)*	-0.025 (0.055)	2.14 (0.96)**	1.20 (0.21)*	422	0.12
大規模（1998–2005）	ファンドレイジング収入	1,006.92 (462.77)**	0.086 (0.356)	-4.74 (6.88)	4.48 (1.42)*	206	0.13
大規模（1998–2005）	民間支援	160.73 (97.15)***	-0.030 (0.075)	2.34 (1.44)	1.29 (0.30)*	206	0.14
小規模（1998–2005）	ファンドレイジング収入	568.73 (193.16)*	-0.166 (0.630)	-5.00 (5.73)	-2.28 (1.68)	207	0.06
小規模（1998–2005）	民間支援	129.44 (37.28)*	0.05 (0.12)	2.23 (1.11)**	0.23 (0.32)	207	0.10
すべて（1987–2005）	民間支援	273.69 (12.66)*	0.04 (0.05)	0.58 (0.47)	1,69 (0.13)*	1,021	0.54
大規模（1987–2005）	民間支援	370.49 (20.70)*	0.02 (0.07)	0.42 (0.68)	1.48 (0.17)*	499	0.60
小規模（1987–2005）	民間支援	155.58 (11.02)*	0.02 (0.10)	1,78 (0.53)*	1.25 (0.22)*	478	0.49

固定効果分析による推定値。すべての金額変数は2000年のドルベースに換算
* p<0.01 **p<0.5 ***p<0.10

これより長い、1987年から2005年の期間においては、民間支援のデータのみ入手可能であるが、大規模オーケストラおよび小規模オーケストラの、ファンドレイジング支出と結果の間には、正の相関が見られたが、その効果は小規模オーケストラの方が低くなっている（それぞれ1ドルの支出に対し、1.48ドルと1.25ドル）。

原注

第2章　なぜ黒字を維持することが難しいのか

1　比較的最近、オーケストラの所有が演奏家に逆戻りした事例が3件あった。デンバー交響楽団が1989年に破綻し、翌年にコロラド交響楽団として再結成した。ニューオーリンズ交響楽団は1990年に活動停止し、1991-92年シーズンからルイジアナ交響楽団として再開した。そして2002年に破綻したタルサ・フィルハーモニー管弦楽団の奏者たちは、2005年にタルサ交響楽団を設立した。これらの交響楽団は、演奏者たちが楽団を所有している。ヨーロッパの卓越したオーケストラの少なくとも3団体も、演奏家による自治組合として組織されている。ロンドン交響楽団、ウィーン・フィルハーモニー管弦楽団、ベルリン・フィルハーモニー管弦楽団である。

第3章　コスト病か景気循環か

1　異なるオーケストラ間のデータ計上方法の違い等により起こりうるねじれを回避するため、本研究では固定効果分析として知られる統計技術を採用している。固定効果分析とは、それぞれのオーケストラにおける変数がどのように、時間の経過と共に変動するかを分析するもので、オーケストラ間の変数のレベルの違いは考慮に入れない。従って、オーケストラによって異なる財務上または運営上の違いは、分析の上では意味を持たない。オーケストラ内部における時系列での変化の効果に焦点を当てることにより、固定効果分析は、個別のオーケストラによる施策がもたらす効果を査定するのに、最も有用な視座を採るものである。

第5章　聴衆を求めて

1　平均的な事象が、個別のオーケストラにおける多様な事象を、見えにくくしてしまうべきではない。分析のために必要なデータを報告しているオーケストラのうち、この期間に、14のオーケストラで聴衆が総合的に増加し、31のオーケストラでは減少し、6団体のオーケストラが破産に至った。

2　聴衆に関する回帰分析の詳細については、本章の補遺に記載した。

3　これ以降のチケット価格についてのデータは得られなかった。技術的な詳細については本章の補遺を参照されたい。

4　本章の補遺にて、この議論の基礎となる統計的分析の詳細について記している。

5　音楽イベントのチケット価格設定は、必ずしも収入最大化を目的としていないものもある。たとえば、ロック・コンサートでは、単一価格がすべての席に適用されることがある（Connolly & Krueger 2006）。

6　回帰分析によって、サンプルとしたオーケストラの平均で、実際の座席数自体も減少していることが発見された。座席数は、コンサート会場の座席数に定期演奏会の年間回数を乗じたものであり、実際の販売席数と違って、景気循環の影響は確認されていない。この傾向の要因については、本研究のためのデータからは明らかにならなかった。

第6章　アーティスト経費とその他の経費

1　参照サイト　http://www.icsom.org/pdf/orchestrasalaryfacts.pdf（2007/6/16閲覧）

2　AFMのサイトによれば、組合は「国際交響楽団管弦楽団演奏家連盟（ICSOM）を組合の内部でオーケストラ演奏者の利益を代表するものとして再編した」。http://www.afm.org/about/our-history/1960-1969（2008/1/30閲覧）

3　多くの労働協約は、演奏者の健康保障および年金についても規定する。健康保険については多様であるが、通常オーケストラの雇用者によって100％支払われる。かつてのオーケストラの福利厚生は様々であったが、現在では多くのオーケストラがＡＦＭによって監修された福利厚生内容を採用している。

4　参照サイト　http://www.icsom.org/pdf/orchestrasalaryfacts.pdf（2007/6/16閲覧）

5　この有名な例が、１９８６年７月のタングルウッド音楽祭で発生した。当時14歳のジュリアード音楽院の生徒であった五島みどりが、レナード・バーンスタインのセレナーデを、彼自身の指揮するボストン交響楽団との共演で最終楽章を演奏している最中に、ヴァイオリンの弦が切れたのである。ニューヨークタイムズの記事によると、「彼女がすばやくコンサートマスターのマルコム・ロウの方を向くと、彼は途方に暮れた顔をしたが、結局自分のストラディヴァリウスを差し出した。ドリ氏（ママ）が自分の顎当てを新しいヴァイオリンにつけるのに一瞬の間があった。しかし彼女はそこから全く動じずに弾き進めた。するとまた、またE線が切れた。このとき、ロウ氏は次席コンサートマスターであるマックス・ホバートのガダニーニを演奏しており、ホバート氏は調整し直したドリ氏の楽器を、E線の欠落を「ごまかしながら」演奏していた。ドリ氏は、ロウ氏からガダニーニを受け取り、当初それが調整し直した彼女自身のヴァイオリンだと思ったようだ。そうでないことに気が付いた彼女は、またも音楽を中断することを避けるため、演奏を続け、ホバート氏の楽器を使って、作品を完璧に弾き終えた（Rockwell 1986）。この事態は以下の動画で見ることができる。http://www.youtube.com/watch?v=Rkp8YSuePPM

6　www.guidestar.org（２００９年５月閲覧）

7　逆のことも時折表面化する。２００８年３月、経済状況が悪化していたとき、ウィスコンシン州のラ・クロスについて、トリビューン紙は「ラ・クロス交響楽団には、音楽監督兼指揮者の募集に対し、世界中から226人の候補者が集まった」と報じた。このポジションは臨時のもので、４万５千ドルから５万５千ドルの報酬が支払われるものだった（Rindfleisch 2008）。

8　本章の補遺において分析の技術的な詳細を記している。

9　オーケストラの破産に至る無数の要素についての知見ある議論については、ウルフとグレイズによる２００５年の論文を参照されたい。

10　バーミンガム交響楽団は１９９３年に破産宣告を行い、１９９６年にアラバマ交響楽団として再編した。デンバー交響楽団は1989年に破産しコロラド交響楽団として再編、ニューオーリンズ交響楽団も同じようにルイジアナ・フィルハーモニー管弦楽団となった（後者の2楽団は協同組合として後継された）。ハワイのオーケストラは1990年代に数年の閉鎖を経てホノルル交響楽団として再開したが、これも2009年に破産宣告した。ルイスヴィルとサンディエゴのオーケストラも破産公告を出したが、やがて再編、再開した。オークランド、サクラメント、サンノゼのオーケストラは再開できなかった。

第7章　オーケストラへの政府支援

1 全米芸術基金（NEA）の波乱に富む政治的歴史については、フローンマイヤー（1993年）、アレクサンダー（2000年）、ヘイルバーンとグレイ（2001年）を参照されたい。

2 追加的予算削減に直面して、NEAは2012年の予算計画においてジャズ・マスター・プログラムを終了することを、2011年2月の連邦議会に提案した。

3 本論の根拠となる分析の技術的な詳細については補遺参照。

4 具体的には、高所得者が項目別控除を受けられる税率を28％に制限することが、予算案において提案された。この条項により10年間で3180億ドルの税収が見込めるという政権の目論見により、米国における税金の支出総額の規模をおおまかに把握することができる（アメリカ合衆国行政管理予算局 2009年）。

5 その代わりに、OMBは、教育、保健、「それ以外」の、3つの公益寄付の範疇における租税支出の年間推定値を報告している。オーケストラを含む多くの非営利団体に対する寄付は、この最後の範疇の中に埋もれている。2007年には、「その他」に対する租税支出は、個人について368億ドル、企業において14億ドルとなっている（アメリカ合衆国行政管理予算局 2008, pp. 287–331）が、この中でオーケストラに対する寄付の割合は、全体に対して微小なものである。

6 1987年に10万ドルから33万5千ドルの収入のある企業に対する税率は39％であった。2005年には1千万ドル以上の収入のある企業に対する税率は34%以上である。

第8章　オーケストラへの民間支援

1　統計的分析の詳細については補遺参照。

第9章　オーケストラの寄付財産と統制

1　常のことながら例外はある。「一時的」寄付財産は、予め定めた割合での元本取り崩しも認められるが、こうした寄付財産は例外的なものである。

2　表9-3の推定値は、2004年と2005年の演奏収入ギャップの平均値を使っている。演奏収入ギャップの平均値を、寄付財産からの引き出し率で割ることで、必要な寄付財産の見積もりが得られる。寄付財産の実際の数字は、2004年と2005年の平均値である。

第10章　外国のオーケストラ事情

1　外国のオーケストラにおいて、アメリカと同様に、演奏収入が演奏経費に対して際限なく増加しているのかということについては、広く疑問が持たれている。オーケストラの収入と経費について、景気循環の影響を平準化（第3章）することなく、長期的な傾向を捉えることは困難であり、通常外国のオーケストラが報告しているデータは、トレンドとサイクルの影響を分離するためには不足しているのである。

2　オーケストラの存続を確保することにより、補助金は、オーケストラの演奏者になることのリスクをなくし、より多くの人をこの職業に惹きつけることとなる。演奏者の供給を増やすことは、補助金がオーケストラ演奏者の収入を減らすこともありうる。この挑発的な仮説は、証明することは困難であるが、アビング（2004年、第6章）は、オランダでは補助金制度の廃止によって、芸術系科目への登録が減少したことを報告している。

3　それぞれの国について、オーケストラ演奏者の給与（公式為替レートを用いて米ドル換算）はその国の平均給与を、OECDによって発表された米ドル購買力に換算したものと比較している（OECD 2009年）。

第11章　オーケストラの未来に向けて

1　サンフランシスコ交響楽団が、破壊的なストライキの余波から、より生産的な交渉関係に移行するために、どのように交渉技術を習得したかについての、素晴らしいケーススタディについては、ムヌーキン（2010年）第8章を参照されたい。

訳者あとがき

本書『オーケストラの危機　芸術的成功と経済的課題』は、アメリカの63のオーケストラについて1987年から2005年にかけてのデータを実証研究した統計分析および諸外国との比較を踏まえて、その実態と課題を網羅的に検証したものである。

著者のロバート・J・フラナガンは、スタンフォード大学大学院公共経営学研究科にて国際労務経営学の松下幸之助基金名誉教授職にある。グローバリゼイションと労務、雇用経済学に関する著書や、文化経済学に関する論文を多数出版している。

本書の全体を通じた筆者の前提としては、ボウモルとボウエンが1966年に提唱した「コスト病」理論は現在でも通用する、むしろ状況はさらに悪化しているということである。第1、2章において明らかにされたその前提のもとに、続く各章では以下の点について論じている。

第3章において、景気動向との関係が論じられている。景気拡大期には収入が増え黒字化することもあるし、その逆も起こりうる、こうした景気循環に伴う現象と、構造的赤字と峻別する必要があるとしている。

第5章は、オーケストラの経営を改善するために最大の目標とされることの多い、観客を増やすことについて論じている。これについて、各団における過去から現在に至る様々な取組を紹介しつつ、地域の経済規模や余暇時間の制約等が絡むため非常に困難であり、また客席を満席にできたとしても、それだけでは構造的赤字は解決しないということも述べている。

その赤字の最大の要因となっている経費について論じているのが第6章である。アーティストに対して支払われるアーティスト経費とそれ以外の経費について、歴史的な経緯やその仕事の実態も含めて詳細に解説されている。

政府支援について論じた第7章では、ヨーロッパ等に比べて政府支援が少ないと言われているアメリカにおいて、実際には、寄付金に伴う税制優遇に伴う「租税支出」、つまり本来は税収として得られたはずの金額が、文化芸術団体への寄付に回るという間接支援の役割とその効用を重視している。

第8章では、民間支援による分散化の効果、つまり、政府が一方的に支援する対象を決める中央集権方式ではなく、社会の関心に応じて広く支援が行われる効用があるとしている。一方で富裕層から寄付が得られてきたことによって、オーケストラ側の経費削減や効率的な運営等の経営努力を怠り、組合からの賃上げ要請に安易に応じてしまう等のモラルハザードを起こす危険や、実際にそうした運営から破綻に至った事例も示している。

寄付された財産をどのように運用、払い出しすることによって、資金源とするかについては、第9章にて論じており、そのスキルがオーケストラによって格差があることを明らかにしている。

結論として、オーケストラの存続のためには、単発の施策に注力するのではなく、聴衆構築、チケット価格戦略、経費削減、ファンドレイジングや投資戦略等による非演奏収入増強のすべてに亘る、複合的な施策運営が必要であるとしている。

日本においては、2020年初頭にコロナ禍に伴ってオーケストラを含む文化芸術団体が大変な苦境に陥った際に、日本と世界各国との文化政策の違いが頻繁に報道やネットでの話題に上った。日本についてよく言われることとして、「文化への公的予算が少ない」「寄付の文化がない」ということがある。オーケストラについても、コロナ禍への対応に関する座談会において、「寄付控除のシステムのあるアメリカでは民間が、王侯貴族の時代の流れを引くヨーロッパでは公が、それぞれ文化を支えています。翻って日本のシステムはいずれのシステムも中途半端で、どういう方向で文化を支えるかというヴィジョンが見えない」という発言が記録されている（日本オーケストラ連盟『日本のプロフェッショナル・オーケストラ年鑑2020』2021年）。

オーケストラという芸術形態は、近代に入って西洋社会から日本にもたらされたものであることから、その運営に関しては、当初より諸外国の制度や枠組みを手本として形成されてきた面が大きい。一方で、日本社会特有の事情に影響される部分も大きく、それに対して関係者からは先の発言に見られるようにヨーロッパやアメリカでのあり方を羨望する声、それに対し社会からは「出羽守」と批判する声の対立構造を目にすることも多い。

しかしながら、単純比較はときにミスリーディングともなりうる。手厚い支援が存在すれば良い制度であるとも言い切れず、実際に本書においてフラナガンは、前述のように日本において羨望をもって見られがちな、アメリカにおける民間支援やヨーロッパにおける公的支援の充実が、効率的な経営のための努力を損ないがちであるという、いわゆるモラルハザードの問題を指摘しているのである。

このように本書において論じられている事実とその分析に即して、日本のオーケストラの現状を比較検証することは、前述の議論に対する何らかの方向性を与えるものとなりうる。それこそが訳者が本書の翻訳を志した最大の理由であった。

残念なことに、アメリカと諸外国のオーケストラとの比較を行っている本書の第10章に、日本の事例は取り上げられていない。以下に日本との比較を簡単に記すことによって、本書における議論が日本のオーケストラ運営にとっても多くの示唆を含みうることを示したいと思う。（なお、以下に記載する比較の多くは、以下の論文から抜粋再構成したものである。大鐘亜樹「オーケストラの資金調達と財務運営に関する日米比較」異文化経営学会『異文化経営研究』19、2022年、35―52頁）

最初にオーケストラの収入構造について、日米欧の差は際立っている。アメリカのオーケストラの総収入においては民間支援の占める割合が最も高く、全体の45％を占めている。演奏収入の総収入に占める割合は、2005年には37％、これは1987年には48％だったということで、18年間で11％減少したとしている。ヨーロッパやオーストラリアにおいては、これよりさらに演奏収入比率が低いことも示されている。

それに対し、日本ではオーケストラ連盟正会員団体の演奏収入比率は、2019年度の平均で総収入の52％と、世界の中でも突出して高い。さらに言えば、この52％は全体の平均値であり、自治体や特定スポンサーからの支援が相対的に少ない団体の中には、演奏収入が総収入の8割を超えているオーケストラも複数存在する。

このことは、日本のオーケストラが、世界中のオーケストラを悩ませている「コスト病」から免れていることを示しているのであろうか。

この問いに答えるにあたっては、以下の点に留意が必要である。

まず、アメリカと日本では収入の規模も異なり、絶対値ではアメリカのオーケストラの演奏収入は、たとえばボストン交響楽団ではコロナ禍前の2019年度には日本円にして約50億円、それに対し、日本では最大の東フィルでも15億円と、3倍以上もの差があるので、単純に比率だけを比べるのには注意が必要である。

もう一点は、日本のオーケストラにおいては、人件費を極端に抑制しているオーケストラがあるということである。たとえば、人件費を団員人数で割ると、一人当たり平均が200万円を切るようなオーケストラが、オーケストラ連盟の正会員団体の中にも複数存在する。

このアーティストに対する人件費がどのように決定されているかについては、本書の第6章において検証されている通り、そもそもオーケストラ奏者という仕事は、その需要に対して供給過多、すなわち希望者が非常に多い。通常労働市場におけるそのような需給関係は、給与に対しては下降圧力としてはたらく。しかしアメリカにおいては、上記の組合活動および1960年代に実施されたフォード財団の助成プログラムにおいて、アーティストへの処遇改善が図られた結果、アーティストへの人件費は、ヨーロッパ等と比較しても、きわめて高い水準に置かれている。

日本においても、音大を卒業してもオーケストラに職を得ることは至難の業であることは、よく指摘されており、需給バランスについてはアメリカの状況と大きな差はないと考えられるが、日本の場合、職場単位の労使交渉といった社会的な背景もあってか、楽団員の交渉力が相対的に低く、それが処遇にも表れていると考えられる。

本書によれば、アメリカのオーケストラ団員の給与は、民間支援額との間に正の相関関係が認められる。これに対し、日本のオーケストラにおける人件費は、演奏収入や民間支援額との間にはっきりした相関関係は認められず、公的支援との間に最も強い相関が見られている。

次に公的支援については、ある意味でアメリカと日本で似ているとも言える。各国における文化支出は、文化庁の調査によれば、日本・アメリカ・イギリス・フランス・ドイツ・韓国の6カ国の中で、日本の支出金額が最も少なく、アメリカがそれに次ぎ、総予算中の比率では、いちばん低いのがアメリカ、2番目が日本という結果になっている。つまり両国とも、国家による支援の比率は相対的に低いと言える。

アメリカではNEAによる支援が減少傾向にある分、相対的に州と自治体の支援割合が増加している。日本においても、地方自治体からの支援が、文化庁や文化芸術振興基金からの支援額の約3倍となっているが、これはオーケストラによって潤沢に受け取っているところとそうでないところの差が大きい。2019年度で東京都交響楽団（都響）の約10億円、京都市交響楽団（京響）の約7億円という支援が報告されている一方、自治体から全く支援を受けていないオーケストラも複数存在する。

ただし、こうした直接支援の金額が少ないことすなわち公的支援が薄いという意味ではないことをフラガンは強調している。寄付金の税額控除に伴う「租税支出」、すなわち間接支援が大きく、2005年のアメリカのオーケストラに対する政府支援のうち95%を占めていたとしている。

日本においても寄付金控除の制度による租税支出は当然存在しているはずであるが、その数値の開示がないため現状では実態が不明となっている。

民間支援については、アメリカにおいては個人からの寄付が最大の割合を占めることから、多くのオーケストラにファンドレイジング専門の担当者や担当部門を置いており、ファンドレイジング費も総支出の6％をかけて、資金調達を行っていることが書かれている。また理事が自ら多額の寄付を行うことや、自分の人脈から寄付者を集めてくることも期待されているとされる。

日本では、民間支援のうち個人法人の内訳を開示していないオーケストラが多いが、把握可能な範囲では、自治体型で民間支援の平均約14・1％、自主運営型で約28・5％という結果になっている（2019年度）。

オーケストラに対する個人寄付に関する日本における寄付税制は、2005年以降適用下限額の引き下げや限度額の引き上げが進み、東日本大震災の発生した2011年には適用下限額2000円、総所得の40％、税額控除あるいは所得控除の選択可能という現在の形になっている。

しかしながらそのような寄付税制の改正にもかかわらず、オーケストラへの寄付金額がそれによって大幅に増加した事象は確認できず、近年は寄付会員の高齢化に伴い人数や寄付金額の減少に悩むオーケストラも少なくない。

一方で、コロナ禍においては、多くのオーケストラにおいて、クラウドファンディングによって資金を集めたり、従来の寄付会員の寄付額として設定される金額よりも少額の、たとえば1000円単位での寄付を公式サイトから単発で受け付ける仕組みを作ったり、YouTube等を活用した情報発信や寄付への感謝を伝えたりする取組が見られた。そうした取組が奏功して、想定以上の金額を短期間に集めた事例も見られた。結果として、2020年度の決算においては、多くのオーケストラにおいて、前年度の1・2倍から2倍に及ぶ民間支援金額の増加が確認されている。

また日本では、そもそも寄付をしてもそれを税務申告して控除を受けていない個人が8割という調査結果もあり（日本ファンドレイジング協会『寄付白書』２０１７年）、ＮＰＯ法人等への寄付行動に関する調査においても、税制優遇は寄付の動機としては必ずしも上位にないことが確認されている（馬場英朗他「非営利組織の財務情報に対する寄付者の選好分析」『ノンプロフィット・レビュー』13巻1号、２０１３年）。

こうした現象を見ると、単純にアメリカと比較して「日本には寄付の文化がない」とも言えないのではないかとも思われる。日本ファンドレイジング協会『寄付白書２０２１』によると、日本で２０２０年度に何らかの寄付を行った人の比率は、44・1％であったとされ、この比率は、チャリティエイド財団の調査におけるアメリカの寄付者率45％と比較してもそれほど遜色がない。日本と比較してアメリカの個人寄付金額が圧倒的に多いことは事実であるが、それがいわゆる「寄付の文化」によるものなのか、あるいはアメリカの富裕層の規模と人数が、世界の中でも突出して多いという事象（Credit Suisse World Wealth Report 2022）に起因するのかは、慎重に判断する必要があろう。

日米のオーケストラの収入構造の違いについては、民間支援の大きさばかりが注目されがちであるが、本書によって浮かび上がってくるもう一つの大きな差が、資産運用に関するものである。

アメリカのオーケストラにおける寄付財産の運用については、楽団によって運用スキルに起因したリターンのばらつきがあり、分散投資によるリスク対利回りの向上を目指すべきであると提言されている。それでも、２００５年から２００６年の投資収益率の中央値が大規模オーケストラで９・７％、それに次ぐ規模のところでも6・8%となっているのは（本書170頁）、相応に高利回りでの運用ができていると言える。

一方日本では、2020年度の決算報告で開示されているうち、10万円以上の運用益を計上しているオーケストラは5団体、そのうち100万円以上の運用益があるのは2団体しかない。運用益は最大でも600万円程度であり、資金調達源とは言い難い状況となっている。

日本のオーケストラにおける資産運用は、資産運用規程に則って実施されているものと推定され、その中で運用対象や管理方法を定めていると考えられる。また公的資金を原資とする基金等の運用については、出捐者である地方自治体からの監査が行われている例もある。ただし各オーケストラがホームページ等にて公表している資料の中でこうした資産管理の状況や資産運用規程についての情報は限られている。

このように、日米欧のオーケストラ経営の違いは、単に公的支援や民間支援の規模だけではないことが見えてくる。そしてそこから、今後オーケストラ文化がその豊饒さを失うことなく、広く日本社会に享受されていくために何が必要なのかという議論に、本書の内容は多くの示唆を与えうると考えられる。

フラナガンは、オーケストラが採算を確保するための3つの手段として、「演奏収入の増加」「経費の抑制」「演奏収入以外の収入増加」を挙げ、これらすべてに対して複合的に取り組む必要性を主張している。

これは、日本やヨーロッパにおいても、同様に有効な手段と言え、おそらく世界中のどのオーケストラもこれらの努力を行っていることは容易に想像されるが、そのアプローチの濃淡は国によって様々である。

演奏収入の増加については、おそらくどの国のオーケストラも最優先で取り組んでいることと想定されるが、それを補う手段として、アメリカとヨーロッパは演奏外収入の獲得に負うところが大きく、その内訳が民間支援か公的支援かというところに、米欧の差が表れている。それに対して日本においては、経費、特に人件費の抑制によって、採算を確保している実態がある。

経費の抑制それ自体は、どのような組織であっても求められるものであり、本書の提言の中にも、それをも含めた総合的な施策の必要性が訴えられている。アメリカにおいては民間支援が、ヨーロッパにおいては公的支援が、団員に対して必要な給与交渉を行うことを怠らせ、経営を悪化させてしまうリスクに対して警告しているのである。

一方日本の場合は、人件費の抑制が聊か行き過ぎているのではないかと思われるケースも散見される。一人当たり人件費が200万円を切っているような、副業をしなければ生計を立てることが難しいオーケストラというのは、果たしてプロフェッショナルの処遇として妥当なのか、疑問のあるところである。またそうした処遇が、前述のように、オーケストラの実力や活動を直接反映する演奏収入よりも、公的支援の多寡によって左右されている状況も、モチベーションの観点から議論のありうるところであろう。

公的支援については、そのオーケストラが存在する自治体の財政事情や、税制や他の社会課題への対応との優先順位づけとも関連するため、現在公的支援割合の低いオーケストラに対して、一気に拡大することを期待するのは現実的ではない。文化政策の観点からも、今後の支援の在り方について議論が進むことが期待される。

民間支援については、積極的なファンドレイジング活動や理事会による資金調達によって、戦略的に民間からの寄付を集めるアメリカの方法論からは学べるところが大きいのではないかと考えられる一方、社会における富裕層の位置づけや規模、税制等の違いもあり、単純にアメリカの真似をすれば民間支援額が増加するということは、すぐには期待しにくいであろう。

前述のように寄付会員制度による個人寄付の伸び悩みも踏まえると、日本特有の可能性として、コロナ禍において発現したような「共感に基づく、見返りを期待しない寄付」の特性を活かした戦略と共に、寄付がもたらす「租税支出」の効果について社会の理解を深めることも、今後検討の余地があると思われる。

また資産運用については、長引く低金利に加え、そもそも日本における公益法人全体にわたって、リスクを伴う運用に対し非常に慎重な姿勢があることが指摘されている。前述の通り、日本のオーケストラにおいても、ほとんど運用実績は認められないが、この点について本書の第9章は多くの示唆をもたらすものとなろう。

こうした戦略を実現するためには、オーケストラのマネジメントに携わる人材に求められるスキルや能力も、SNS等による発信を通じた共感の醸成、それをただちに資金化することを可能にするシステムの構築と運用、調達した資金を効率的に管理運用する金融リテラシー等、より広い範疇に広がっていくと考えられる。そのためのノウハウをどのように獲得するか、人材をどのように育成および登用していくかについても今後の重要な論点となろう。

本書が広く読まれることにより、今後日本のオーケストラ、またさらに広く舞台芸術団体の運営と発展に関する議論に、本書の豊富な情報やその示唆するところが活かされていくことを期待したい。

本書は、訳者が博士論文執筆のための先行研究を探している中で出会ったものである。一読して、自分の興味関心に非常に近いところが論じられているのに強く惹かれたのに加え、日本のオーケストラの実務に携わる関係者にとっては、おそらく肌感覚で実感されてきた「不都合な真実」が、豊富なデータと実例によって数値化・言語化されていることが感じ取れるのではないだろうかという印象を受けた。

オーケストラのみならず舞台芸術団体全体にとっても多くの示唆を含む内容であると確信し、ぜひ日本の研究者、学習者、オーケストラ関係者にとどまらず、クラシック音楽を愛好する方々にも広く読まれて欲しいという熱い希望に駆られて、指導教員である東京大学大学院人文社会系研究科の小林真理教授に相談したところ、美学出版の黒田結花さんを紹介いただき、翻訳刊行が実現したものである。

小林先生には企画の当初より相談に応じていただき、また翻訳にあたり多くの有益なアドバイスをいただいた。また黒田さんにも、エージェントとの折衝を含む多くのご尽力をいただいた。

ここに記し、心から感謝申し上げます。

2023年9月

大鐘　亜樹

U.S. Bureau of Labor Statistics. 2006b. "National Compensation Survey: Occupational Wages in the United States, June 2005." Available at http://www.bls.gov/ncs/ocs/sp/ncblo832.pdf.

U.S. Bureau of Labor Statistics. 2007. "Employment Cost Index Historical Listing: Current-Dollar, 1975–2005." Available at http://www.bls.gov/web/echistry.pdf.

U.S. Office of Management and Budget. 2008. *Analytical Perspectives: Budget of the United States Government, FY 2009*. Washington, DC: U.S. Government Printing Office.

U.S. Office of Management and Budget. 2009. *A New Era of Responsibility: Renewing America's Promise*. Washington, DC: U.S. Government Printing Office.

Van der Ploeg, Frederick. 2006. "The Making of Cultural Policy: A European Perspective." In *Handbookl of the Economics of Art and Culture*, edited by Victor A. Ginsburgh and David Throsby, 1183–1221. Amsterdam: North-Holland.

Wakin, Daniel J. 2010. "Talks Break Down at Cleveland Orchestra." *New York Times*, January 7.

Weber, William. 2008. *The Great Transformation of Musical Taste: Concert Programming from Haydn to Brahms*. New York: Cambridge University Press.

Wechsberg, Joseph. 1970. "The Cleveland Orchestra." *New Yorker*, May 30.

Wichterman, Catherine. 1998. "The Orchestra Forum: A Discussion of Symphony Orchestras in the US." In Andrew Mellon Foundation annual report.

Wolf, Thomas, and Nancy Glaze. 2005. *And the Band Stopped Playing: The Rise and Fall of the San Jose Symphony*. Cambridge, MA: Wolf, Keens.

Woodcock, Tony. 2011. "A Way to Move Forward." Available at http://necmusic.word press.com/2011/02/24/a-way-to-move-forward/.

Wyatt, Edward, and Jori Finkel. 2008. "Soaring in Art, Museum Trips over Finances." *New York Times*, December 5.

Yost, Mark. 2010. "The Outfitters' Lament: Too Few Kids with Guns." *Wall Street Journal*, February 10, D9.

Rosen, Sherwin, and Andrew M. Rosenfield. 1997. "Tticket Pricing." *Journal of Law and Economics* 40 (2): 351–76.

Sandow, Greg. 2007. "Rebirth: The Future of Classical Music." Available at http://www.artsjournal.com/sandow/2007/01/rebirth.html.

San Francisco Symphony. 2008. Playbill March.

Schulze, Gunther G., and Anselm Rose. 1998. "Public Orchestra Funding in Germany: An Empirical Investigation." *Journal of Cultural Economics* 22: 227–47.

Schuster, J. Mark. 1985. "Supporting the Arts: An International Comparative Study." Cambridge, MA: MIT Dept. of Urban Studies and Planning.

Seaman, Bruce A. 2005. "Attendance and Public Participation in the Performing Arts: A Review of the Empirical Literature." Working Paper 06–25. Atlanta: Andrew Young School of Policy Studies, Georgia State University.

Seltzer, George. 1989. *Music Matters: The Performer and the American Federation of Musicians.* Metuchen, NJ: Scarecrow Press.

Senza Sordino. 1994–2003. International Confederation of Symphony and Opera Musicians. Available at http://www.icsom.org/senzarchive.html.

Service, Tom. 2010. "Dutch Arts Cuts — What the Future Looks Like?" *Guardian*, October 5.

Sharpe, William F. 1985. Investments. 3rd ed. Upper Saddle River, NJ: Prentice-Hall.

Sheban, Jeffrey. 2011. "Contract Increases Base Pay for Columbus Symphony." *Columbus Dispatch*, February 26.

Smith, Thomas More. 2007. "The Impact of Government Funding on Private Contributions to Nonprofit Performing Arts Organizations." *Annals of Public and Cooperative Economics* 78 (1): 137–60.

Statistics Canada. 2000. *Patterns in Culture Consumption and Participation*. Ottawa: Statistics Canada, Culture Statistics Program.

Strom, Stephanie. 2007. "Big Gifts, Tax Breaks and a Debate on Charity." *New York Times*, September 6.

Swensen, David F. 2000. *Pioneering Portfolio Management: An Unconventional Approach to Institutional Investment*. New York: Free Press.

Taruskin, Richard. 2005. *Oxford History of Western Music*. 6 vols. Oxford: Oxford University Press.

Thompson, Helen M. 1958. "Report of Study on Governing Boards of Symphony Orchestras." Washington, DC: American Symphony Orchestra League.

Tobin, James. 1974. "What Is Permanent Endowment Income?" *American Economic Review* 64: 427–32.

Triplett, Jack E., and Barry P. Bosworth. 2003. "Productivity Measurement Issues in Services Industries: 'Baumol's Disease' Has Been Cured." *FRBNY Economic Policy Review*, September, 23–33.

U.S. Bureau of Economic Analysis. 2006. "Local Area Personal Income." Available at http://www.bea.gov/regional/reis/.

U.S. Bureau of Labor Statistics. 2006a. "Local Area Unemployment Statistics." Available at http://www.bls.gov/lau/.

Association of Governing Boards of Universities and Colleges.

Melvin, Sheila, and Jindong Cai. 2004. *Rhapsody in Red: How Western Classical Music Became Chinese*. New York: Algora Publishjng.

Mnookin, Robert. 2010. *Bargaining with the Devil: When to Negotiate, When to Fight*. New York: Simon & Schuster.

National Association of Schools of Music (NASM). 2006. "HEADS [Higher Education Arts Data Services] Data Summaries, 2005–2006." Available at http://nasm.arts-accredit.org/indexf.jsp?page=Catalog&itemld=8e9d9ddda7ab54587ce44eb306f4cef8.

NationaI Endowmeon for the Arts (NEA). 2000. *International Data on Government Spending on the Arts*. NEA Research Note no. 74. Washington, DC: NEA.

———. 2004. *2002 Survey of Public Participation in the Arts*. Research Division Report no. 45. Washington, DC: NEA.

———. 2007. How the United States Funds the Arts. 2nd ed. Washington, DC: NEA.

———. 2009. *2008 Survey of Public Participation in the Arts*. Research Division Report no. 49. Washington, DC: NEA.

Noonan, Heather. 2006. "Under the Microscope ... " *Symphony*, July–August 2006.

Okten, Cagla, and Burton A. Weisbrod. 2000. "Determinants of Donations in Private Nonprofit Markets." *Journal of Public Economics* 75: 255–72.

Opera America. Various years. "Fiscal and Operational Survey of Professional Opera Companies." Washington, DC, and New York: Opera America.

Organization for Economic Cooperation and Development (OECD). 2009a. *Employment Outlook*. Paris: OECD.

Organization for Economic Cooperation and Development (OECD). 2009b. *OECD Factbook 2009*. Paris: OECD.

Ostrower, Francie. 2007. *Nonprofit Governance in the United States: Findings on Performance and Accountability from the First National Representative Study*. Washington, DC: Urban Institute.

Peacock, Alan T. 1993. *Paying the Piper: Culture, Music and Money*. Edinburgh: Edinburgh University Press.

Peterson, Richard A., Pamela C. Hull, and Roger M. Kern. 1998. *Age and Arts Participation: 1982–I997*. National Endowment for the Arts Research Division Report no. 42. Santa Ana, CA: Seven Locks Press.

Ravanas, Philippe. 2008. "Hitting a High Note: The Chicago Symphony Orchestra Reverses a Decade of Decline." *International Journal of Arts Management* 10 (2): 68–87.

Recording Industry Association of America. "Key Statistics." Available at http://www.riaa.org/keystatistics.php?content_selector=2008–2009-U.S-Shipment-Numbers.

Rindfleisch, Terry. 2008. "226 Apply for La Crosse Symphony Orchestra Conductor." *La Crosse Tribune*, March 3 1.

Robinson, John P., and Geoffrey Godbey. 1997. *Time for Life: The Surprising Ways Americans Use Their Time*. University Park: Pennsylvania State University Press.

Rockwell, John. 1986. "Girl, 14, Conquers Tanglewood With 3 Violins." *New York Times*, July 28, A1.

Ford Foundation. 1966. "Millions for Music — Music for Millions." *Music Educators Journal* 53 (1): 83–86.

Ford Foundation. 1974. *The Finances of the Performing Arts*. New York: Ford Foundation.

Frey, Bruno S. 2000. *Arts & Economics: Analysis & Cultural Policy*. Berlin: Springer.

Frohnmayer, John. 1993. *Leaving Town Alive:Confessions of an Arts Warrior*. Boston: Houghton Mifflin.

Futterman, Matthew, and Douglas A. Blockman 2010. "PGA Tour Begins to Pay a Price for Tiger Woods's Transgressjons." *Wall Street Journal*, January 25.

Goldin, Claudia, and Cecilia Rouse. 2000. "Orchestrating Impartiality: The Impact of "Blind" Auditions on Female Musicians." *American Economic Review* 90: 715–41.

Goudriaan, René, Wim de Haart and Siebe W. Weide. 1996. "Subsidies, Productive Efficiency and the Performing Arts: A First Look at the Data for the Netherlands." Paper prepared for 9th International Congress on Cultural Economics, Boston, May 8–11.

Gramophone. 2008. "The World's Greatest Symphony Orchestras." December, 36–37.

Grant, Margaret, and Herman S. Hettinger. 1940. *America's Symphony Orchestras, and How They Are Supported*. New York: W.W. Norton.

Grossberg, Michael. 2008. "Criticisms of Orchestra Board Prompt Issue-by-Issue Review." *The Columbus Dispatch*, April 9.

Guillard, Jean-Pierre. 1985. "The Symphony as a Public Service: The Orchestra of Paris." *Journal of Cultural Economics* 9 (2): 35–47.

Hansmann, Henry. 1996. *The Ownership of Enterprise*. Cambridge, MA: Harvard University Press.

Hart, Philip. 1973. *Orpheus in the New World*. New York: W.W. Norton.

Heilbrun, James, and Charles M. Gray. 2001. *The Economics of Art and Culture*. 2nd ed. Cambridge: Cambridge University Press.

Ireland Arts Council. 2006. *The Public and the Arts 2006*. Dublin: Arts Council.

Kolb, Bonita M. 2001. "The Effect of Generational Change on Classical Music Concert Attendance and Orchestras' Responses in the UK and US." *Cultural Trends* 41: 1–35.

Kurabayashi, Yoshimasa, and Yoshiro Matsuda. 1988. *Economic and Social Aspects of the Performing Arts in Japan: Symphony Orchestras and Opera*. Tokyo: Kinokuniya.

Kushner, Roland J., and Randy Cohen. 2010. *National Arts Index 2009*. New York: Americans for the Arts.

League of American Orchestras [formerly American Symphony Orchestra League]. 2009. "Audience Demographic Research Review." New York: League of American Orchestras.

______. Various dates. "Orchestra Statistical Reports" (OSRs). New York: League of American Orchestras.

Lehman, Erin, and Adam Galinsky. 1994. *The London Symphony Orchestra* (A). Harvard Business School Case no. 9-494-034. Cambridge, MA: Harvard Business School Press.

Locke, Justin. 2005. *Real Men Don't Rehearse: Adventures in the Secret World of Professional Orchestras*. Boston: Justin Locke Productions.

Lubow, Arthur. 2004. "Orchestral Maneuvers in the Dark." *New York Times Magazine*, June 27.

Massy, William F. 1990. *Endowment: Perspectives, Policie, and Management*. Washington, DC:

Montreal: UNESCO Institute for Statistics.

Bowen, William G. 2008. T*he Board Book: An Insider's Guide for Directors and Trustees*. New York: W.W. Norton.

Brooks, A. C. 2000. "Public Subsidies and Charitable Giving: Crowding Out, Crowding In, or Both?"*Journal of Policy Anaiysis and Management* 19: 451–64.

Bukofzer, Manfred. 1947. *Music in the Baroque Era*. New York: W.W. Norton.

Carroll, Robert, and David Joulfaian. 2001. "Tax and Corporate Giving to Charity." In *Compendium of Studies of Tax-Exempt Organaizations, Volume 3: 1989–1998*. Washington, DC: Internal Revenue Service. Available at http://www.irs.gov/pub/irs-soi/98eovol3.pdf.

Caves, Richard E. 2000. *Creative Industries: Contracts between Art and Commerce*. Cambridge, MA: Harvard University Press.

Connolly, Marie, and Alan Krueger. 2006. "Rockonomics: The Economics of Popular Music." In *Handbook of the Economics of Art and Culture*, vol. 1., edited by Victor A. Ginsburgh and David Throsby, 667–720. Amsterdam: Elsevier.

Courty, Pascal, and Mario Pagliero. 2009. "The Impact of Price Discrimination on Revenue: Evidence from the Concert Industry." CEPR Discussion Paper no. 7120. London Centre for Economic Policy Research.

Cultural Trends. 1990: 5. London: Policy Studies Institute, University of Westminster.

DiMaggio, Paul J., and Francie Ostrower. 1992. *Race, Ethnicity, and Participation in the Arts*. National Endowment for the Arts Research Division Report #25. Santa Ana, CA: Seven Locks Press.

DiMaggio, Paul J., and Toqir Mukhtar. 2004. "Arts Participation as Cultural Capital in the United States." *Poetics* 32: 169–94.

The Economist. 2008. "Soft Power and a Rapturous Ovation." February 28.

European Commission. 2007. *European Cultural Values*. Special Eurobarometer 278. Brussels: European Commission. Available at http://ec.europa.eu/culture/pdf/doc958_en.pdf.

European Parliament. 2006a. *Financing the Arts and Culture in the European Union*. Policy Department Structural and Cohesion Policies. Brussels: European Parliament. Available at http://www.culturalpolicies.net/web/files/134/en/Financing _the_Arts_and_ Culture_in_the_EU.pdf.

European Parliament. 2006b. *The Status of Artists in Europe*. Policy Department Structural and Cohesion Policies, IP/B/CULT/ST/2005–89. Brussels: European Parliament. Available at http://www.europarl.europa.eu/activities/committees/studies/download.do?file=13248.

Flaccus, Gillian. 2009. "Recession Is Bitter Music for Performing Arts in United States." Associated Press report, January 27. Available at http://www.breitbart.com/article.php?id=cp_glngvjosa13.

Flanagan, Robert J. 2008. "The Economic Environment of American Symphony Orchestras." Available at http://www.gsb.stanford.edu/news/packages/pdf/Flanagan.pdf.

Flanagan, Robert J. 2010. "Symphony Musicians and Symphony Orchestras." In *Labor in the Era of Globalization*, edited by Clair Brown, Berry Eichengreen, and Michael Reich, 264–94. Cambridge: Cambridge University Press.

文献

Abbing, Hans. 2004. *Why Are Artists Poor? The Exceptional Economy of the Arts.* Amsterdam: Amsterdam University Press.［ハンスアビング（山本和弘訳）『金と芸術――なぜアーティストは貧乏なのか？』グラムブックス、2007年］

Aguiar, Mark, and Erik Hurst. 2006. "Measuring Trends in Leisure: The Allocation of Time over Five Decades." NBER Working Paper no. 12082. Cambridge, MA: National Bureau of Economic Research.

Aldrich, Richard. 1903. "'Permanent Orchestra' Season a Bad One." *New York Times*, May 3.

Alexander, Jane. 2000. *Command Performance: An Actress in the Theater of Politics*. New York: Public Affairs Press.

Arts Council England. 2007. *Informing Change: Taking Part in the Arts, Survey Findings from the First 12 Months*. London: Arts Council England.

Association of British Orchestras (ABO). 2000. *Knowing the Score*. London: ABO.

Association of Finnish Symphony Orchestras. Various years. *Member Orchestras: Facts and Figures*. Helsinki: Suomen Sinfoniaorkesterit.

Atlanta Symphony Orchestra. 2009. "Atlanta Symphony Orchestra Musicians Join ASO Executive and Artistic Leadership and Administration in Compensation Reductions." http://www.atlantasymphony.org~/media/Sites/www.atlantasymphony.org/Newsroom/Press%20Releases/ASOBudgetCuts%20ORCHESTRA%20FINAL%204%207%2009.ashx, April 7.

Australia Department of the Environment, Water, Heritage and the Arts (DEWHA). 2005. *A New Era: Report of the Orchestras Review, 2005*. Available at http://www.arts.gov.au/_data/assets/pdf_file/0018/25083/ORCHESTRAS_Review_2005.pdf

Australian Bureau of Statistics. 2009. *Arts and Culture in Australia: A Statistical Overview*. Cat. no. 4172.0. Adelaide: Australian Bureau of Statistics, October 21.

Ayer, Julie. 2005. *More Than Meets the Ear: How Symphony Musicians Made Labor History*. Minneapolis: Syren Book Company.

Baumol, Hilda, and William J. Baumol. 1984. "The Mass Media and the Cost Disease." In *The Economics of Cultural Industries*, edited by William S. Hendon, Douglas V. Shaw, and Nancy K. Grant, 109–23. Akron: Association for Cultural Economics.

Baumol, William J. 1967. "Macroeconomics of Unbalanced Growth: The Anatomy of Urban Crisis", *American Economic Review*, 57: 415–26.

Baumol, William J. and William G. Bowen. 1966. *The Performing Arts, the Economic dilemma; A study of Problems Common to Theater, Opera, Music, and Dance*. New York: Twentieth Century Fund.［ウィリアム・J・ボウモル、ウィリアム・G・ボウエン（池上惇、渡辺守章監訳）『舞台芸術　芸術と経済のジレンマ』芸団協出版部、1994年］

Bina, Vladimir. 2002. "Cultural Participation in the Netherlands." In *Proceedings of the International Symposium on Culture Statistics, Montreal*, 21–23 October 2002, 361–79.

【マ】

【タ】

索引

著者
ロバート J. フラナガン　Robert J. Flanagan
スタンフォード大学大学院公共経営学研究科にて、国際労務経営学および政策分析の分野で松下幸之助基金名誉教授、また公共管理プログラムのディレクターを務めた。『Globalization and Labor Conditions』『The Economics of the Employment Relationship』等の著書ほか、文化経済学に関する論文多数。

訳者
大鐘亜樹　Aki Ogane
上智大学法学部国際関係法学科卒業後、株式会社住友銀行（現・三井住友銀行）に入行、たまプラーザ支店長、中山支店長、大和ネクスト銀行取締役（出向）、株式会社 OMA 取締役等を経て、現在裏千家茶道教室阿佐ヶ谷不二庵主宰。東京大学大学院人文社会系研究科文化資源学研究専攻修士課程修了。

オーケストラの危機
芸術的成功と経済的課題

2023年12月1日　初版第1刷発行

著　者 —— ロバート J.フラナガン
訳　者 —— 大鐘亜樹
発行者 —— 黒田結花
発行所 —— 美学出版合同会社
〒113-0033 東京都文京区本郷2-16-10 ヒルトップ壱岐坂701
Tel. 03（5937）5466　Fax. 03（5937）5469

装　丁 —— 右澤康之
印刷・製本 —— 創栄図書印刷株式会社

ISBN978-4-902078-80-0　C0030
*乱丁本・落丁本はお取替いたします。 *定価はカバーに表示してあります。